초등 6년이
아이의 인생을 결정한다

초등 6년이
아이의 인생을
결정한다

초판 1쇄 발행 2019년 2월 22일
초판 8쇄 발행 2021년 8월 3일

지은이 이은경, 도준형, 황희진 외
펴낸이 김남전

편집장 유다형 | 기획·책임편집 서선행 | 외주교정 이하정 | 디자인 정란
마케팅 정상원 한웅 정용민 김건우 | 경영관리 임종열 김하은

펴낸곳 ㈜가나문화콘텐츠 | 출판 등록 2002년 2월 15일 제10-2308호
주소 경기도 고양시 덕양구 호원길 3-2
전화 02-717-5494(편집부) 02-332-7755(관리부) | 팩스 02-324-9944
홈페이지 ganapub.com | 포스트 post.naver.com/ganapub1
페이스북 facebook.com/ganapub1 | 인스타그램 instagram.com/ganapub1

ISBN 978-89-5736-982-1 03370

※ 이 도서의 국립중앙도서관 출판시도서목록(CIP)은 서지정보유통지원시스템 홈페이지(http://seoji.nl.go.kr)와 국가자료공동목록시스템(http://www.nl.go.kr/kolisnet)에서 이용하실 수 있습니다.(CIP제어번호: CIP2019002808)

초등 6년이 아이의 인생을 결정한다

완벽한 초등생활을 위한 특급 비법 88

• 이은경, 도준형, 황희진 외 지음 •

"공부, 친구, 건강 인생의 모든 토대는
초등학교에서 만들어진다!"

| 프롤로그 |

제대로 알아야 제대로 키울 수 있습니다

시작은 네이버 카페 '초등맘'이었습니다. 회원 수가 7.7만을 넘다 보니 카페 게시판은 하루에도 수백 개씩 올라오는 엄마들의 질문 글로 북적입니다. 주변에 물어보고 검색해봐도 마땅히 답을 찾기 어렵거나, 남들에게 물어보기 부끄러운 질문들을 게시판에 올려놓고 댓글이 달리길 기다리는 엄마들의 답답하고 불안한 마음이 느껴졌습니다. 궁금하지만 학교에 전화하거나 찾아가 선생님께 질문하기는 어려운 부분들, 턱없이 짧은 상담주간의 시간으로는 해결하지 못하던 고민이었습니다. 이렇다더라, 저렇다더라 하는 정보들이 넘쳐나는 요즘이지만 정작 속 시원한 정답은 찾기 어려운 게 현실입니다.

이런 엄마들의 고민과 질문에 대한 해법을 날마다 교실에서 아이들을 만나고 있는 선생님들로부터 얻어내고 싶었습니다. 그래서 여기 초등 엄마들의 생생한 질문과 그 질문에 대한 현직 선생님들의 예리한 답변이 모여 다시없을 초등학교 궁금증 해법서가 세상 빛을 보게 되었습니다.

부모가 제대로 알아야 아이를 제대로 키울 수 있습니다. 물론 안다고 모두 실천에 옮기는 건 아니지만, 정확히 알아야 올바르게 실천할 수 있습니다.

엄마들이 초등 아이를 키울 때 가장 궁금해하고 정보가 필요한 질문들을 여섯 개의 영역으로 나누었습니다. 학교생활, 공부법, 사교육, 친구관계, 건강발달, 일상생활이 그것입니다. 알아두면 도움이 되고 엄마 맘도 편안해지는 정보들을 질문과 응답 형식으로 구성하였습니다. '어머, 나도 이거 궁금했었는데' 하며 반가워할 만한, 대한민국 초등 엄마라면 누구나 궁금해할 부분을 콕 찍었습니다. 이 영역에는 속하지 않지만 빈번하게 올라오는 기타영역의 질문들과 학교생활 전반에 관한 알짜 정보들도 빠뜨리지 않았습니다. 시중에 초등학교 생활, 초등학생들의 성장, 엄마들의 고민에 관한 책이 넘쳐나지만, 현장에서 매일 학생들과 만나고 매년 수십 명의 학부모와 직접 만나 상담하는 현직 선생님들만큼 엄마들의 고민과 궁금증에 명쾌한 답을 줄 수 있는 이가 또 있을까요? 10

년 차부터 30년 차까지 다양하고 풍부한 현장 경력을 가진 40명의 현직 초등, 중고등학교 선생님들이 교과서와 지도서를 뒤지고, 공문을 다시 열어 보고, 함께 근무하는 선생님들께 도움을 청해가며 꼼꼼하게 한 꼭지씩 집필하였습니다. 주관적인 견해가 들어갈 수 있는 내용은 세 분 이상 선생님들의 의견을 모아 하나로 정리했습니다.

이 책에는 정말 다양하고 유익한 정보들이 가득 담겨 있습니다. 하지만 아는 것을 모두 실천에 옮기기란 절대 쉽지 않습니다. 실천이 더디고 의지가 약해지고 하려던 계획이 흐지부지될 때 곁에 두고 계속해서 펼쳐볼 수 있는 책이 되면 좋겠습니다. 오늘도 아이를 위한 무수한 선택과 고민에 머리가 복잡해지는 대한민국 초등 엄마들에게 이 책이 반들반들하게 잘 다듬어진 지팡이가 되길 바랍니다.

이은경

Chapter 1 부모가 꼭 알아야 할 학교생활

Chapter 2 반드시 성적이 오르는 최강의 **공부법**

Chapter 3 똑소리 나는 우리 아이 사교육

Chapter 4 평생 힘이 되어줄 **친구관계**

Chapter 5 몸과 마음의 기본을 만드는 **건강발달**

Chapter 6 자립심 강한 아이로 키우는 일상생활

부록 | 초등맘을 위한 알짜 정보

초등 · 6년이
아이의 · 인생을 · 결정한다

CHAPTER 1

부모가 꼭 알아야 할 학교생활

초등학교 입학 전에 준비해야 할 것은 무엇인가요?

초등학교 입학을 앞둔 부모라면 아이가 학교공부에 잘 적응하려면 무엇이 필요할지 한 번쯤 고민해봤을 것입니다. 아이가 한글 정도는 떼고 학교에 가야 하는지와 같은 문제들 말입니다. 초등학교는 어린이집이나 유치원과 달리 보육보다는 교육에 중점을 둡니다. 따라서 학습에 더 신경을 써야 하고, 스스로 할 수 있는 생활력을 익히는 것도 중요합니다. 아이가 학교생활에 잘 적응하고 공부도 잘하기 위해 준비해야 할 것은 무엇인지 알아보겠습니다.

입학 전 학습 진도

• 읽기: 초등학교에 입학하는 학생의 80~90퍼센트가 기초적인 읽기, 쓰기가 가능한 상태로 입학합니다. 그러니 적어도 읽기는 가능하도록 해주세요. 글을 읽고 이해할 수 있으면 과제 해결을 좀 더 수월하게 할 수 있고 학습에 자신감이 생깁니다. 입학 전부터 소리 내어 책을 읽으며 정독하는 습관을 기르도록 하는 것이 좋습니다. 아이가 한글을 효과적으로 익히도록 돕는 가장 좋은 방법은 꾸준한 독서와 소리 내어 읽는 습관입니다. 읽기능력은 국어 교과뿐 아니라 대부분의 교과 학습에 영향을 주므로 초등학교 입학 전부터 아이가 책을 가까이하도록 하는 것은 매우 중요합니다.

• 쓰기: 입학 후 한두 달 후에는 알림장을 쓰게 됩니다. 따라서 선 긋기나 색칠하기를 통해 필력을 길러야 하고 따라 쓰기, 보고 쓰기 연습도 필요합니다. 처음부터 받아쓰기나 베껴 쓰기를 잘하는 아이는 많지 않습니다. 하지만 시간이 지나면 반복적인 연습을 통해 누구나 적응하고 잘 적게 되니 크게 걱정할 필요는 없습니다. 하지만 우리 아이가 좀 더 빠르게 적응하길 원한다면 입학 전에 집에서 미리 준비해주세요. 학교생활에 좀 더

쉽게 적응하고 자신감을 가질 수 있을 것입니다.

• 수학: 입학 전부터 과하게 연산 학습을 시킬 필요는 없습니다. 다만 숫자는 단순히 "일, 이, 삼, 사"로 세는 것뿐 아니라 "하나, 둘, 셋, 넷"과 같이 다양하게 읽히므로 미리 이 부분에 대해 알려주는 것이 좋습니다. 수 가르기와 모으기 개념을 확실하게 다져주고 실생활 속에서 수학적 사고를 자연스럽게 익히게 해주는 것이 좋습니다. 또한, 서술형 수학문제를 해결할 수 있도록 문제를 읽고 해석할 수 있는 능력을 키워주는 것도 좋겠죠? 여유가 된다면 한 자리 수 더하기까지는 익히고 보내는 것이 좋습니다. 학습은 아이의 성향과 발전 과정에 따라 조절해주어야 하므로 먼저 내 아이를 잘 살펴보고 수준에 맞게 접근해주는 것이 오랜 시간 수학을 즐겁게 해나가는 방법입니다. 처음에는 아이가 재미있다고 느낄 수 있는 만화 교재로 시작하는 것도 괜찮습니다.

입학 전에 준비해야 할 생활습관

• 책상에 앉아 있기: 저학년 생활 내내 가장 중요한 습관입니다. 책상에 오래 앉아 있는 습관을 익혀야 학습할 때도 집중력

을 높일 수 있기 때문입니다. 정해진 시간에 책상에 앉아 독서 또는 학습지를 꾸준히 하거나, 부모 또는 선생님과 함께 수업하고 책을 함께 읽는 방법으로 습관을 잡아가는 것이 좋습니다. 책상을 선택할 때 아이가 좋아하는 책상으로 사주는 것도 도움이 됩니다. 초등학교는 40분 수업, 10분 쉬는 시간으로 이루어져 있습니다. 초등학교 입학 전에 40분의 수업시간 동안 한자리에 앉아 공부할 수 있는 끈기가 필요합니다. 수업 도중 화장실에 가고 싶다면 선생님에게 살짝 얘기하도록 하고 되도록 쉬는 시간에 화장실을 다녀올 수 있도록 합니다.

• 자기 물건 챙기기: 1학년 학생들은 자기 물건을 잘 잃어버립니다. 물건을 사용한 후에는 항상 정해진 자리에 정리정돈하는 습관을 길러야 합니다. 준비물을 챙겨주었는데도 아이는 준비물을 가져왔는지, 준비물이 가방 어디에 들어있는지 모르는 경우가 많습니다. 입학 초기에는 아이와 함께 알림장을 확인하면서 책가방 챙기는 연습을 해주세요.

• 인사 잘하기: 선생님과 친구들에게 먼저 인사하는 아이가 인기가 좋습니다. 인사를 바탕으로 대화가 원활하게 이루어질 수 있어 학교생활이 원만해집니다.

• 화장실 사용하기: 부모가 학교에 따라와서 화장실 이용을 도와줄 수 없으므로 미리 배변 후 뒤처리하는 방법 등을 연습시키는 것이 좋습니다.

• 젓가락 사용법 익히기: 어린이집에서 4세 때부터 지도해주므로 대부분 아이가 무리 없이 잘하리라 생각하기 쉽지만 많은 저학년 아이들이 숟가락만으로 급식을 먹습니다. 가정에서 식사 시간에 젓가락 사용 기회를 충분히 가지게 해주고 칭찬으로 습관을 잡아주세요.

• 경청과 배려: 1학년 어린이는 자기중심적인 성향이 강하여 타인의 이야기를 잘 집중해서 듣지 못합니다. 하지만 그 정도가 심하면 학교생활을 하는 데 많은 어려움을 겪게 되므로 평소에 가족, 친구, 선생님의 이야기를 경청하는 습관을 길러주는 것이 좋습니다. 친구가 싫다고 하는 행동을 하지 말아야 하는 이유와 차례를 지키는 방법 등을 하나하나 짚어가며 알려주세요. 안 듣고 있는 것 같아도 다 듣고 기억합니다.

입학 준비물, 미리 준비하지 마세요

책가방은 가볍고 물세탁이 가능하며 지퍼가 부드럽게 열리는 것이 좋으며, 신주머니는 때가 잘 타기 때문에 이물질이 묻었을 때 쉽게 제거가 가능한 재질이어야 합니다. 실내화는 가볍고 실내에서 활동하기 편한 것이 좋습니다. 슬리퍼 형태의 실내화는 넘어질 수 있으므로 피하는 것이 좋습니다. 필통은 지퍼를 여닫기 편한 천 필통이 좋습니다. 지나치게 커서 서랍에 들어가지 않는 필통이나 장난감이 달린 필통, 플라스틱이나 철 필통은 피하는 게 좋습니다.

그 외 준비물은 학교에서 제공하기도 하므로 안내 전에 미리 학용품을 구입할 필요는 없습니다. 대부분의 경우 입학식 당일이나 그 다음 날 준비물에 관한 안내가 나옵니다.

새 학기에 불안한 모습을 보이는 아이를 위해 엄마가 해줄 수 있는 것은 무엇일까요?

3월이 되면 교실에는 배가 아프거나 머리가 아프거나 틱 증상이 나타나는 아이가 많아집니다. 매해 새로운 환경에 적응하는 것은 어른인 교사에게도 만만치 않은 일입니다. 특별히 저학년 학생에게는 새로운 교실에 적응하는 과정이 더 어렵고 힘들게 느껴질 것입니다. 이런 때 엄마가 어떻게 도움을 줄 수 있을까요?

아이 마음 읽어주기

아이마다 정도와 기간의 차이가 있을 뿐 학기 초에 불안한 것은 당연합니다. 이때 엄마가 "요즘 새 학기라서 많이 힘들지? 엄마도 그때 아는 친구는 없고, 선생님은 무섭고, 할 일은 많아서 학교 가기 싫었어. 그런데 시간이 지나니까 친한 친구도 생기고 차츰 나아지더라. 너도 금방 좋아질 거야. 엄마가 도와줄게."라고 마음을 헤아려주면, 그것만으로도 큰 도움이 됩니다.

숙제를 버거워하는 아이라면 잘하려고 하기보다 해가는 데 의의를 두세요. 요즘은 학교 숙제가 많지 않고 수학익힘책 풀기, 일주일에 한 번 일기나 독서록 쓰기 정도이지만, 그것조차도 아이에게는 큰 부담일 수 있습니다. 아이가 일기나 독서록 숙제로 스트레스를 받는다면 딱 세 문장만 써보자고 기준을 낮춰주세요. 목표를 낮게 잡고 성공한 경험을 한 후에 다음 단계로 나아가면 됩니다.

자신이 많이 힘들어하는 걸 엄마가 알고 어떻게든 도와주려 한다고 느끼면 아이는 불안을 이겨냅니다. 사랑을 많이 받은 아이가 학교생활도 긍정적으로 자신 있게 잘합니다. 이 시기에는 특히 더 아이에게 공감해주고 사랑을 듬뿍 주어야 합니다. 이때 조심해야 할 점은 부모가 아이 앞에서 지나친 걱정이나 관심을 삼가는 것입니다. 아이들은 부모가 직접적인 언어 형태로 전달하지 않아도 부모의 심리상태에 상당히 예민합니다. 부모가 자녀의 학교생활에 대해 걱정한다면 아이들은 친구들과 학교생활을 하는 동안에 은근히 제약을 받고 스트레스를 받습니다. 부모와 긍정적인 대화와 따뜻한 스킨십을 자주 나누는 아이들은 밝고 학교생활에 매우 우호적입니다. 밝고 긍정적인 아이로 성장할 수 있도록 부모가 걱정을 내려놓고 아이들의 성장통을 지지해주고 격려해주는 것이 가장 중요합니다.

담임선생님과 소통하기

학교에서는 적응을 잘하는 것처럼 보이는데 가정에서 불안한 모습을 보이는 아이들도 꽤 있습니다. 이럴 때는 담임선생님께 아이의 상태를 알리고 도움을 받는 것이 좋습니다. 아이가 편하게 생각하는 친구와 짝이 될 수 있도록 부탁하거나, 아이가 학습적인 부분에서 부담을 느낀다면 선생님께 미리 말씀드리는 것이 좋습니다. 아이의 적응을 위해 담임선생님과 협력하는 관계가 되어야 합니다. 혹시 선생님의 어떤 부분이 마음에 들지 않아도 아이 앞에서는 티를 내지 않는 것이 좋습니다. 엄마가 선생님을 신뢰하지 않으면, 아이도 선생님을 신뢰하지 않습니다.

긴장을 풀 여유 주기

학교에서 긴장하며 생활하다 집에 돌아온 아이에게는 스트레스를 풀고 뒹굴뒹굴할 시간이 필요합니다. 맛있는 간식을 놓고 대화하고 꼭 안아주세요. 평일에 아이를 챙길 여유가 없는 맞벌이 부부라면 주말만이라도 아이가 학교를 잠시 잊고 긴장을 풀 수 있도록 함께 시간을 보내주세요. 몸을 부대끼며 놀 수 있는 놀이를 하거나, 가까운 공원 나들이도 좋습니다. 아이가 좋아하는 활동을 하며 주말을 보내보세요. 놀다 보면 저절로 정서가 안정됩니다.

아이가 어느 정도 학교에 적응하기 전까지는 방과 후 스케줄을 여유 있게 남겨두는 것이 좋습니다. 새 친구, 새 선생님, 새 수업에 방과 후 수업시간까지 빽빽하면 아이들은 숨이 막힙니다. 엄마가 생각할 때 중요하고 필요한 수업보다는 아이가 좋아해서 선택한 방과 후 수업이나 학원으로 스케줄을 짜주세요. 초등학생이 되었으니 영어도 시작해야 할 것 같고, 악기 하나, 운동 하나는 할 줄 알아야 하지 않을까 하는 조급한 마음은 내려놓는 것이 좋습니다. 사교육은 아이가 학교생활에 적응한 후에 시작해도 절대 늦지 않습니다.

아이와 함께 알림장 확인하기

숙제나 준비물을 잘 챙겨 학교에 가야 아이가 불안해하지 않습니다. 매일 알림장과 가방 상태를 확인해주세요. 학교에서 쏟아지는 가정통신문의 양이 많아 알림장에 다 담을 수 없을 때도 있습니다. 담임선생님이 알림장 또는 모바일 애플리케이션 등을 활용해서 학급의 행사, 준비물, 학교생활 안내를 해주지만, 가장 중요한 정보는 담임선생님께서 아이들을 통해 보내주는 것입니다.

저학년 때에는 늘 가방 상태를 확인해주세요. 아이들의 장난감, 쪽지, 그림 등을 가방에서 정리해서 학교생활에 집중할 수 있도록 해주고, 연필, 지우개, 알림장, 기본 준비물이 부족해서 수업시간에 곤란하지 않도록 해주세요. 처음에는 부모와 같이 정리해보고 그다음에는 체크리스트를 만들어 아이 혼자 정리하는 습관을 들일 수 있도록 해주세요.

정리하는 습관은 모든 생활습관의 기초가 됩니다. 안내장으로 안내되었는데 꼼꼼하게 읽지 않아 중요한 부분을 놓치는 일이 없도록 합니다. 준비된 마음으로 알림장을 확인하고 가방을 정리하는, 어찌 보면 사소해 보이는 습관이 아이가 하루를 더 자신 있게 시작할 수 있게 하는 원동력이 됩니다.

생활, 학습면에서 학년별로 신경을 써줘야 할 부분은 무엇인가요?

적응해가는 1학년

1학년의 가장 큰 목표는 학교를 즐겁게 잘 다니는 것입니다. 아직 생년월일에 따른 소근육의 발달차가 있어 아이마다 할 수 있는 것이 다릅니다.

• **생활면:** 만약 아이가 아침에 웃는 얼굴로 학교에 간다면 아이가 학교생활을 잘하고 있다고 생각해도 됩니다. 하지만 가끔 학교에 가기 싫다고 해도 크게 걱정할 문제는 아닙니다. 아직 낯선 '학교'라는 곳은 별다른 이유 없이도 아이들에게 큰 부

담일 수 있기 때문입니다. 하교 후에 아이에게 "얼마나 재미있었어? 뭐 하면서 놀았어? 와! 이런 것도 배웠구나!"라는 관심을 보여주면서 학교에 대한 긍정적 이미지를 심어주면 차츰 나아집니다.

• **학습면**: 일단 1학년 1학기에는 학교와 담임선생님의 교육 계획에 잘 따라가는 데 초점을 맞춥니다. 적어도 한 학기는 학습적인 면보다 학교생활 적응에 초점을 맞추는 게 좋습니다. 1학년 여름방학이 되면 아이의 현재 학습 상황을 확인해볼 필요가 있습니다. 1학기 교과서 상태를 보면 아이의 언어 습관과 쓰기 학습 정도를 파악할 수 있습니다. 맞춤법은 어른들도 틀리는 경우가 많습니다. 바른 표현을 제시해주면 천천히 수정되어갑니다. 수학 연산을 어려워하는 아이라면 방학 동안 그 부분을 보충해주세요. 하지만 집중 시간이 짧은 시기이니 긴 시간 같은 주제의 학습으로 아이를 힘들게 하지는 않도록 합니다.

기본기를 다지는 2학년

• **생활면**: 학교생활에 적응한 2학년은 친한 친구가 생기는 시기입니다. 선생님과 부모, 친구들의 인정에 민감해집니다. 이제

칭찬받는 행동과 그렇지 않은 행동을 구분하고 잘한 행동은 인정받기를 원합니다. 이 과정에서 결과에 연연하여 친구들과 다툼이 일어나기도 합니다. 이 시기에는 아이들이 자신의 행동을 긍정적인 방향으로 조절할 수 있도록 구체적으로 칭찬해줍니다. 친구들과 다툼이 잦다면 아이가 자신의 상황과 감정을 제대로 표현하고 있는지 확인하고 적절히 표현하도록 연습을 시켜야 합니다. 학교에서 이루어지는 교육을 기반으로 규칙과 질서를 잘 이해하고 지키고 있는지 가정에서도 확인하면서 원만한 학교생활을 할 수 있도록 이끕니다.

• **학습면**: 아직 집중 시간은 짧지만, 습관이 형성되는 시기입니다. 혼자 조용히 집중해서 책을 읽거나 만들기를 하는 시간이 얼마나 되는지를 관찰해보면 아이의 공부 습관 형성을 위한 기준을 만들 수 있습니다. 아직 다양하게 생각하는 능력이 길러지는 시기는 아닙니다. 구구단이나 받아쓰기는 반복과 연습이 기본이지만, 그 방법을 다양하고 재미있게 하여 아이가 흥미를 느낄 수 있도록 해야 합니다. 짧은 시간에 정해진 분량을 해결하도록 함으로써 성취감을 길러주고, 이에 대한 칭찬과 적절한 보상으로 학습습관 형성의 기본을 다져주세요.

변화를 받아들이는 3학년

오후 수업시간도 늘어나고, 놀이 위주의 수업을 하던 1, 2학년 때와 달리 학습량이 늘어 부담을 갖게 됩니다. 또래 집단의 영향력이 점점 커지는 시기입니다.

• 생활면: 3학년이 되면 친구들과 협력해서 과제를 해결할 줄 알고, 정해진 규칙과 질서를 지키는 일이 활발해지며 정착되어야 합니다. 잘못된 습관이 있다면 이때 교정해야 하는데, 부모와 교사가 모델이 되는 것이 가장 좋은 방법입니다. 남학생은 몸의 움직임이 많은 활동을, 여학생은 단짝이나 또래 집단과 어울리는 활동을 즐기기 시작하는 시기입니다.
아이가 어떤 친구와 어떤 놀이를 하며 얼마나 어울리는지 아이와 대화를 통해 늘 확인하고 있어야 합니다. 특히, 단체 놀이에 잘 어울리지 않는 아이라면 주변 친구에게 물어보거나 담임교사와 상담하여 아이가 학교에서 어떻게 생활하는지 자세히 파악해야 합니다.

• 학습면: 교과 과목이 다양하게 분화되고 내용이 많아지면서 아이들은 학습에 자신감을 잃기도 합니다. 이때는 무리하

게 학원에 보내 학습량을 늘리기보다 아이의 학습 상태와 적절한 학습량을 확인하고 학습 속도를 맞추는 게 중요합니다. 하교 후 집에서 과목별로 5~10분 정도씩 배운 내용을 보면서 간단히 복습하는 습관이 가장 좋습니다. 3학년이 되어 학습에 자신감이 많이 떨어진 아이라면 학교에서 수업시간에 집중하는 정도를 확인할 필요가 있습니다. 수업시간 집중에 문제가 없다면, 복습과 동시에 다음 날 시간표를 미리 보고 배울 내용을 간단하게 읽어보고 가는 정도의 예습이 자신감 회복에 도움이 될 수 있습니다.

• 신체면: 3학년 2학기 즈음부터 여학생들의 신체발달이 시작됩니다. 몸이 변화하면서 아이는 사이즈가 큰 옷을 입고, 죄이는 옷을 싫어하며, 작은 스킨십에도 아파합니다. 그러므로 옷을 구입할 때 딱 맞는 옷보다 조금 넉넉한 옷을 사주고, 신체의 변화를 자연스럽게 받아들일 수 있도록 부모도 여유를 가지고 대해주세요.

경험을 쌓아가는 4학년

이제는 4학년이 사춘기의 시작이라고 합니다. 아직 몸도 마음도 어린 아이들도 있지만, 훌쩍 커서 초등학교 고학년으로서의 특징이 드러나는 등 신체적인 능력이나 학습적인 능력에서 개인차가 커지는 시기입니다.

- **생활면:** 4학년 아이들은 자기들끼리 몰려다니는 것을 좋아합니다. 친구들과 몰려다니면서 노는 것 때문에 엄마와의 갈등이 시작되는 시기이기도 합니다. 부모는 자녀와 함께 노는 아이들의 면면과 자주 다니는 동선, 행동 패턴을 잘 파악하고 있어야 합니다. 그리고 아이의 친구관계가 특정 일부에만 쏠려 있다면 이를 적절히 조정해주는 것이 필요합니다. 공부도, 숙제도, 학원도, 등하교도, 놀이도 특정 친구와만 하고 있다면 학원은 다른 데로 보낸다든지 등하교 시간을 조정한다든지 해서 다양한 친구관계를 경험할 수 있도록 해주세요.

- **학습면:** 3학년 때도 정신없이 따라가던 교과 학습이 4학년이 되면 더 어려워지고 학습량이 많아집니다. 하지만 많은 학습량을 받아들일 만큼 생각의 폭도 넓어지는 시기입니다. 이때는 독서에 재미를 붙여주는 것이 좋습니다. 좋은 책을 함께 골라 보고 아이에게 추천받고 추천도 해주면서 가족이 다같이 독서하는 분위기를 형성합니다.

어려워진 내용 때문에 사회나 수학 등 특정 과목에 흥미를 잃는 아이들이 나오기도 합니다. 가정에서는 아이가 어떤 과목을 좋아하고 싫어하는지와 그 이유를 파악하여 부족한 부분을 채워가는 것이 필요합니다. 싫은 과목이라고 대충하기 시작하면 이후 학습에서 문제가 생길 수 있습니다. 학습에 무기력해진 아이라면 운동이나 체험 활동 등 학습 외의 활동으로 무기력한 생활에서 벗어나도록 하는 것이 우선입니다.

자아를 찾아가는 5학년

사춘기에 완전하게 진입한 5학년은 부모의 관심에서 자꾸 벗어나려고 합니다. 엄마들에게서 아이가 감당이 안 된다는 말이 나오기 시작하는 시기입니다.

• **생활면:** 사춘기에 진입한 5학년 아이들은 감정 조절이 잘 안 됩니다. 작은 일로도 화를 냅니다. 이런 행동이 5학년 아이들의 특징이라 생각하고 그냥 두면 아이들은 갈 방향을 잃고 이리저리 헤매게 됩니다. 부모가 할 일은 가이드라인을 제시하는 것입니다. 해도 되는 일과 하면 안 되는 일에 대한 가이드라인을 아이와 함께 정하고, 그 선을 넘었을 때에는 단호한 대처가 필요

합니다.

이 시기 아이들은 또래와의 온라인 활동량이 늘어납니다. 그러다 보니 온라인 상에서 아이들 사이에 다툼이 생기는 경우가 많으므로 아이가 가입한 SNS계정을 확인하고 한번씩 아이와 함께 댓글과 게시글을 보며 바람직한 온라인 활동에 대해 자연스럽게 교육해야 합니다. 또한, 고민이 많아도 어른들에게 말하지 않는 시기이니 아이가 스스로 말할 때까지 기다리면 안 됩니다. 선생님이나 주변 친구들을 통해서라도 내 아이의 학교생활에 대해 어느 정도 파악하고 있어야 합니다. 그리고 아이가 자신의 이야기를 하고자 마음먹었을 때 부모가 무슨 이야기든 들어줄 수 있는 분위기가 형성돼 있어야 사소한 것도 차츰 털어놓게 됩니다.

• **학습면**: 5학년 아이들은 모르는 내용을 절대 물어보지 않습니다. 공부 잘하는 친구와 못하는 친구를 자기들끼리도 구분합니다. 자신의 학습적인 위치를 확인하고 자기는 안 된다고 생각하여 쉽게 포기하기도 합니다. 시행착오를 겪고 한 단계 올라갈 수도 있지만, 혼자서는 아직 힘든 시기입니다. 아이의 현재 학습 상태를 정확히 파악하고 아이와 함께 공부 방법을 고민해야 합니다.

아이가 자신이 할 학습 분량을 정하고 부모는 아이의 학습 상태를 정기적으로 체크하면서 포기하지 않고 스스로 학습하는 습관을 길러 줘야 합니다. 옆에서 보기에 이 시기의 아이들은 공부를 덜 하는 것처럼 보입니다. 엄마는 마음이 급한데 아이는 친구관계, 연예인, 외모 등 공부 말고도 신경 쓸 일이 많기 때문입니다. 따라서 부모 주도로 공부를 끌어가다 보면 아이도 엄마도 지칠 수 있습니다. 아이와의 밀고 당기기가 중요한 시기입니다.

중학교를 준비하는 6학년

6학년 아이들은 '어린이'라는 말은 자신들에게 해당 사항이 없다고 생각합니다. 그렇지만 6학년도 아직 '아이'라는 사실을 명심하고 자녀를 대해야 합니다.

• **생활면**: 자신들이 어린이가 아니라고 생각하는 6학년들은 성(性)에 관심이 깊어지고 성과 관련된 표현을 많이 사용합니다. 엄마들의 상상 그 이상의 행동과 표현을 하기도 합니다. 하지만 성에 대한 정확한 정보를 가지고 있는 것은 아닙니다. 부모는 아이의 이런 변화에 당황하거나 피하지 말고, 정확한 지식과 정보에 의거한 성교육을 해주어야 합니다.

선생님과 부모에게 따지듯이 대드는 경우도 많아집니다. 엄마의 품 안에 있던 아이가 더 넓은 세상으로 갈 준비를 시작하는 시기입니다. 아이의 이야기는 충분히 들어주지만, 자신의 말과 행동에 책임을 질 기회도 줘야 합니다. 또래 친구들과의 모임과 놀이, 외모에 관한 관심이 절정에 달합니다. 엄마가 알고 있는 곳과 다른 곳에서 놀기도 하고, 엄마와 사전에 약속한 놀이 시간을 지키지 않는 경우도 많습니다. 놀다가 학원을 빠지거나 그날 하기로 한 일을 하지 않는 경우도 많습니다. 다 컸다는 생각에 모든 것을 아이의 의사에 맡기고 문제가 생길 때만 엄마가 나선다는 방식의 양육은 위험합니다. 이 경우 아이들은 엄마가 평소에 자신에게 관심도 없다가 문제가 생기니까 큰소리를 내거나 자신에게 화를 낸다는 식으로 이해합니다.

평소 아이들이 어디에 모여서 누구와 무슨 놀이를 하는지 반드시 확인합니다. 친구들과 어울리며 서로의 물건 등을 비교하다 보니 용돈을 쓰는 씀씀이가 커지고 엄마에게 고가의 물건을 사달라고 요구하는 경우도 많습니다. 계획적이고 합리적인 소비를 위한 용돈 교육이 필요합니다. 고가의 물건을 요구할 경우 아이의 요구를 들어주기보다 합리적인 이유를 들어 거절해야 합니다.

이 시기 아이들이 학교생활에서 가장 중요게 생각하는 것은 또래 집단입니다. 또래 집단으로부터 인정받고 소속감을 가지는 것이 중요한 아이들에게 "누구누구와 놀지 마라."고 얘기하면 아이들은 부모의 조언마저도 불편해합니다. 어떤 친구들과 어울리는지, 어떤 이야기를 나누는지, 어떤 친구가 좋은 친구인지 하나씩 물어보면서 들어보세요. 나쁜 친구는 거의 없습니다. 내 아이가 친구들에게 나쁜 친구로 생각되지 않도록 정직하고 책임감 있으며 배려하는 아이로 자라도록 도와주세요. 부모의 본보기가, 가정으로부터 받은 사랑과 지지가 아이들의 가장 큰 자산입니다.

신체발달이 두드러지는 고학년 시기에 아이들이 상처를 주고받지 않도록 남녀의 신체발달을 이해하고 그에 따라 배려하는 언행이 필요합니다. 학교에서 성교육을 하고 있지만 요즘은 우리 아이한테 맞는 개별화 교육을 원하는 부모들이 또래 친구들을 모아 그룹 성교육(사교육)을 신청하기도 합니다. 휴대폰을 항상 휴대하는 아이들이 잘못된 성지식을 알게 되고, 그릇된 성의식으로 성범죄에 노출되지 않도록 '소중한 나의 몸'에 대해 신경 써서 알려주세요.

• **학습면:** 중학교 진학을 앞두고 아이들은 불안감을 느낍니다. 새로운 학습 방식에 거부 반응을 보이며, 그냥 해야 하니까 한

다는 식의 학습 태도를 보입니다. 불안한 부모들은 학원과 문제집 풀이 등 아이의 학습량을 늘립니다. 그렇다 보니 학교에서 대다수 아이가 피곤해서 수업에 집중하지 못하고 졸기도 합니다. 아이의 학습량이 아이의 체력에 맞는지, 힘들어서 학교에서 졸고 있지는 않은지 반드시 점검해서 조정해야 합니다.

한편, 6학년은 학생이 자율적으로 공부하는 분위기인 중학교에 가기 전에 스스로 학습하는 습관을 기르고 부족한 부분을 채워야 하는 시기입니다. 부족한 부분이 고착화되기 전에 다양한 방법으로 그 상태를 벗어나려는 시도가 필요합니다. 이 시기 아이들은 글쓰기를 싫어하고 뭔가 쓰면서 공부하는 방법을 힘들어하는 경향이 있습니다. 아이가 쓰는 걸 싫어하면 쓰지 않고 말로 하거나 그림을 그리면서 공부하는 등 새로운 학습 방법을 제시하여 공부에 흥미를 느끼도록 유도하는 것이 좋습니다.

학년 초 진단평가는 어떤 내용이고 어떻게 준비해야 하나요?

학년 초 담임교사가 학생 개개인의 출발점을 진단하고 성장과 발달을 지원하기 위한 기본 설계를 하는 일은 매우 중요합니다. 학년 초 진단평가는 종합적인 진단활동을 통해 인지적 · 정의적 · 신체적 영역을 진단하고 발달상황을 점검하여 지속적인 성장을 위한 기초 자료로 활용하는 과정이라 볼 수 있습니다.

〈진단활동 영역, 진단요소, 결과기록〉

진단활동 영역	진단 요소
정서 및 사회성 발달	자존감, 정서 상태, 대인관계, 기질과 성향, 친구관계, 식사예절, 식습관, 자기표현력, 의사소통능력, 친교성, 적극성
신체 및 감각 발달	방향감각, 균형감각, 양손 협응, 눈-손의 협응력, 손-발-말하기 협응력, 손의 무게감각, 손가락 미세분화, 시각적 거리감, 소근육 발달, 리듬감, 운동기능, 신체조절능력, 감각통합능력
인지 발달	공각지각력, 형상력, 관찰력, 주의집중력, 기억력, 논리적 사고력, 순차적 사고, 독서 수준, 관심 분야, 문자식별, 어휘력, 문장구성력, 맞춤법, 듣기능력, 말하기능력, 유창성, 수 세기, 수 개념, 추론능력, 연산능력
교과 학습	국어과, 수학과 (이전 학년 핵심성취기준)

번호	이름	정서 및 사회성		신체 및 감각		인지		교과	
		인사하기	식사시간	균형 잡기	움직이기	선 그리기	자기 소개하기	국어과	수학과
1	김○○								

※출처: 〈2018년도 초등학교 평가기본계획〉, 경기도 교육청

진단평가는 어떻게 준비하나요?

3월 중 시행하는 교과학습 진단평가 범위는 이전 학년도 국어, 수학(사회, 과학, 영어과를 추가로 진단하는 학교도 있음.) 핵심성취기준입니다. 진단평가는 보통 2~6학년을 대상으로 학년 초에 국어, 수학 등 과목별 이전 학년의 성취수준을 판별할 수 있는 내용으

로 출제됩니다. 이전 학년의 전 범위에서 출제되므로 따로 평가를 준비한다는 것이 사실상 어렵습니다. 그래도 혹시 불안한 마음에 꼭 준비하고 싶다면 작년 교과서를 훑어보며 학습 주제를 살펴보고 어려움을 느꼈던 단원을 중점적으로 읽어보거나 틀렸던 문제를 다시 확인해보도록 합니다. 오답공책이나 배움공책으로 정리하는 친구라면 자신이 정리한 내용을 읽어보는 것도 큰 도움이 될 것입니다.

새 학년 교과학습 진단평가에 대비하기 위해 저학년은 3R's(읽기, 쓰기, 셈하기)를 생활 속에서 꾸준히 반복 훈련해두는 것이 중요합니다. 고학년은 지난해 동안 부족했던 단원이나 영역을 새 학년 학습에 앞서 이전 교과서와 참고서를 활용해 되짚어보면 도움이 됩니다.

특히 단계형 학습이 이루어지는 수학은 이전 학년에서 부족한 부분이 있는 경우 다음 단계의 학습이 어려우므로 새 학년 학습에 지장이 없도록 반드시 복습이 필요합니다. 한 번 배웠으니 다 안다고 넘어가지 말고 꾸준히 복습하는 습관을 기르도록 합니다.

선다형(㉠㉡㉢㉣ 또는 ①②③④⑤ 중에 선택하는) 문제나 단답형 주관식(간단한 단어, 구, 절, 문장으로 답하는) 문제로 출제되므로 학교에서 평가를 처음 접하는 저학년 학생들도 어려움 없이 해결할 수 있습니다.

교과학습 외 진단활동 준비도 시켜야 하나요?

정서 및 사회성, 신체 및 감각, 인지 발달 등은 하루이틀 연습한다고 준비할 수 있는 영역이 아닙니다. 다만 3월 한 달에 걸쳐 지속적인 관찰과 진단활동이 이뤄진다는 것을 감안할 때, 아이가 자신이 가진 능력을 충분히 발휘할 수 있도록 편안하고 자신감 있게 집을 나설 수 있게 도와주면 좋습니다.

그러기 위해 학년 초에는 부모가 아이와 함께 기본 준비물을 준비하고, 힘들겠지만 잘해낼 거라는 믿음과 응원의 마음을 듬뿍 전달해주면 아이의 눈빛이 달라집니다. 낯선 환경에 적응하느라 심신의 에너지를 많이 소비하는 시기이므로 신경 써서 일찍 재우고 아침 식사도 꼭 챙겨주세요. 아침을 거르는 학생일수록 매사 의욕이 없고 신경질적으로 반응하기 쉬워져 원만한 교우관계 형성이 어렵고, 두뇌활동을 위한 에너지 부족으로 학습효과도 현격하게 떨어집니다.

담임교사는 진단평가 결과를 보고 학급 구성원의 각 과목별 취약한 부분을 파악하고 수업 수준을 결정합니다. 또한, 오답률이 높은 문제가 있다면 이전 학년에서의 내용을 다시 한 번 복습해보는 과정도 거칩니다. 평가 결과는 가정에 알리지 않는 경우가 많으므로 결과가 궁금하거나 걱정된다면 학년 초 상담주간에 방문이나 전화로 문의하면 됩니다. 진단평가는 대부분 학생이 80퍼센트 이상의 성취도를 달성하도록 출제되므로 크게 염려하지 않아도 됩니다.

학부모 상담 때 무슨 얘기를 해야 할까요?

학부모 상담주간은 대부분 학교에서 학기에 한 번, 연 2회 실시되는데, 새 학기가 되고 1, 2주 후면 학부모 상담을 신청하라는 안내문이 가정으로 배부됩니다. 학부모 상담은 자녀의 학교생활에 대한 궁금증을 해결할 수 있고 가정에서 자녀를 바르게 양육하는 데 큰 도움이 됩니다. 담임선생님과 자녀의 교육에 대해 이야기해볼 수 있는 좋은 기회이니 가능한 참여하는 것이 좋습니다.

1학기 상담

학기 초에 이루어지는 상담에서는 1년 동안 내 아이를 맡아 교육해주실 담임선생님께 인사를 드리고, 부모의 눈으로 보았던 내 자녀의 특성을 소개하는 시간을 갖습니다. 특이사항이 있다면 이때 말씀드리는 것이 좋습니다. 가정에서 지도할 때 힘들었거나 어려운 점을 전달하면, 선생님이 학교에서 아이를 지도하는 데 참고가 됩니다. 그리고 아이의 장점도 말씀해주세요. 교사와 학부모는 함께 자녀를 지도하는 협력자입니다. 솔직하게 이야기해주는 것이 좋습니다.

- 준비할 내용: 내 아이의 성향, 특성, 가정환경과 관련된 이야기를 준비해 가는 것이 좋습니다. 담임교사가 꼭 우리 아이에 대해 알아야 할 점이나 아이의 성향, 건강상의 주의해야 할 점, 전년도 유치원 생활 또는 학교생활에 대한 전반적인 내용에 대한 이야깃거리를 준비합니다. 학교와 가정은 공동으로 학생을 교육하면서 신뢰를 바탕으로 친밀한 관계를 유지해야 합니다. 이전 학년 학교생활에서 염려되었던 점 등에 대해 상세히 전할수록 도움이 됩니다.

2학기 상담

2학기 학부모 상담주간은 담임교사가 학생의 학교생활 전반에 대한 정보를 학부모에게 제공하는 방향으로 이루어집니다. 상담에서 들은 내용이 부모가 알고 있던 모습, 혹은 상상했던 모습과 다를 수 있습니다. 내 아이의 부족한 부분을 이야기해주는 담임선생님을 오해하지 마세요. 학생이 더 건강하고 성숙하게 성장하기를 기대하는 마음에서 드리는 말씀일 것입니다. 혹 부모가 우려했던 모습을 담임선생님도 보셨다면 어떻게 자녀를 도울 수 있을지 함께 고민해보는 기회로 삼으세요.

• 준비할 내용: '우리 아이 학교생활은 어떤가요? 친구들과 잘 지내요?'와 같이 단편적인 질문보다는 부모가 생각하는 학교생활을 상상해보고, 기대와 우려의 모습들을 설명하는 편이 좋습니다. 그 모습이 학교생활에서는 어떻게 관찰되는지 이야기 나누어보세요. 상담 중 의문이 생긴다면 선생님께 바로 질문하여 해결하는 것이 좋습니다. 그리고 가정에서 협조해야 할 사항은 무엇인지, 어떻게 하면 아이 성장에 도움이 될 수 있을지에 대해 함께 고민해봅니다.

학부모 상담 꼭 신청해야 할까요?

학부모 상담 신청 안내문을 받으면 대다수 부모는 아이에 관한 특별한 상담 내용이 없더라도 일단 신청합니다. 시간 내기 너무 힘든 상황에서도 상담을 신청하지 않으면 아이에게 관심 없는 부모로 보이지는 않을까 염려하기도 합니다. 맞벌이 가정인 경우, 양측 부모 중 한 분이 휴가를 내서 찾아오거나 조부모가 대신 상담을 오기도 합니다. 하지만 학부모 상담은 학부모 상담주간에만 이루어지는 것이 아니므로 무리할 필요는 없습니다. 학부모가 필요한 경우 선생님과 사전 약속 후 언제든지 상담을 할 수 있기 때문입니다. 불가피한 상황이라면 상담 신청을 하지 않아도 되며, 학교에 방문할 시간이 여의치 않다면 전화 상담이나 온라인 상담으로 진행해도 괜찮습니다.

다만 상담 일정을 정했다면 이것만은 꼭 지켜주세요. 담임교사는 짧은 시간에 많은 상담을 진행해야 하는 어려움이 있습니다. 약속시간은 꼭 지켜주시고, 정해진 상담시간도 지켜주세요. 상담시간은 약 15~20분 정도가 적당합니다. 상담 일시를 변경하길 원한다면 사전에 미리 양해를 구하면 됩니다. 1학기 상담을 앞두면 우리 아이를 1년 동안 맡아주실 담임선생님이 어떤 분일지 많이 궁금합니다. 열린 마음, 긍정적인 마음으로 방문하세요. 담임교사에게 보여주는 예의는 부모의 성숙도를 반영하기도 합니다. 또한, 아무리 작은 것이라도 선물이나 먹거리는 일절 받지 않고 있습니다. 감사함을 표현하고자 하는 마음만으로 충분합니다.

학교에서 학습평가는 어떤 식으로 이루어지며, 어떻게 준비해야 할까요?

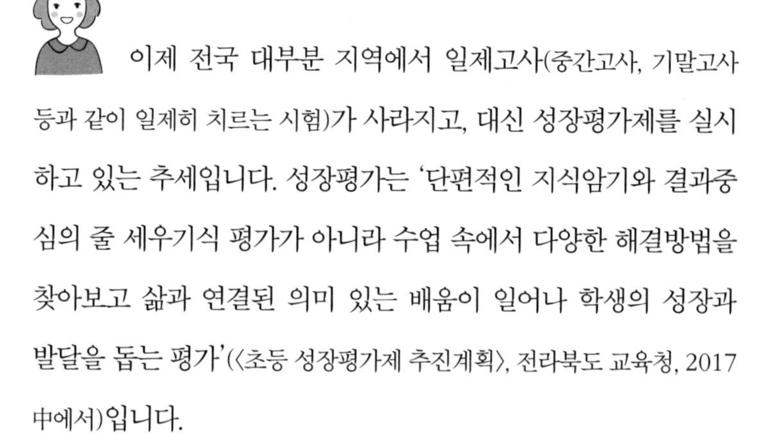

이제 전국 대부분 지역에서 일제고사(중간고사, 기말고사 등과 같이 일제히 치르는 시험)가 사라지고, 대신 성장평가제를 실시하고 있는 추세입니다. 성장평가는 '단편적인 지식암기와 결과중심의 줄 세우기식 평가가 아니라 수업 속에서 다양한 해결방법을 찾아보고 삶과 연결된 의미 있는 배움이 일어나 학생의 성장과 발달을 돕는 평가'(〈초등 성장평가제 추진계획〉, 전라북도 교육청, 2017 中에서)입니다.

〈2018학년도 1학년 1학기 학생 중심 성장평가 계획〉

과목	단원	영역	평가내용	평가 시기	평가유형		
					지필	수행	
						과정	정의적 능력
국어	2. 재미있게 ㄱㄴㄷ	쓰기	자음자를 찾고 바르게 쓰기	4월 3주		○	
	4. 글자를 만들어요	읽기	글자의 짜임을 알고 몸의 각 부분의 이름을 읽기	5월 4주		○	
	5. 다정하게 인사해요	듣기, 말하기	바른 자세와 마음가짐으로 상황에 맞는 인사말 하기	6월 1주			○
	8. 소리 내어 또박또박 읽어요	문법	문장 부호를 알고 띄어 읽기	7월 2주		○	
수학	2. 여러 가지 모양	도형	□ ▯ ⊖ 모양의 물건을 같은 모양끼리 분류하고 그것들을 이용하여 여러 가지 모양 만들기	5월 1주		○	
	3. 덧셈과 뺄셈	수와 연산	9 이하의 수의 범위에서 모으기와 가르기를 하며 상황에 맞는 덧, 뺄셈식을 쓰고 읽기	6월 1주		○	
	4. 비교하기	측정	두 가지 또는 세 가지 대상의 길이, 무게, 넓이, 들이를 직관적 또는 직접 비교하며 구체물의 길이, 무게, 넓이, 들이를 비교하여 각각 '길다, 짧다', '무겁다, 가볍다', '넓다, 좁다', '많다, 적다' 등을 구별하여 말로 표현하기	7월 1주		○	
바생	2. 도란도란 봄동산	봄	새싹을 돌보는 방법 알고 실천하기	5월 2주			○
슬생	2. 도란도란 봄동산	봄	봄에 볼 수 있는 동식물을 분류하고, 씨앗을 심어 식물의 자람 관찰하기	5월 2주		○	
즐생	2. 도란도란 봄동산	봄	봄에 볼 수 있는 동식물 다양하게 표현하기	5월 2주			○
	2. 여름나라	여름	여름의 모습과 느낌을 창의적으로 다양하게 표현하기	7월 2주		○	

※출처: 〈2018년도 초등학교 평가기본계획〉, 경기도 교육청

이 계획서는 어느 초등학교의 1학년 1학기 성장평가 계획입니다. 성장평가 계획은 매학기 초, 학교 홈페이지 또는 가정통신문으로 안내됩니다. 성장평가 계획서를 읽어보면 이번 학기에는 어떤 내용을 중점적으로 배우겠구나 하는 흐름을 이해하는 데 도움이 됩니다. 저학년 때는 직접 그려보고 활동해보고 꾸며보고 실천해보는 평가내용이 많지만, 학년이 올라갈수록 과목이 많아지고 배우는 내용이 늘어나다 보니 중요한 개념이나 용어를 알고 있는지 확인하거나 서술형으로 답을 작성하는 평가 항목이 늘어날 수밖에 없습니다. 1, 2학년은 국어, 수학, 통합 단 세 과목만 배우지만, 3학년부터는 국어와 수학은 물론 사회, 과학, 음악, 미술, 체육, 도덕, 영어 과목을 추가로 배우게 됩니다. 이때 음악의 경우 가창과 기악, 감상 등을 평가하게 되며 영어의 경우 듣기(Listening)나 말하기(Speaking) 등을 평가하고 있습니다.

평가를 준비할 때에 가장 중요한 것은 평소에 수업을 열심히 듣고 중요한 내용을 잘 익히고 복습하는 것입니다. 매우 기본적인 내용이지만 절대 쉽지 않은 일입니다. 평가 통지표 양식은 학교마다 다르지만, 대체적으로 학생의 학습 수준과 학교생활 태도에 관한 내용이 담겨 있습니다. 교사들은 통지표에 가정에 전달하고자 하는 내용을 최대한 자세하고 많이 담아내기 위해 노력합니다. 평가 결과는 일반적으로 '매우잘함-잘함-보통-노력요함'과 같은 4

단계로 구분됩니다.

다음의 표는 어느 초등학교의 3학년 평가계획입니다. 과목별로 평가 항목을 학년 초에 미리 결정하여 안내하며 이를 바탕으로 평가를 시행하게 됩니다. 평가 항목을 통해서도 알 수 있지만, 시험지를 잘 풀거나 암기를 잘해야만 좋은 성적을 얻는 것이 아니라 평소 수업시간에 적극적이고 성실하게 임한다면 큰 무리 없을 정도의 기본적인 내용이 평가의 주된 주제들입니다. 평가 방법도 지필 고사만이 아닌 포트폴리오, 관찰법, 자기평가, 상호평가, 구술, 서술 · 논술형 평가, 실험 · 실습, 토론, 선택형 평가 등 다양하고 내실 있게 운영되고 있습니다.

〈B초등학교 2017학년도 3학년 평가 계획〉

국어	**2단원. 문단의 짜임** - 문단의 중심 문장과 뒷받침 문장을 파악하며 글 읽기	**4단원. 높임말을 바르게 사용해요** - 높임법을 알고 언어 예절에 맞게 사용하기	**6단원. 알맞게 소개해요** - 알맞은 낱말을 생각하며 대상의 특징이 잘 드러나게 소개하는 문장 쓰기	**7단원. 아는 것을 떠올리며** - 겪은 일을 떠올리며 이야기를 읽고 재미있는 부분 말하기	
도덕	**1단원. 소중한 나** - 나를 소중히 하는 생활의 의미를 알고 나를 소중히 하는 생활 실천하기	**2단원. 너희가 있어 행복해** - 친구 사이에 지켜야 할 예절을 알고 우정을 위해 할 수 있는 일 실천하기	**4단원. 생명을 존중하는 우리** - 생명이 소중한 이유를 알고 생활 속에서 실천하기		

수학	**1단원. 덧셈과 뺄셈** -세자릿수의 덧셈과 뺄셈하기	**2단원. 평면도형** -직각삼각형, 직사각형, 정사각형의 의미를 알고 그림으로 나타내기	**4단원. 곱셈** -(두자릿수) X (한자릿수)의 곱셈하기	**5단원. 시간과 길이** -시간과 길이의 덧셈과 뺄셈하기	**6단원. 분수와 소수** -크기가 같은 분수, 단위분수, 소수의 크기 비교하기
사회	**1단원. 우리가 살아가는 곳** -지도에서 기호가 필요한 이유를 알고 고장의 그림지도 그리기	**1단원. 우리가 살아가는 곳** -우리 고장의 산업과 지역의 변화 알아보기	**2단원. 이동과 의사소통** -생활에서 이용하는 이동수단을 알고 이동수단의 필요성 이해하기	**2단원. 이동과 의사소통** -다양한 의사소통 수단 이해하기	
과학	**1단원. 우리 생활과 물질** -물체를 분류하고 병풍책으로 나타내기	**2단원. 자석의 이용** -자석을 이용한 장난감 만들기	**3단원. 동물의 한살이** -여러 가지 곤충의 한살이 비교하기		
음악	**1단원. 음악을 만나요** -소리의 어울림을 느끼며 돌림 노래 부르기	**1단원. 음악을 만나요** -리코더를 연주하는 바른 자세와 주법으로 '음계 노래' 연주하기	**2단원. 음악과 친해져요** -주변에서 볼 수 있는 물건으로 악기를 만들고, 합주하기	**2단원. 음악과 친해져요** -'동물의 사육제'를 듣고 나오는 동물 중 인상 깊은 동물의 특징을 그림으로 표현하기	
미술	**1단원. 나와 세상** -다양한 감각을 활용하여 주변 자연물이나 인공물을 탐색하기	**2단원. 조형과 빛의 세계** -따뜻한 느낌의 색과 차가운 느낌의 색을 찾고, 표현해보기	**4단원. 작품 감상** -작가의 마음을 생각하며 시와 그림을 함께 감상하기	**6단원. 자연환경과 미술** -다양한 자연 재료를 만들어 작품 만들기	
영어	**2단원. What's This?** -물건의 이름을 묻고 이에 답하기 -알파벳 자음의 소리를 듣고 식별하기	**3단원. Sit Down, Please** -요청하고 이에 답하기 -알파벳의 대소문자(A~Z)를 듣고 따라 말하기	**5단원. Happy Birthday!** -물건을 나타내는 낱말을 읽고 의미를 이해하기	**5~7단원** -새로운 단어 쓰기	
체육	**1-1단원. 운동을 올바르게** -모둠별로 여러 가지 스트레칭 체조 꾸미기	**2-1단원. 빠르고 힘차게** -단거리 빠르게 달리기에 도전하기	**2-1단원. 물살을 가르며** -수상 안전을 이해하고, 물에 떠서 앞으로 나아가기	**3-1단원. 재빠르게 술래를 피하며** -규칙을 잘 지키며 피하기형 경쟁활동하기	

※출처: 〈2018년도 초등학교 평가기본계획〉, 경기도 교육청

학교가 시시하다는 아이, 왜 그럴까요?

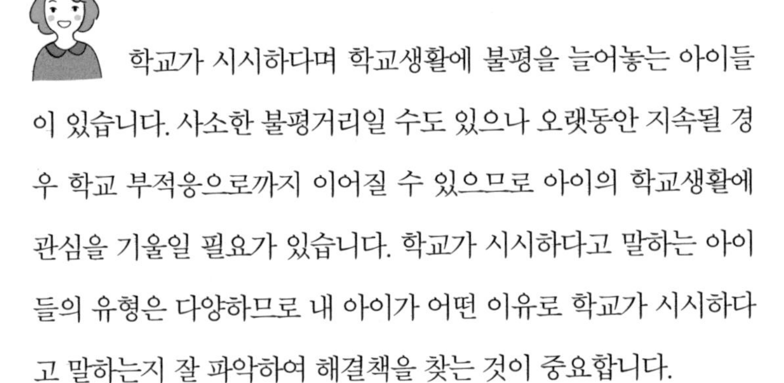

학교가 시시하다며 학교생활에 불평을 늘어놓는 아이들이 있습니다. 사소한 불평거리일 수도 있으나 오랫동안 지속될 경우 학교 부적응으로까지 이어질 수 있으므로 아이의 학교생활에 관심을 기울일 필요가 있습니다. 학교가 시시하다고 말하는 아이들의 유형은 다양하므로 내 아이가 어떤 이유로 학교가 시시하다고 말하는지 잘 파악하여 해결책을 찾는 것이 중요합니다.

선행학습을 하여 학교 수업이 쉽게 느껴지는 아이

과외나 학원을 통해 선행학습을 한 아이에게 학교 수업은 너무 쉽게 느껴질 수 있습니다. 이미 학습한 내용을 다시 배워야 하니 수업에 집중하기가 힘들고, 수업시간에 이루어지는 여러 활동에도 크게 재미를 느끼지 못합니다. 지나친 선행학습의 부작용으로 간주됩니다. 학년이 올라갈수록 수업시간이 늘어나고 학교생활에서 수업이 차지하는 비중은 커지기 마련입니다. 따라서 학교 수업이 재미없고 따분하다면 학교생활 전반이 시시해질 수 있습니다.

이 경우 내 아이가 선행학습으로 얻는 것이 많은지 아니면 잃는 것이 많은지 냉정하게 판단해볼 필요가 있습니다. 학교생활에 흥미를 놓친 채로 시간을 보내다 보면 이러한 생활이 습관처럼 굳어져 학년이 바뀌고 분위기가 달라져도 학교생활에 적응하기 힘들 수 있습니다. 그러므로 아이가 지나친 선행학습으로 학교 수업을 시시하게 여기고 있다면 선행학습의 강도를 조절할 필요가 있습니다.

학교에서의 놀이 활동에 재미를 느끼지 못하는 아이

학교에서는 수업 이외에도 다양한 활동을 합니다. 1학년의 경우 놀이 활동을 통해 학교생활에 대한 긴장감도 해소하고 친구들과 쉽게 친해질 수 있습니다. 한 반에는 보통 스무 명이 넘는 학생이 있으므로 이러한 활동들의 수준은 수업과 마찬가지로 중간 정도 수준의 학생들에게 맞춰져 있습니다. 따라서 학교에서 이루어지는 다양한 활동들의 수준이 자신에게 맞지 않을 경우 활동 자체에 흥미를 느끼지 못하고 시시하다고 생각할 수 있습니다.

이러한 활동들은 팀을 짜서 이루어지거나 모둠으로 진행되므로 팀이나 모둠 내에서 자신보다 느리거나 잘하지 못하는 친구를 기다려주고 속도를 맞춰야 합니다. 그러다 보면 더더욱 이런 활동들이 시시하고 재미없다고 생각될 수 있습니다.

이 경우 아이에게 학교는 다양한 수준과 속도를 지닌 친구들과 함께 어울려 지내는 곳임을 일깨워줄 필요가 있습니다. 다양한 활동을 통해 무언가를 배우고 재미를 찾는 것도 중요하지만, 나와는 다른 친구들과 함께하면서 얻는 즐거움도 크다는 것을 알려주세요.

주목받고 싶은 아이

예를 들어 아이가 새로운 장난감을 받았다고 가정해봅시다. 아이는 장난감을 가지고 놀 생각에 들떠 30분 동안 장난감에 몰입합니다. 하지만 그 후에 아이는 씩씩거리며 "이 장난감은 너무 시시해."하며 거들떠보지도 않습니다. 물론 아이에게 장난감이 정말 시시하게 느껴졌을 수도 있습니다. 하지만 장난감에 대한 자신의 복잡한 감정을 에둘러 시시하다고 표현해버린 것일 수 있습니다. 어른에게 도움을 청하지 않고 자기 힘으로 장난감을 멋지게 조립하거나 작동시켜서 칭찬받고 싶었는데 그게 잘되지 않으니 장난감이 시시하다고 말한 것이죠. 맛있는 포도를 따 먹지 못하자 신포도일 거라며 자기합리화를 하는 이솝우화 속 여우의 심리와 같습니다.

학교가 시시하다고 말하는 아이 중에는 사실 학교생활에 관심이 많고 친구들이나 선생님에게 주목받고 싶어 하는 아이들도 많습니다. 이 경우 자신보다 더 잘하는 아이들이 많아서 좀처럼 빛을 발하지 못하거나 중심에 서지 못할 경우 자신의 열등감을 방어해줄 수단으로 학교는 시시하다고 말할 수 있습니다. 학교를 시시하다고 여기고 자신은 그런 시시한 집단에는 끼지 않겠다는 발상입니다. 이런 아이들에게 학교란 모든 아이가 주목받을 수 있는 곳이 아님을 처음부터 알려줄 필요는 없습니다. 그러한 가르침보다는 선생님의 칭찬 한마디가 도움이 됩니다. 담임선생님께 아이의 상황을 알리고 칭찬 한마디를 부탁해보세요. 아이들은 사소한 칭찬 한마디에도 표정이 밝아지고 기가 삽니다. 다만 매번 칭찬을 기대하고 칭찬을 받지 못해 기가 죽는다면 선생님이 스무 명의 아이를 다 칭찬해주기란 쉽지 않음을 알려주고, 서서히 스스로 자존감을 높이는 방향으로 이끌어주어야 합니다.

학교생활에 문제를 겪고 있는 아이

학교생활에 문제를 겪고 있으면서 부모나 선생님이 학교생활에 대해 물어보면 그저 학교는 시시하다며 대화를 막아버리는 아이도 있습니다. 시시하니 더 이상 말해줄 것이 없다는 뜻입니다. 겉으로는 시시하다고 말하지만 실제로는 학교생활에 큰 어려움을 겪고 있을 수 있습니다. 교우관계에 문제가 있거나 선생님과 사이가 좋지 않아 매번 꾸지람을 듣다 보니 의기소침해진 경우입니다. 이 경우 말수가 줄어들거나 우울해질 수 있는데, 부모가 재빨리 아이의 변화를 알아차리지 못하면 아이의 문제는 더 깊어질 수 있으므로 적극적인 대처가 필요합니다.

학기 중에 전학해도 괜찮을까요?

환경이 바뀌는 것은 어른들에게도 굉장한 스트레스입니다. 아이들은 어른들보다 적응이 빠르다고는 하지만 낯선 환경에 대한 스트레스는 분명히 있습니다. 피치 못할 사정으로 전학을 가야 하는데 그것도 학기 중에 전학해야 하는 상황이라면 다음 사항을 고려하세요.

아이의 성향과 전학 갈 학교의 특성

아이들의 적응력은 어른들의 상상을 초월합니다. 마음이 맞는 친구를 한 명이라도 만나면 학교생활은 그날로 바로 해피엔딩입니다. 실제로 대다수 아이는 전학 후에도 새로운 학교에 빠르게 적응합니다. 특히 적극적이고 활발한 아이는 더 잘 적응할 거라고 생각하는데, 실제로도 대부분은 그렇습니다. 그런데 오히려 활발한 성격 때문에 아이들과 자잘한 마찰을 일으키며 적응이 오래 걸리는 경우도 있습니다. 따라서 아이가 어떠한 성격이든 전학 간 학교의 친구들과 마찰은 없는지 꼭 살펴봐야 합니다.

조용하고 소극적인 아이라면 적응하는 데 더 시간이 걸릴 수 있습니다. 이 경우 아이의 스트레스 상황을 충분히 이해해주고, 학교에 적응하는 동안은 학원이나 다른 스케줄을 줄여주면 좋습니다. 아니면 새로운 학교 아이들이 많이 다니는 운동 학원에 등록해서 새 친구들과 만나는 시간을 늘려주는 방법도 있습니다.

학교의 분위기도 무시하지 못할 변수입니다. 중학교 진학 등으로 전학생이 많은 학교라면 전학생에 대한 편견도 적고 아이들도 자연스럽게 분위기에 스며들어 적응합니다. 하지만 전학할 학교가 소규모이고 전학생이 드문 학교라면 아이의 전학을 신중하게 고려해보고 전학 후에는 담임선생님, 아이와 자주 대화하면서 상황을 잘 파악하고 있어야 합니다.

이사나 부모의 직장 때문이 아니라 아이의 학교생활 문제로 학기 중 전학을 원하는 경우도 있습니다. 아이를 위해 친구관계나 분위기를 바꾸려는 시도는 나쁘지 않고 경우에 따라 꼭 필요하기도 합니다. 이 경우에는 아이의 정서적 안정에 좋은 영향을 줄 수 있는 동네, 학교인지 고려하여 전학 갈 학교를 알아봐야 합니다.

교사의 입장에서는 고학년의 학기 중 전학은 권하고 싶지 않습니다. 저학년 아이들은 학기 중에 전학해도 잘 적응하고 반 친구들과 금방 친해집니다. 하지만 또래 집단이 형성되기 시작하는 4학년 이후에는 자신들의 집단에 새로운 친구가 들어오는 것을 꺼리는 경우가 많고, 기존 아이들끼리 이미 쌓여 있는 유대감이 커서 새로운 친구를 잘 끼워주지 않는 경우가 많습니다.

6학년의 전학

어쩔 수 없는 상황으로 6학년에 전학을 해야 하는 경우가 있습니다. 6학년 전학은 중학교 진학과 맞물리기 때문에 전학 시기를 미리 결정하면 좋습니다. 친구관계가 중요한 6학년들은 이사하여 통학시간이 늘어나도 기존 학교에 그대로 다니고 싶어 하는 경우가 많습니다. 지금의 관계가 소중하고 포기가 안 되는 거지요. 이 경우 보통 졸업식까지 기존 학교에 다니고, 중학교 배정은 새로운 동네의 학교로 가게 됩니다. 하지만 아는 친구 하나 없는 중학교생활도 초등학교 전학만큼이나 아이에게 힘든 과정일 수 있습니다.

이런 장단점을 아이와 사전에 충분히 이야기하고, 아이의 의사를 존중하여 결정해야 합니다. 절충안으로 기존 학교에 다니되 학원은 이사한 동네로 옮겨 미리 동네 분위기에 적응하면서 자연스럽게 친구관계가 형성되도록 돕는 방법이 있습니다.

전학하거나 외국에 가는 경우, 절차가 어떻게 되나요?

전학하는 경우 학교에 따로 서류를 작성하거나 하는 절차는 없습니다. 담임교사에게 전학 사실을 알리기만 하면 됩니다. 담임교사에게 미리 전학 사실을 알려야 아이의 학교생활기록부 정리 및 수행평가 결과 처리를 할 수 있습니다. 또한, 친구들과의 작별도 미리 준비할 수 있겠죠. 학기 말에 전학하는 경우 다음 학년이나 2학기 교과서를 받아서 가야 합니다. 만약 교과서를 받지 못했다면 새로운 학교에 가서 받을 수도 있습니다. 우유 급식을 하는 경우엔 행정실에 전학 사실을 알려 남은 기간의 우유 급식비를 반환받을 수 있도록 해야 합니다.

거주지 이전 후 주민센터에 전입신고를 하면 주민센터에서 초등학교를 배정해주고, 통지서를 줍니다. 통지서를 가지고 해당 학교 교무실에 가서 전학과 입학 처리를 하면 됩니다.

외국에 가는 경우

인정 유학자와 미인정 유학자의 경우가 다릅니다. 인정 유학이란 주재원, 안식년, 이민 등과 같은 이유로 부모와 동반하여 국외에서 생활하게 되는 경우를 말합니다. 이외는 모두 미인정 유학에 해당합니다.

인정 유학자

• 초등학교 취학을 면제하고자 하는 근거자료를 제출하고 서류를 작성합니다.

• 준비 서류: 파견동행 면제 신청서, 부(父) 또는 모(母)의 파견 관련 증빙서류(발령장 또는 파견명령서), 주민등록등본(가족관계증명서)

미인정 유학자

• 재학 중인 학교에 무단결석으로 처리되며, 해당 학년도 수업일수의 3분의 1 이상 장기결석한 학생에 대해서는 학칙이 정하는 바에 따라 유예 처리가 되어 학교에서 정원외 학적관리가

됩니다.

외국에서 돌아와서 학교에 편입학하는 경우

인정 유학

• 교과목별 이수인정평가를 거치지 않고 국내외 재학기간을 합산하여 학년을 배정합니다.

미인정 유학

• 유형에 따라 시 · 도 교육청별로 준비할 서류가 다르므로 교육청에 구비 서류를 문의해서 준비합니다. 교육청 홈페이지에도 자세한 사항이 게재되어 있습니다.

• 학교 학칙에 따라 서류 심사 및 교과목별 이수인정평가를 시행한 후 그 결과에 따라 학년을 결정합니다. 유학을 간 당해 학년도에는 원칙적으로 재취학을 허용할 수 없으나, 아동보호 측면에서 학교장이 재취학을 허용할 수 있습니다. 단, 해당 학년의 출석 일수가 부족한 경우 진급이 불가하여 다음 해에 해당 학년을 재이수해야 할 수도 있습니다.

받아쓰기, 일기, 독서록 어떻게 준비하면 될까요?

어린 시절, 초등학교에 입학했을 때 가장 열심히 준비해 갔던 것이 받아쓰기, 그림일기였던 기억이 있을 겁니다. 지금의 학교 교육에서도 중요하게 여겨지는 받아쓰기, 일기, 독서록은 학교생활을 넘어 일생 동안 자신을 성찰하고 기록과 메모를 남기는 시작점이 됩니다. 어떻게 하면 엄마는 수월하고 아이는 즐겁게 이 과제들을 해결할 수 있을까요?

요령이 필요한 받아쓰기 준비법

대부분 1학년 2학기부터 2학년까지 매주 받아쓰기 시험을 봅니다. (가끔 3, 4학년임에도 받아쓰기 시험을 보는 학급도 있습니다.) 학교에서 받은 받아쓰기 급수표를 시험 보기 전에 한두 번 써오게 하는 경우도 있고, 시험을 본 후 틀린 것을 3번 쓰는 숙제가 있기도 합니다. 받아쓰기 활동이 학부모들에게 부담을 준다고 하여 교육청에서는 저학년을 대상으로 한 받아쓰기 활동을 지양하라고 권고하고 있습니다. 그러나 어린 시절 받아쓰기로 익힌 맞춤법과 띄어쓰기는 평생의 재산이 되기 때문에 결코 소홀히 여길 수 없습니다. 안 할 수 없는 받아쓰기, 즐겁게 하는 방법을 소개합니다.

첫째, 매일 두 문장씩 연습합니다. 받아쓰기는 대부분 열 문제입니다. 시험을 보기까지 대략 일주일의 시간이 있습니다. 그런데 받아쓰기 시험을 보기 전날 열 문장을 외우려고 하니 어려울 수밖에 없습니다. 초기 받아쓰기 문제는 간단한 단어나 구로 시작하지만 시간이 지날수록 긴 문장으로 난이도가 높아져서 연습하고 준비하기에 버겁게 느껴집니다. 하루에 몰아서 하지 말고 오늘 두 문장 연습하고 내일 새롭게 연습하기 전에 어제 연습한 두 문장을 확인하면서 시작합니다. 이렇게 하면 첫 날 외운 문장은 매일 자연스럽게 반복하게 됩니다. 이때 아이가 겪게 되는 작은 성공은 성취감으로 쌓여 자존감을 높이는 데 중요한 역할을 합니다.

둘째, 받아쓰기 급수표를 보여주지 않은 상태에서 실전처럼 받아쓰기를 해봅니다. 아이들이 맞춤법을 틀리는 이유는 발음과 표기법이 차이가 나기 때문인데, 읽어주면서 쓰게 하면 어느 부분을 어려워하는지 쉽게 알 수 있습니다. '안에'를 '아네' 혹은 '아내'라고 썼다면 일단 '안'을 설명해준 후 장소를 나타낼 때에는 'ㅓㅣ의 에'를 사용함을 설명해줍니다. '있다'를 '이따'라고 쓴다면 '~이 있다'라고 표현할 때는 '이 아래 쌍시옷 받침'을 쓴다는 것과 '쌍시옷과 다가 만나면 따로 발음될 수 있음'을 설명해주면 좋습니다. 물론 처음부터 모든 단어를 이렇게 설명하면 아이가 어려워할 수 있으니 이해할 수 있는 정도만 설명해주세요. 받아쓰기 후 틀린 부분에 대한 설명을 들었다면 아이는 틀린 부분을 외워야 합니다. 다 외웠으면 두 번째 받아쓰기 연습 때는 틀린 것만 불러주면 됩니다. 아이의 노력과 부모의 노력이 모두 필요합니다.

즐겁게 일기 쓰는 법

일기의 시작은 1학년 때 하는 그림일기입니다. 그림을 그리고 그와 관련된 이야기를 쓰고 마지막에 느낌을 쓰면서 '일기는 하루 생활 중 가장 기억에 남는 것을 쓰는 것이구나!'를 알게 됩니다. 일기 쓰기는 국어 공부가 아닙니다. 틀린 글자나 띄어쓰기를 고치는 것은 일기 쓰기에 방해가 됩니다. 가장 초점을 두어야 할 부분은 내가 겪은 일이나 생각을 자유롭게 쓰는 것입니다.

일기 쓰기를 즐겁게 만들어주는 팁을 알려드릴게요.

첫째, 특별한 일을 기록하지 않습니다. 일기는 일상의 이야기를 쓰는 것입니다. 매일 같은 일상이지만 어제의 기분과 생각이 오늘과 같을 수는 없습니다. 이렇게 다르다는 것을 깨닫고 그것을 글로 쓸 수 있도록 해주세요.

둘째, 길게 쓰라고 강요하지 않습니다. 길게 쓴다고 무조건 좋은 게 아닙니다. 적게 쓰더라도 자기감정이 담긴 글이 좋은 글입니다. '재미있었다'보다는 무엇이 어떻게 재미있었는지 쓸 수 있도록 도와주세요.

셋째, 반성문 형식을 띠지 않습니다. 일기는 반성문이 아닙니다. 하루를 돌아보며 자신에게 있었던 일을 글로 쓰면서 다시 한 번 돌아보는 것으로 충분합니다. 다짐이나 반성의 말을 꼭 넣을 필요는 없습니다.

넷째, 일기를 쓰기 전에 아이와 함께 오늘 하루를 돌아보거나 방금 있었던 일에 대해 차근차근 이야기해보는 시간을 가져주세요. 이야기 나누다 보면 무엇을 일기의 글감으로 사용할 것인지 찾아내는 데 도움이 됩니다.

학년이 올라가며 일기 쓰기를 계속 숙제로 내주는 선생님도 있고 사생활 침해라는 이유로 검사하지 않는 선생님도 있습니다. 일기가 아니더라도 꾸준히 글을 쓰는 것이 글쓰기 실력 향상에 절대적인 도움이 되는 것만은 확실합니다. 1년 동안 띄엄띄엄 글을 쓴 아이와 꾸준히 글을 쓴 아이의 실력 차를 생각해보세요. 그것이 쌓여 10년이 된다면 그 차이는 엄청날 것입니다.

글을 잘 쓰지 못하는 아이들을 살펴보면 책 읽기를 좋아하지 않는 아이가 많습니다. 책을 많이 읽는 아이는 알게 모르게 '글은 이렇게 쓰는 거구나'를 깨닫게 됩니다. 몇몇 아이들은 '오늘 나는'을 시작으로 있었던 일만 다섯 줄 정도 나열하기도 하고, 하루 일과를 모조리 쓰느라 한쪽을 넘어가기도 합니다. 또 어떤 아이들은 "오늘 한 일이 없어요."라며 일기 쓰기를 거부하거나 '오늘 학교에 갔다.' 이런 식으로 짧게 끝내기도 합니다.

이런 아이들에게는 부모들의 도움이 필요합니다. "오늘 무슨 과목 배웠니?", "수업시간에는 뭐 했어?", "쉬는 시간이나 점심시간에는 뭐 했어?", "학교 끝나고 뭐 했어?" 등을 물으며 하루를 되돌아보고, 그중 특히 기억에 남는 일이 있다면 그것을 일기의 주제로 삼으면 됩니다. 주말에 특별한 일을 했다면 그것이 주제가 되어도 좋고, 재미있게 읽은 책이나 텔레비전 프로그램, 혹은 게임도 일기의 주제가 될 수 있습니다.

정말 쓸 것이 없는 경우 '내가 가장 좋아하는 음식', '우리 가족 소개', '내가 커서 하고 싶은 일', '내가 가장 행복했을 때' 등과 같은 주제를 정해 쓰는 것도 좋습니다. 일기는 '있었던 일 + 생각이나 느낌'이 중심이 되어야 합니다. 따라서 마지막에 '참 재미있었다'로 끝낼 것이 아니라 중간중간에 느낌이 들어가야 합니다.

> 나는 오늘 알사탕 책을 읽었다. 요술 알사탕이었다. 나도 이런 알사탕을 먹고 싶다.

이런 식으로 일기를 썼다면 아래 방법으로 살을 붙이는 것이 좋습니다. 처음부터 쉽게 되지 않으니 욕심내지 말고 아이들이 노력할 수 있도록 지도해주세요.

> 가족과 서점에 가서 백희나 작가님의 알사탕 책을 샀다.
> 책 내용은 동동이가 색깔이 다양한 알사탕을 먹자 이상한 소리가 들리는 것이다. 소파의 목소리가 들리더니 리모컨의 위치도 알려줬다. 하지만 알사탕을 다 먹으면 소파의 소리는 들리지 않는다. 참 신기한 알사탕이다. 다른 색깔 알사탕을 먹었는데 아빠의 '손은 잘 닦았냐. 꼭꼭 씹어 먹어라. 밥 다 먹고 말해라. 가정통신문 있으면 식탁에 내놓아라.' 이런 말들이 '사랑해. 사랑해. 사랑해'라는 말로 들렸다. 우리 부모님도 나에게 그렇게 말하는 걸까? 가장 감동적인 부분은 평소에 혼자 놀던 동동이가 마지막 알사탕을 먹으며 아무 소리도 들리지 않자 한 말이다. '아무 소리도 들리지 않아요. 그래서 동동이

가 말하기로 했지요. 뭐라고 했을까요? 나랑 같이 놀자. 그렇게 동동이는 친구가 생겼어요.' 동동이에게 친구가 생겨 좋다. 나도 이런 알사탕을 먹어봤으면 좋겠다.

마지막으로 일기를 쓴 후 소리 내어 읽어보기를 권합니다. 읽어본 후 고쳐 쓰기를 통해 글의 내용도 매끄럽게 하고 맞춤법도 살펴봅니다.

다양한 독서록을 활용하세요

독서록은 책을 읽고 기억에 남는 부분을 기록하거나 그림으로 그리거나 퀴즈를 내는 등 다양한 방법으로 책의 내용을 나의 지식으로 내면화하기 위해 활용됩니다. 자신이 읽은 책을 나만의 표현으로 기록하는 데 초점이 맞추어져 있으므로, 꼭 글로 쓰지 않더라도 책에 대한 소감을 말이나 그림으로 표현하는 활동부터 차근차근 시작하면 됩니다. 따라서 일기 쓰기 실력이 어느 정도 갖추어진 후에 시작해도 늦지 않습니다. 특히 요즘 많은 학교에서는 독서록 작성을 위해 다양한 종류의 독서 감상지로 구성된 책자를 자체 제작해 나누어주고 있습니다. 여러 종류의 독서감상지 중 아이가 하고 싶어하는 페이지부터 시작해보세요.

아직 글쓰기가 어려운 학생에게는 읽은 책의 제목을 적는 정도의 활동만으로도 충분합니다. 독서록의 목적이 독서가 되어야지 독서의 목적이 독서록이 되어서는 안 됩니다. 한글을 잘 모르는 아이에게는 부모가 책을 읽어주는 것도 좋습니다. 그림만 있는 책을 보며 함께 이야기 나눠보는 것도 추천합니다. 독서록은 책을 읽고 가장 재미있었던 문장 중 한 문장을 베껴 쓰기부터 시작합니다. 그런 다음 아이에게 "왜 이 문장이 가장 재미있었어?"라고 질문하면 아이는 어렵지 않게 대답할 것입니다.

한글을 터득한 후에도 무리하게 책의 내용을 간추리기보다 가장 재미있는 부분 그림으로 그리기, 3문 3답(주인공 이름은? 주인공의 성격은? 등), 책 표지 꾸미기, 책 광고지 만들기, 생각나무(마인드맵-주인공 이름, 생김새, 한 일, 성격, 나와 닮은 점 등) 만들기, 등장인물에게 편지쓰기, 등장인물과 인터뷰하기 등 다양한 방법으로 독후활동을 하게 합니다. 그렇게 독후활동과 친숙해지면 책 내용을 간추리고 느낀 점을 쓰는 활동도 할 수 있습니다. 처음에는 다섯 줄을 넘기지 않습니다. 익숙해지면 일곱 줄, 열 줄 등으로 차츰 늘려가세요.

학년별로 수업 마치는 시간은 어떻게 되나요?

초등학교 1교시 법정 수업시간은 40분입니다. 수업시간 사이에는 10분의 쉬는 시간이 있습니다. 4교시 후의 점심시간은 대체로 50분 정도이고, 점심을 먹고 잠깐의 놀이 시간을 보내고 나면 오후 1시쯤 됩니다. 이어서 5, 6교시까지 마치면 오후 2시 30분이 되고 하교를 위한 정리를 하는 데 대략 20여 분 정도가 소요되므로 6교시를 마치고 하교하는 시간은 오후 2시 50분 무렵이 될 것입니다.

〈 초등학교 시정표 〉

시정	시작	끝	시간 및 비고
등교	08:50	09:00	09시 등교
1교시	09:00	09:40	40분
쉬는 시간	09:40	09:50	10분
2교시	09:50	10:30	40분
쉬는 시간	10:30	10:40	10분
3교시	10:40	11:20	40분
쉬는 시간	11:20	11:30	10분
4교시	11:30	12:10	40분
점심시간	12:10	13:00	50분
5교시	13:00	13:40	40분
쉬는 시간	13:40	13:50	10분
6교시	13:50	14:30	40분
하교 및 정리	14:30	14:50	20분

하교 시간은 학년별로 연간수업시수가 달라서 학년별, 요일별로 달라집니다. 현재 우리나라 교육과정에서는 학년 군으로 묶어 그 학년 군에서 꼭 이수해야 하는 기준시수를 제시하고 있습니다. 따라서 학교에서는 기준시수를 꼭 이수할 수 있도록 교육과정을 계획, 운영하고 있습니다. 학년 군별 기준시수는 다음과 같습니다.

〈학년군별 기준시수〉

학년 군	연간 기준 수업시수
1, 2학년군	1,744시간
3, 4학년군	1,972시간
5, 6학년군	2,179시간

※출처: 〈2018년도 초등학교 교육과정 운영계획〉, 경기도 교육청

1, 2학년은 연간 1,744시간을 이수하기 위해 대부분 4교시 2일, 5교시 3일 이렇게 주당 23시간을 운영합니다. 학교에 따라 4교시와 5교시를 운영하는 요일은 다릅니다. 1, 2학년 군으로 이수해야 하는 교육과정 운영시수가 정해져 있어서 2학년의 경우 5일 내내 5교시를 하기도 합니다.

3, 4학년의 경우 1,972시간을 이수하기 위해 3, 4학년을 함께 계획합니다. 학교마다 사정은 다르지만, 일주일에 하루만 4교시를 하고 나머지는 5교시로 운영하는 경우가 많습니다.

5, 6학년은 2,179시간을 이수하기 위해 대부분 일주일에 하루 5교시, 나머지는 6교시로 시간표를 배정하여 학사일정을 운영하고 있습니다.

〈학년별 요일별 수업 시수〉

학년＼요일	월	화	수	목	금	계
1학년	5	5	4	5	4	23
2학년	5	5	4	5	4	23
3학년	5	6	4	5	6	26
4학년	5	6	4	5	6	26
5학년	6	6	5	6	6	29
6학년	6	6	5	6	6	29

※출처: 〈2018년도 초등학교 교육과정 운영계획〉, 경기도 교육청

학교마다 등교 시간, 점심시간, 중간놀이 시간 유무, 블록 수업 운영 여부에 따라 생활시정표의 시간이 조금씩 다를 수 있습니다.

학교를 마치는 시간은 4교시일 때 오후 1시, 5교시일 때 2시, 6교시일 때 오후 2시 50분이므로 이 시간을 기준으로 방과 후 스케줄을 계획하면 됩니다. 하교 시에는 청소나 담임교사의 일과 마무리, 알림장 쓰기와 같은 활동이 추가될 수 있으므로 오후 스케줄을 계획할 때에는 20분 정도 여유를 가지고 계획하는 것이 좋습니다.

학교폭력이 발생했을 때 어떻게 대처해야 할까요?

학교폭력이란 학교 내외에서 학생을 대상으로 발생한 폭력으로 신체, 정신 또는 재산상의 피해를 수반하는 행위를 말합니다. 사소한 괴롭힘이나 장난으로 시작한 것이라도 지속되거나 고의성이 있을 경우엔 학교폭력이 될 수 있음을 분명히 인지하도록 아이들에게 가르쳐야 합니다. 또한, 학교폭력은 학생을 대상으로 하는 모든 폭력을 포함하므로 어른이 학생에게 가한 폭력도 학교폭력이 될 수 있으며, 사안이 심각할 경우 경찰에 신고하여 수사를 의뢰하게 됩니다.

내 자녀가 학교폭력을 가했거나 당했을 경우, 부모의 대처방법에 대해 알아보겠습니다. 물론 그런 일이 일어나면 안 되겠지만,

아이가 학교에 입학하고 나면 여러 가지 갈등 상황에 놓이게 될 수 있습니다. 그저 웃고 넘어갈 만한 일이 아니라 신체적, 정서적 피해가 상당해 잘잘못을 따지거나 사안에 대한 깊은 반성과 책임이 필요한 때도 있지요. 아직 아이가 저학년이라 괜찮다고 생각할 수도 있겠지만, 요즘은 의외로 저학년에서 학교폭력신고 건이 올라오는 경우가 늘고 있습니다. 자라온 환경과 가치관이 다르고 아이마다 기질이 다르다 보니 갈등이 생기면 서로의 이견을 조율하는 일이 퍽 어려운 시기이기 때문입니다. 고학년은 또래문화가 생기고 사춘기까지 오기 시작하면서 어른이 보기에도 어머나 하고 놀랄 일이 발생하는 경우도 있습니다.

그러나 결국 둘 다 한 번만 돌이켜보고 한 번만 참으면 큰일이 되지 않았을 일을 키우는 경우가 많습니다. 이런 갈등의 시작이 '장난'인 경우는 더더욱 많고요. 그러면 학교폭력이 발생하면 어떻게 대처해야 할까요?

먼저 학교폭력 사건에서 내 아이의 위치가 무엇인지를 알아야 합니다. 물론, 학교폭력이 일어났다고 무조건 피해자, 가해자로 나누어 단정 짓게 되는 것은 아닙니다. 학교폭력전담기구나 학교폭력대책자치위원회에서는 가해자, 피해자 여부를 정확히 구분 지어 조치가 취해지기까지는 '관련학생'이라고 표현하고 있습니다. 그러나 그 전에 아이나 담임선생님과 대화하다 보면 내 아이가 어떤 위치인지를 가늠할 수 있습니다. 내 아이가 피해자라면 당연히 아이의 안전과 피해 상황에 대한 특별조치와 보상 등을 청구할 수 있고, 반대로 내 아이가 가해자라면 상대 아이의 피해 상황에 대해 경청하고 진심 어린 사과와 피해보상을 해야 합니다. 아이가 피해자일 경우와 가해자일 경우의 조치사항을 모두 알아보겠습니다.

내 아이가 피해자일 때

아이가 학교에서 학교폭력 피해를 당했다고 생각되는 여러 정황이 있을 것입니다. 학교에 가지 않겠다고 한다든지, 갑자기 신경질적이 되고 문을 잠그고 방에서 나오지 않는다든지, 심지어 얼굴이나 신체에 멍이 들어 집으로 돌아올 수 있습니다. 이 경우에는 일어난 일을 자세히 기록해두는 것이 중요합니다. 아이와 대화하여 앞뒤 정황을 잘 살펴서 아이에게 지속적인 폭력의 피해가 있었다고 판단되면 담임선생님께 연락을 취합니다. 이때 중요한 것은 아이의 상황을 너무 감정적으로 판단하지 않는 것입니다. 어렵겠지만 객관적인 태도를 유지하는 것이 문제를 해결하는 지혜로운 태도입니다.

학급에서 학교폭력이 발생했을 때 당사자와 양측 가족 간에 원만한 협의가 이루어지면 '학교장종결처리'가 됩니다. 예를 들어 학교폭력으로 아이의 이마가 찢어진 사건이 발생했는데 상대 아이가 깊게 반성하고 다시는 그런 행동을 하지 않겠다고 사과하고 이번 사고로 찢어진 이마에 대한 치료비를 보상하겠다고 약속하면 대체로 협의가 잘 이루어진 경우입니다. 하지만 이렇게 협의가 이루어졌는데도 우리 아이의 피해 상황에 대한 적절한 사과나 보상이 이행되지 않거나 이런 일이 또다시 발생한다면 '학교장종결처리'가 되었다 하더라도 학교폭력신고를 접수할 수 있습니다.

학교폭력신고는 학교의 학교폭력담당교사를 통하거나 교무실에서 접수대장에 신고할 수 있고, 신고가 접수되면 학교폭력전담기구에서 해당 사안에 대한 조사가 이루어집니다. 이후 학교폭력신고가 난 지 14일 이내에 학교폭력대책자치회가 열립니다. 학교폭력대책자치회는 교원위원, 학부모위원, 학교경찰관 등으로 이루어진 위원회이며, 학교폭력사안 발생 시 전담기구에서 조사한 사안 자료와 피해자 및 가해자와의 면담과 질의응답을 통하여 일정의 기준에 의해 학교폭력성립 가부를 가리고 그에 따른 조처를 하는 곳입니다.

이때 부모가 원하는 조치와 학교폭력대책자치위원회의 조치가 다른 경우 불만이 있을 수 있습니다. 그러나 학부모의 요구나 회의 당시의 감정에 치우쳐 공정한 판단을 하지 못할 것을 우려하여 일련의 기준을 두고 매뉴얼대로 판단하기 때문에 일어나는 일이므로 크게 서운해할 일은 아닙니다. 그럼에도 학교폭력대책자치위원회의 결과에 만족하지 못하는 경우라면 교육청에 재심을 청구하여 다시 사안을 판단할 수 있습니다.

학교폭력의 피해가 심하여 아이가 학교에 가기 어려워하거나 갈 수 없는 상황인 경우 학교폭력전담기구로부터 피해아동 우선보호조치를 받을 수 있습니다. 이 경우 피해학생은 관련학생과 격리될 수 있고 피해로 인한 결석에 대해 출석인정을 받을 수 있습니다. 아울러 학교폭력의 사안이 성폭력과 관련되었다면 이를 더 엄중히 여겨 알게 된 즉시 경찰에 신고하고 학교폭력 절차에 따라 우선조치 및 학교폭력대책자치위원회를 구성하게 됩니다.

자녀가 이런 일을 겪는다는 것이 부모에게는 상상할 수도 없는 큰 고통이겠지만, 아이보다 더 흥분하거나 아이 앞에서 격한 감정 표현은 자제해주세요. 부모가 지나치게 힘들어하면 아이는 자신이 피해를 입은 상황임에도 오히려 죄책감을 느낄 수 있습니다. 이럴 때는 분노하기보다 아이의 상황에 공감하여 주고 따뜻하게 감싸안아 주는 것이 상처로부터 아이를 빠르게 회복시키는 가장 좋은 방법이 아닐까 합니다.

내 아이가 가해자일 때

이 경우는 정말 예상치 못했을 겁니다. 대부분 부모는 우리 아이가 장난이 많고 좀 까불어서 그렇지 나쁜 행동을 하거나 친구를 괴롭힐 리 없다고 생각합니다. 그러다 보니 사안에 대해 설명드리면 일단 부정부터 하는 경우가 많습니다. 아이들은 아직 자신의 충동을 절제하는 능력이 부족하여 장난이나 호기심에 시작한 일이 걷잡을 수 없이 커지는 경우가 허다합니다. 그러므로 아이가 가해를 한 정황이 있는 입장이라면 더욱더 객관적인 판단과 겸허한 마음이 필요합니다.

선생님께 상황을 전달받았다면 먼저 아이와 이야기를 나누세요. 그리고 부모가 사과해야 할 부분이 있으면 아이와 함께 사과하는 것이 우선입니다. 이때는 반드시 담임선생님을 통해 상대방 부모의 전화번호를 알아보는 것이 중요합니다. 통화할 때는 상대 학부모의 이야기를 잘 경청하세요. 피해 학생의 부모님은 아무래도 피해를 입었다는 생각에 좀 더 흥분하고 속상함을 표현할 수 있겠지요. 이때 무리하게 억울함을 호소하거나 빠르게 사과하려고 하는 것은 오히려 상대방의 마음을 더 상하게 할 수 있습니다. 상대방의 이야기를 잘 듣고 같이 아이를 키우는 부모로서 최대한 공감하고 사과한다면 피해자 측의 감정이 쉽게 누그러질 수 있습니다.

이번 일로 신체적, 정신적 피해가 발생했다면 그에 따른 피해보상이 요구될 수 있습니다. 너무 무리한 요구에는 조율이 필요하겠지만 피해가 발생한 부분에 대해서는 보상을 하는 것이 맞습니다. 피해보상의 규모가 크고 합의가 어려운 경우에는 민사소송으로 이어지는 일도 있으므로 심사숙고하여 결정하세요.

위의 조치사항은 88쪽에 있는 〈학교폭력대책자치위원회 조치사항〉에 나와 있는 가해학생 조치사항을 동시에 두 개 이상 실행할 수 있습니다. 또한, 〈학교폭력대책자치위원회 조치사항〉 제2호부터 제4호까지, 제6호부터 제8호까지의 처분을 받은 가해학생은 교육감이 정한 기관에서 특별교육을 이수하거나 심리치료를 받을 의무가 있습니다. 아울러 조치에 따라 학생뿐 아니라 학부모가 특별교육을 이수해야 하는 상황이 발생하기도 합니다. 학교폭력대책자치위원회의 조치사항은 학교생활기록부에 기재되며 조치사항에 따라 졸업 후 바로 삭제, 혹은 졸업 2년 후 삭제됩니다. 그러나 제9호인 퇴학조치 경우에는 삭제되지 않습니다.

학교폭력 발생 시 두 명 이상의 학생이 고의적 · 지속적으로 폭력을 행사하거나 전치 2주 이상의 상해를 입힌 경우, 피해학생을 가해학생으로부터 보호(학교폭력신고에 대한 보복 우려)가 필요하다고 학교장이 판단한 경우에는 학교폭력대책자치위원회가 열리기

이전에 긴급 출석정지를 명할 수 있으며, 중학교 진학 시 피해학생과 격리되어 배정될 수 있습니다.

가해학생의 경우도 피해학생과 마찬가지로 학교폭력대책자치위원회의 결과에 이의가 있다면 재심을 청구할 수 있으나 매우 제한적입니다. 가해학생은 제8호와 제9호, 즉 전학과 퇴학 조치에 대해서만 교육청에 재심을 청구할 수 있으며, 그 외의 조치에 대한 이의사항은 해당 교육청 행정심판위원회에 행정심판을 청구할 수 있습니다.

가장 좋은 것은 아이가 학교에 다니며 안전하고 평화롭게 시간을 보내는 것이겠지만, 그러지 못한 상황을 생각해본다면 가장 중요한 것은 아이가 피해상황에서 시급히 벗어나 다시 행복한 학교생활을 할 수 있도록 회복탄력성을 높여주는 것입니다. 무엇보다도 가정에서 아이가 안전하고 편안한 감정을 가질 수 있도록 도와주고, 이 상황이 어렵고 힘들었지만 잘 이겨내고 다시 즐거운 학교생활을 할 수 있으리라는 부모의 격려와 관심이 가장 필요합니다. 또한, '왜 이런 사고를 쳐서', '이제 너 어떻게 하면 좋냐' 등의 비난보다는 말과 행동에는 책임이 따르는 것임을 깨닫는 기회로 삼아 이 기회를 통해 좀 더 의젓하게 성장하기를 기대한다는 다독임이 필요합니다.

사소한 장난에서 시작된 것이 어느 순간 큰 사안이 되거나 미숙함에서 비롯된 잘못된 판단으로 누군가 큰 피해를 입는 모습을 볼 때 교사로서 안타깝기 그지없습니다. 아이들의 진정한 성장을 위하여 부모가 감정을 추스르고 각자의 입장을 솔직히 이야기하고 합의해나간다면 아이들은 쉽게 회복하고 다시금 행복한 학교생활을 할 수 있을 것입니다.

학교폭력 신고절차

가. 인지 및 신고

자녀에게서 학교폭력의 징후가 발견되었을 경우 즉시 아이에 대한 진단과 치료를 시작해야 합니다. 이때 아이를 다그치거나 부정적인 언사를 하지 않도록 조심해야 합니다. 특히, 바로 학교폭력 신고센터인 117에 신고할 수도 있지만 학교에 먼저 알리는 것이 좋습니다. 만일 부모가 학교에 알리지 않고 직접 해결하고자 피해학생을 찾아가 회유하거나, 반대로 가해학생을 찾아가 협박하거나 신체적 폭력을 가하게 되면 학교폭력 수위가 더 심각해질 수 있으므로 발생 즉시 먼저 담임선생님께 알리는 것이 가장 좋습니다.

나. 사안 조사

학교폭력 신고로 접수가 되면 학교폭력전담기구에서 사안에 대해 조사합니다. 사안이 중대한 경우, 피해학생은 가해학생에 대한 우선 출석정지 등의 긴급 보호조치를 요청할 수 있습니다. 또한, 학교의 결정에 따라 가해학생을 출석정지 하거나 피해학생에 접근금지 처분을 내리기도 합니다.

이때 가해학생의 경우 지나치게 수업받을 권리를 박탈당하거나 진술을 강요받는 등 인권을 보장받지 못하고 있다고 생각되면 적절하게 이의를 제기하는 것이 필요하며, 의견을 진술하는 데 적극 참여하는 것이 좋습니다.

사안 조사 시, 학교 측에 적극 협조하세요. 특히 목격자가 있는 경우 목격자의 진술을 확보하고 증거자료가 있으면 학교에 제공합니다. 사안 조사 결과 신체적·정신적·재산상의 피해를 입힌 객관적인 근거가 없거나 즉시 화해가 이루어진 경우에는 담임교사 종결사안으로 결정합니다. 반대로 학교폭력으로 인정되면 학교폭력대책자치위원회에서 사안에 대해 심의하게 되는데, 경미한 사건일지라도 피해학생 부모가 화해할 의사가 없다면 학교폭력대책자치위원회를 개최하여 사안을 처리하는 것이 원칙입니다.

다. 학교폭력대책자치위원회 심의

학교폭력대책자치위원회의 구성은 학부모 위원 5명 이상, 교원 위원 2명, 학교전담 경찰관을 포함한 외부위원 2명으로 구성됩니다. 학교폭력대책자치위원회 위원들이 관련학생 및 학부모의 진술을 듣고 사안의 심각성, 고의성, 지속성 여부에 따라 조치를 결정합니다. 가해학생에게는 선도 조치를, 피해학생에게는 보호 조치를 내리게 됩니다. 가해학생과 피해학생에게 내려질 조치는 아래와 같으며, 가해학생 조치는 생활기록부에 기재되고 조치사항에 따라 가해 측 학생과 부모는 함께 특별교육을 받아야 합니다.

〈학교폭력대책자치위원회 조치사항〉

가해학생 조치	피해학생 조치
1호. 피해학생에 대한 서면사과 2호. 접촉, 협박 및 보복행위 금지 3호. 학교 봉사 4호. 사회 봉사 5호. 특별교육 이수 또는 심리치료 6호. 출석정지 7호. 학급교체 8호. 전학 9호. 퇴학 2, 4, 6, 8호의 처분을 받은 경우, 학생, 학부모 모두 특별교육 별도로 이수	1호. 심리상담 및 조언 2호. 일시보호 3호. 치료 및 치료를 위한 요양 4호. 학급교체 5호. 전학권고(학교폭력예방 및 대책에 관한 법률이 개정되면서 삭제) 6호. 그 밖에 피해학생의 보호를 위해 필요한 조치

※출처: 〈2018년도 초등학교 학교폭력위원회 운영계획〉, 경기도 교육청

라. 불복절차

학교폭력대책자치위원회의 조치사항이 결정되고 학교폭력대책자치위원회 위원장으로부터 각 조치가 서면으로 통지된 후, 이에 대하여 따를 수 없다면 재심 청구 등의 방법으로 불복할 수 있습니다. 또한, 학교폭력 법령에는 개인정보를 제외한 회의록의 열람이나 복사를 허용하고 있으므로 학교폭력대책자치위원회의 논의 경과를 참고하여 적극적으로 불복 사유를 소명하는 것이 가능합니다. 학교폭력 재심 청구는 각 조치를 받은 날부터 15일 이내, 그 조치가 있음을 안 날로부터 10일 이내에 하여야 합니다. 비교적 짧은 기간임을 유의해야 합니다.

학교폭력, 이것만은 알아두세요.

가. 피해학생 보호

피해학생이 희망하는 경우, 상급학교 진학 시 가해학생과 동일 학교 배정을 방지할 수 있습니다. 또한, 피해학생의 치료비뿐 아니라 심리상담에 필요한 비용을 학교안전공제회에 청구하여 피해보상을 받을 수 있습니다.

나. 학교생활기록부 입력 및 삭제

가해학생에게 내려진 조치사항은 조치 결정일자와 함께 즉시 학교생활기록부에 입력합니다. 가해학생이 조치를 거부, 기피하여 조치사항이 이행되지 않았더라도 조치가 결정된 날을 기준으로 15일이 경과하면 학교생활기록부에 기재합니다. 단, 재심, 행정심판, 행정소송이 청구된 경우에는 향후 조치가 변경된 경우 이를 수정하게 됩니다.

학교폭력대책자치위원회 조치사항 중 1, 2, 3, 7호는 졸업과 동시에 삭제 처리되며 4, 5, 6, 8호는 학교폭력대책자치위원회 심의 후 졸업과 동시에 삭제 가능합니다. 단, 졸업 시 미삭제된 학생의 기록은 졸업 2년 후 삭제 처리합니다. 하지만 재학기간 동안 두 건 이상의 학교폭력 사안으로 학교폭력대책자치위원회의 가해학생 조치사항을 받은 경우에는 해당 사안이 삭제되지 않고 종합생활기록부에 그대로 남아 있게 됩니다.

학년별 교과목과 구성은 어떻게 되나요?

아이들이 즐겨보는 TV 프로그램에서 초등학교를 찾아가 학생들의 척추 건강을 진단한 적이 있습니다. 초등학교 5학년 아이의 몸무게를 약 30킬로그램이라 했을 때, 적절한 가방 무게가 3킬로그램 이하라고 합니다. 요즘 초등 교과서는 옛날 교과서에 비해 크기도 무게도 훨씬 더 나갑니다. 교과서에 따라 무게가 조금씩 다르지만 대략 한 권에 500그램이라고 해도 8권을 가지고 다니면 책 무게만 4킬로그램이며, 여기에 가방과 필통 등의 무게를 합하면 5킬로그램이 넘어가기도 합니다.

3학년부터 교과목이 늘어나면서 교과서도 많아집니다. 수학은 수학책과 수학익힘책, 과학은 과학책과 실험관찰 이렇게 두 권의 책을 챙겨야 하는 교과목도 있습니다. 6교시가 있는 날은 교과서 6권 이상을 챙겨야 하는데, 그 무게가 상당합니다. 성장기 초등학생들에게 부담되는 무게입니다. 학원에 다닐 경우 학원 책까지 더해져 어른이 들어도 어깨가 아플 정도의 무게입니다. 그러므로 교과서를 사물함에 두고 다니기를 권장합니다. 그러면 교과서를 집에서 가지고 갔다가 다시 가져오지 않아 수업에 지장을 주는 일도 피할 수 있고요. 사물함에 두었다가 교과서가 필요한 숙제가 있는 경우에만 교과서를 챙기면 됩니다. 집에서 아이들의 수업 진도를 확인하고 학습에 도움을 주고 싶다면 온라인 또는 판매서점을 통해서 필요한 교과서를 한 권 더 구입하여 사용하는 것도 좋은 방법입니다.

1학년부터 6학년까지 모든 학년에서 공통으로 국어, 수학, 창의적 체험활동을 배웁니다. 창의적 체험활동은 자율활동, 동아리 활동, 봉사 활동, 진로 활동으로 구성되며, 다양한 체험 중심의 활동으로 수업이 운영됩니다. 교과별 교과서는 다음 표에서 확인할 수 있습니다.

〈초등학교 학년군별 교과서 현황〉

<table>
<tr><th>학년군</th><th colspan="3">교과서</th><th colspan="2">추가되는 교과서</th></tr>
<tr><td rowspan="2">1·2
학년군</td><td>1
학기</td><td>국어-가·나, 국어활동, 수학, 수학
익힘책, 봄, 여름</td><td rowspan="2">안전한
생활</td><td colspan="2" rowspan="2"></td></tr>
<tr><td>2
학기</td><td>국어-가·나, 국어활동, 수학, 수학
익힘책, 가을, 겨울</td></tr>
<tr><td rowspan="3">3·4
학년군</td><td>1
학기</td><td colspan="2">국어-가·나, 국어활동, 수학, 수학익힘책</td><td>사회, 사회과부도,
과학, 실험관찰</td><td rowspan="2">도덕
영어
음악
미술
체육</td></tr>
<tr><td>2
학기</td><td colspan="2">국어-가·나, 국어활동, 수학, 수학익힘책</td><td>사회, 사회과부도,
과학, 실험관찰</td></tr>
<tr><td colspan="5">사회 과목에서 지역화 교과서가 추가됩니다.</td></tr>
<tr><td rowspan="2">5·6
학년군</td><td>1
학기</td><td>국어-가·나, 국어활동, 수학, 수학
익힘책, 사회, 사회과부도, 과학, 실
험관찰</td><td rowspan="2">도덕
영어
음악
미술
체육</td><td colspan="2" rowspan="2">실과</td></tr>
<tr><td>2
학기</td><td>국어-가·나, 국어활동, 수학, 수학
익힘책, 사회, 사회과부도, 과학, 실
험관찰</td></tr>
</table>

※ 밑줄 친 과목은 검정교과서로 학교에 따라 다를 수 있습니다.
※출처: 〈국정교과서 편찬위원회〉, 교육부

1, 2학년 교과목

'국어활동'은 국어 교과서의 워크북 개념의 교과서로, 국어책에서 학습한 내용과 관련된 이야기와 보충학습 활동이 실려 있습니다. '안전한 생활'은 창의적 체험활동 시간에 사용하는 교과서로, 일상생활과 재난 상황에서 접하게 되는 위험을 알고 안전하게 생활하는 방법을 담고 있습니다. 봄, 여름, 가을, 겨울 교과서는 바른

생활, 즐거운 생활, 슬기로운 생활 교과를 주제 중심으로 통합하여 구성한 교과서입니다. 예를 들어 봄 교과서에서 '봄의 날씨'라는 주제로 봄 날씨의 특징(슬기로운 생활), 봄 날씨의 건강 수칙(바른 생활), 봄의 느낌 표현(즐거운 생활)을 배우는 식입니다.

3, 4학년 교과목

교과의 수가 대폭 늘어납니다. 3, 4학년은 전문적인 학문 영역에 첫발을 내딛는 시기로 과학, 사회와 같이 분화된 교과목을 학습하게 됩니다. 국어, 국어활동, 수학, 수학익힘책, 사회, 도덕, 과학, 실험관찰, 체육, 음악, 미술, 영어 교과서를 사용하게 됩니다. 3학년이 되면 학습량이 늘어나 아이들이 힘들어 할 수 있습니다. 사회 교과는 학생이 살고 있는 지역에 대해 학습하도록 각 시도 교육청에서 펴낸 '우리 고장의 생활(3학년)', '○○의 생활(4학년)' 등의 지역화 교과서도 사용합니다.

5, 6학년 교과목

3, 4학년 교과서에 실과가 추가되어 국어, 국어활동, 수학, 수학익힘책, 사회, 도덕, 과학, 실험관찰, 실과, 체육, 음악, 미술, 영어

교과서로 학습하게 됩니다. 5학년 때는 배우는 과목이 4학년 때와 비교해서 큰 변화가 없으므로 어려움 없이 잘 적응할 수 있습니다. 국어, 수학, 사회, 과학 교과서는 학기마다 새로운 책을 받지만, 도덕, 실과, 체육, 음악, 미술, 영어 교과서는 1년간 사용합니다. 최근 관심이 높은 코딩 교육은 5학년 과정에 처음 실시되는 실과 과목에 포함되어 있습니다. 2015 개정 교육과정에서는 소프트웨어(SW) 교육이 신설되어 알고리즘과 프로그래밍을 체험할 수 있도록 실과 과목을 구성하였습니다.

전학을 가면 바뀌는 교과서도 있습니다. 교과서는 국정 교과서와 검정 교과서로 나뉩니다. 국정 교과서는 국어, 수학, 사회, 도덕, 과학, 봄, 여름, 가을, 겨울, 안전한 생활이며, 전국의 초등학교가 동일한 교과서를 사용합니다. 실과, 체육, 음악, 미술, 영어 교과서는 검정 교과서이기 때문에 학교마다 다른 교과서를 사용합니다. 그러므로 전학한 학교에서 어느 출판사의 검정 교과서를 사용하는지 알아보고 아이에게 없는 교과서는 미리 준비하는 것이 좋습니다. 대부분의 경우 전학한 학교에 요청하면 여분의 교과서를 받을 수 있습니다.

혁신학교와 일반학교의 차이는 무엇인가요?

혁신학교의 정의는 '민주적 학교운영 체제를 기반으로 윤리적 생활공동체와 전문적 학습공동체를 형성하고 창의적 교육과정을 운영하여 학생들이 삶의 역량을 기르도록 하는 학교'입니다.

혁신학교는 오늘날의 공교육에 문제가 있다는 문제의식에서 시작되었습니다. 오랜 기간에 걸친 다양한 시행착오를 토대로 만들어진 혁신학교는 벌써 약 10년째를 맞이했고, 전국 1,525개교라는 어마어마한 양적확대를 이루었습니다. 다만 이런 양적확대 속에서 질 관리에 소홀했다는 평가도 있습니다. 혁신학교라고 덮어놓고 찬성하거나 이유 없이 반대하지 말고 내 아이가 갈 학교가 '진짜' 혁신학교인지 확인해보아야 합니다.

먼저 해당 학교 혹은 인근 학교 학부모에게 얘기도 들어보고 학교의 연간교육활동을 살펴보세요.

혁신학교는 기존 입시 위주의 획일적 교육을 비판하고 학생의 창의성, 민주시민성을 회복하는 것을 목표로 학교문화를 만들어 가고자 노력합니다. 세부적으로 교육과정 재구성, 평가방식 개선, 교원학습공동체 활성화, 학교 업무의 정상화 등 다양한 노력을 하고 있습니다. 이를 위해 지역별, 학교별 차이가 있지만 2018년 기준 서울은 평균 약 5,700만 원, 경기도는 평균 약 2,800만 원의 예산을 추가 지원받고 있습니다. 혁신학교는 다음의 4대 과제를 바탕으로 학교를 운영하고 있습니다.

혁신학교 4대 과제

1. 창의적 교육과정

창의적 교육과정의 틀은 크게 교육과정 재구성과 배움중심수업으로 나뉩니다. 교사는 지역 및 학생의 특성을 고려한 전문적 시각을 바탕으로 성취기준을 통해 교육과정을 재구성합니다. 그래서 혁신학교는 교과서를 바탕으로 한 예전의 수업 모습에서 벗어나 토론, 프로젝트 등 다양한 학생중심 활동이 많습니다. 과거의 설명 및 전달식 수업에서 벗어나 학생들이 스스로 지식을 구성하고 깨달음을 얻을 수 있도록 교사의 역할이 전달자에서 안내자로 바뀌었다는 큰 차이가 있습니다. 학생들이 수업 활동을 정하고 수업 내용의 결과를 교사가 아닌 학생이 도출하는 등 학생이 중심이 되는 배움중심수업을 실천합니다.

2. 전문적 학습공동체

이런 창의적 교육과정은 교사의 전문성에 의해 발휘되는데, 이러한 여건을 만들어주는 것이 전문적 학습공동체 운영입니다. 전문적 학습공동체는 교사 집단들의 지성을 바탕으로 교육과정을 함께 연구하고 실천하며, 배움중심수업을 실천하기 위해 서로 수업을 개방하는 등 창의적 교육과정 운영에 힘씁니다.

3. 민주적 학교운영체제

민주적 학교운영체제란 학교 구성원들이 주인의식을 가지고 민주적이고 자발적으로 학교의 교육비전을 세우고 권위주의 관행문화를 개선하고, 상호존중의 문화 아래 생산적인 학교 풍토를 형성하기 위해 제반 여건을 갖추는 것입니다. 민주적인 의사결정을 위해 회의 문화를 개선하고 수평적인 학교를 만들어갑니다. 학생들의 회의 결과가 학교 교육과정에 반영되기도 합니다.

4. 윤리적 생활공동체

혁신학교에서 학생과 교사 간에 가장 중요한 것 중 하나가 '관계'입니다. 좋은 관계 형성은 학교생활에서 일어날 수 있는 구성원들 간 문제 상황을 지혜롭게 해결하는 역할을 합니다. 혁신학교는 학생인권존중, 따뜻한 아침맞이, 공감 어린 소통, 상호존중의 언어 사용 등 좋은 관계 형성을 위해 많은 노력을 기울입니다.

혁신학교의 특징

그렇다면 혁신학교는 어떤 특징이 있는지 알아보겠습니다.

첫째, 학생들의 배움을 최우선으로 합니다.

대부분 혁신학교는 담임교사들의 행정업무가 없는 편입니다. 담임교사의 행정력을 교육력으로 전환하려는 의도입니다. 대신 학생들의 배움을 촉진하기 위한 다양한 연수와 공동체 활동에 참여합니다. 선생님들은 학생들의 흥미와 관심 등을 고려해 교육과정을 재구성하고 과정중심의 평가를 실시합니다. 협력학습, 프로젝트학습 등 다양한 학습방법을 활용하려고 노력합니다. 예산을 활용해 다양한 예체능·문예 체험 등을 제공하기도 하고, 특수분야의 전문가들을 섭외해 보다 의미 있는 배움의 기회를 제공합니다.

그럼에도 주변에서 혁신학교는 학업 성취가 낮다는 이야기를 많이 합니다. 그러나 초등학교에는 해당되지 않는 이야기입니다. 학생의 학교 만족도, 교사 만족도 등은 혁신학교가 일반학교보다 높다는 다수의 연구 결과가 있습니다. 가장 문제가 되는 혁신고등학교(공립)의 경우조차 이미 학업 성취가 우수한 학생들이 특목고, 자사고 등으로 진학하였기 때문에 생긴 결과라는 주장이 있습니다. 이른바 학교효과가 아닌 선발효과라는 의미입니다. 예산의 경우 학교의 학급 수, 학생 수와 비례하지 않고 학교별로 예산이 크게 다르지 않습니다. 따라서 학생이 500명인 학교와 1,000명인 학교를 비교했을 때 학생 1인당 받는 혜택은 2배 정도 차이가 난다고 볼 수 있습니다.

둘째, 학교와 가정, 마을이 적극적으로 소통하며 함께합니다.

혁신학교는 기본적으로 '공동체'를 중요하게 생각합니다. '한 아이를 키우려면 온 마을이 필요하다.'는 말처럼 학생과 교사, 가정, 마을이 하나가 되어 다양한 활동을 실시합니다. 학부모를 동원하는 것이 아니라 참여의 주체로 인식하고 학부모들의 교육활동 참여를 촉진합니다. 마을의 단체들과 정기적 · 비정기적인 회의를 통해 학교 외부자원을 수업에 적극 활용합니다. 다만 학부모의 맞벌이 비율이 높은 학교에서는 시간적인 문제로 오히려 부담을 느끼거나 일부 학부모가 혜택을 독식한다고 생각하는 문제도 안고 있습니다. 또, 마을결합형 사업이 늘어남에 따라 다양한 체험을 할 수 있어 아이들은 좋아하지만 실제 수업시간이 줄어드는 것이 아니냐는 우려도 있습니다.

셋째, 학교의 문화가 협력적이고 긍정적입니다.

혁신학교는 민주성의 회복을 중요시합니다. 제왕적 교장제도를 반대하며, 교육공동체가 활발한 의사소통을 통해 의견을 나누고 학교가 나아갈 길을 정하고자 합니다. 따라서 일반학교보다는 학생자치에 좀 더 비중을 두는 편이고, 교직원 사이의 열린 의사소통, 민주적인 의사결정을 중요시합니다.

그뿐만 아니라 혁신학교는 교사 정원의 50퍼센트를 초빙할 수 있어 혁신학교에 대한 가치관을 공유하는 우수한 교사를 적극적으로 편입시킬 수 있습니다. 학습에서도 토의토론, 프로젝트학습, 액션러닝 등 협력학습을 기반으로 하는 방법을 사용하고자 노력합니다. 이런 과정을 통해 신뢰할 수 있고 따뜻하고 편안하며, 교육적으로 전문적인 학교문화가 정착됩니다.

초등 · 6년이
아이의 · 인생을 · 결정한다

CHAPTER 2

반드시 성적이 오르는 최강의 공부법

아이 스스로 공부하는 습관을 길러주려면 어떻게 해야 할까요?

아이가 학교에 입학하면 부모는 그저 '학교에서 즐겁게 생활하고 친구와 잘 사귀면 좋겠다'고 생각하지만 시간이 지나면서 하나둘 바라는 것이 생기지요. 지금은 한글교육 강화로 1학년 1학기에는 학교에서 지필평가를 시행하지 않지만, 아이가 슬슬 받아쓰기를 보고 오거나 단원평가를 받아오면 엄마들의 머릿속이 복잡해지기 시작합니다.

'아, 이대로 괜찮은 걸까?'

'이제 슬슬 학원에 다녀볼까?'

'○○는 항상 100점 받아온다는데…….'

공부를 시켜야 할지, 기다려야 할지, 시킨다면 언제부터 시켜야 할지, 스스로 하기를 언제까지 기다려야 할지 고민이 많아집니다. 결론부터 말하자면 '공부는 스스로 하는 것'입니다. 아무리 좋은 학원에 가고 좋은 교재를 가지고 있어도 그것을 활용하지 못하고 아이 스스로 습관화하지 못하면 의미가 없습니다. 그래서 스스로 공부하기 훈련에 돌입해야 합니다.

서점에 가보면 공부에 관한 책이 얼마나 많은가요. 그 책을 다 읽어보고 다 따라 하다가는 아이가 이 줄에 껑충 저 물에 풍덩 하며 너덜너덜 상처만 받을 것이 뻔합니다. 아이마다 맞춤형 공부법이 따로 있습니다. 담임선생님과의 상담을 통해 아이의 평소 학습태도나 학교생활을 듣고 분석해보면 같은 배에서 나온 형제라도 똑같은 방식으로 공부할 수 없다는 것을 알게 됩니다. 활동을 좋아하고 잠시라도 몸을 가만히 있지 못하는 아이를 앉혀놓고 지금부터 2시간 동안 공부하라고 하면 잘 될 리가 없겠죠. 어떻게 하면 스스로 공부하는 아이로 기를 수 있을까요?

생활습관부터 잡아주세요

먼저, 공부 이전에 생활습관을 고쳐보세요. 생활습관의 많은 부분이 성실함과 연관됩니다. 몸을 씻거나 밥을 먹고 잠자리에 드는 일상생활이 들쑥날쑥하면 그 사이 남는 시간은 그냥 보내는 시간

즉, 허송세월이 됩니다. 그런 시간이 많으면 많을수록 공부는 노는 시간을 잡아먹는 힘든 노동으로 느껴집니다.

일상생활에서 해야 할 일과 하지 말아야 할 일을 잘 분류하고 꾸준히 노력하여 좋은 습관을 형성하는 것은 공부습관의 튼튼한 토대가 되어줍니다. 여행이라든지 아이가 좋아하는 야구팀의 결승전이 있어서 아이를 한껏 풀어줘야 하는 특별한 경우가 아니라면 생활의 리듬이 깨지지 않도록 주의해야 합니다. 특히 이런 부분은 부부가 대화를 통해 한마음이 되는 것이 가장 중요합니다. 한쪽은 괜찮다는데 한쪽이 크게 화를 내면 아이는 어느 장단에 맞춰야 할지 몰라 항상 불안하고 갈팡질팡합니다. 그런 상황에서 공부가 될 리 없지요.

아이의 학습습관은 부모가 만든다

생활습관이 잘 정착되었다면 이제는 학습습관을 들여다 볼 차례입니다. '스스로' 잘하기 위해서 가장 중요한 키워드는 바로 '매일, 조금씩'입니다. 그러나 엄마 아빠도 집에서 해먹는 밥이 경제적으로나 영양적으로 더 좋은 줄 알면서도 오늘 좀 힘들면 외식하고, 아이에게 스마트폰 하지 말라고 하면서 본인은 어느 순간 소파에 앉아 2시간째 인터넷 쇼핑을 한 경험이 있을 것입니다.

'매일, 조금씩'은 그만큼 어려운 일입니다. 이런 학습습관조차 학원이나 공부방에서 해결해준다고 생각하고 사교육에 맡겨놓는 부모도 있습니다. 그러나 아이의 성장에 대한 점검은 부모가 해야만 하는 부분입니다. 아무리 학교와 학원이 교육에 관한 전문기관이라 하더라도 일대일이 아닌 다수를 대상으로 하기 때문에 놓치는 부분이 생기기 마련이거든요. 부모만이 내 아이가 할 수 있는 적절한 양을 설정하고 매일매일 수행하게 할 수 있습니다.

저는 처음에는 아이에게 간단한 연산학습지를 매일 한 쪽씩 풀게 했습니다. 그러다가 몇 개월 후부터는 두 쪽씩, 다음에는 교과서와 관련된 문제집을 오늘 배운 곳까지 풀기로 약속했고요. 이제는 아이가 중학년이 되어서 영어를 하다 보니 매일 영어 애니메이션 보기와 배운 곳까지 문제집 풀기, 그리고 서술형 문제지 한 쪽씩 풀기를 하고 있습니다. 사교육은 피아노 외에 하지 않고 있지요. 그럼에도 매일 집에 오자마자 배웠던 것을 복습하다 보니 공부에 큰 어려움 없이 상위권 성적을 유지하고 있습니다.

배움공책을 활용하세요

그렇다면 학교에서는 어떻게 공부하도록 가르쳐야 할까요? 저학년 때는 무조건 선생님의 말씀에 귀 기울이는 습관을 들여주세요. 그러려면 부모가 먼저 경청해야 합니다. 부모가 아이의 말을 흘려들으면 아이도 학교에서 그대로 흘려듣는 습관이 생깁니다. 아이의 말에 경청하면서 학교에서 선생님의 말씀도 잘 경청하라고 당부하는 것이 좋습니다.

학년이 올라가면 아이 스스로 배운 것을 적는 '배움공책'을 활용하는 것이 좋습니다. 요즘은 아예 학교에서 배움공책을 활용하는 학급이 많은데요, 배운 것을 내 것으로 만들려면 배움공책에 쓴 것을 다시 읽는 노력이 필요합니다. 배움공책에 교과서의 주요 단어를 쓰는 방법도 있지만, 마인드맵이나 그림으로 표현하는 방

〈배움공책 예〉

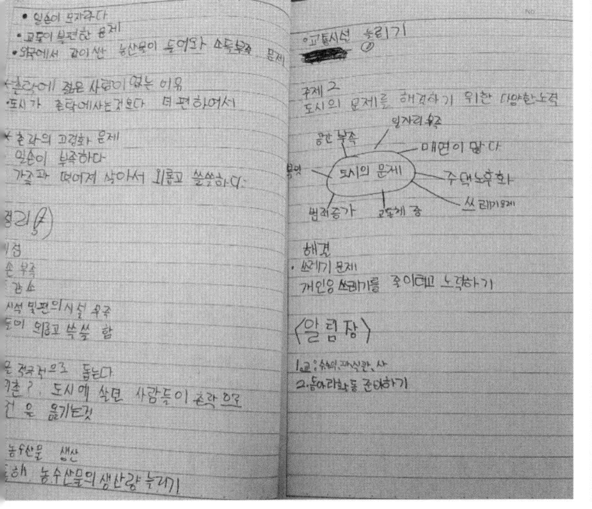

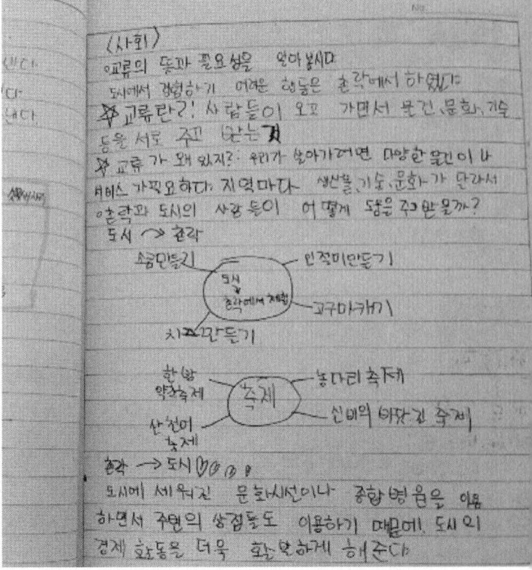

법도 있고 스스로 문제를 만드는 방법도 있습니다. 오늘 배운 것과 오늘 있었던 일, 오늘 나의 기분 등을 종합적으로 적을 수 있는 다이어리를 마련해주는 것도 도움이 됩니다.

독서하기 좋은 공간으로

공부에 독서가 중요하다는 것은 모두 알고 있지만 이때 유의해야 할 점이 있습니다. 독서의 양과 질 모두 중요하지만, 그보다 중요한 것은 독서가 '할 일'이 되어서는 안 된다는 것입니다. 놀다가 자연스럽게 책이 잡혀서 읽게 되는 환경을 마련해주세요. 가능하다면 부모가 먼저 식탁이나 책상에 앉아 책을 읽어보세요. 그러면 어느 순간 아이가 옆으로 와서 책을 읽고 있을 겁니다. 또, 집에 책을 정리할 때 분야별로 도서관식으로 배치하는 것도 좋은 방법입니다. 그래야 아이가 본 책과 연결된 책을 쉽게 찾을 수 있답니다.

읽은 책에 관한 대화도 필요합니다. 공부라는 것은 문제만 잘 풀어서 되는 것이 아닙니다. 공부의 첫 번째 훈련은 잘 듣는 것이고, 그다음은 상대에게 말로 의견을 표시하는 것이고, 마지막으로 생각이 정리되면 글로 남기는 것이지요. 그러므로 아이가 읽은 책에 대해 부모가 함께 대화를 나누는 것이 큰 도움이 됩니다.

수학 연산은 어떻게 훈련해야 하나요?

수학은 일상생활의 규칙을 파악하고 합리적인 사고를 가능하게 하는 학문입니다. 학습지를 통해 단순 사칙연산을 반복적으로 푸는 것으로는 수학에서 배우고자 하는 합리적인 사고 과정을 배울 수 없습니다. 우리 아이들은 맘껏 뛰어놀아야 할 그 시기에 벌써 덧셈, 뺄셈으로 가득 찬 학습지를 풀며 수학 연산을 훈련하고 있습니다. 학습지를 통한 반복된 연산 훈련은 초등학교 시험에서 좋은 성적으로 나타날 수 있으나 저학년들에게 수학에 대한 잘못된 관념을 심어줄 수 있습니다.

일상생활에서 수학 문제를 해결하는 경험을 함으로써 수학적 내적 동기가 강화될 수 있습니다. 그 과정에서 부모는 아이의 추론

과정, 개념의 이해를 판단하고 피드백할 수 있어야 합니다. 초등학교의 연산은 중고등학교 수학과 달리 일상생활 속에서 많이 접할 수 있습니다. 마트에서 물건을 살 때, 무엇을 셀 때, 교구를 가지고 놀 때 등 일상에 사칙연산이 필요한 문제가 즐비해 있습니다. 어린 학생들은 학습지가 아닌 생활 안에서 문제를 접하고 풀어나가는 경험을 통해 수학적 흥미와 그 가치를 발견하는 즐거움을 느껴야 합니다.

초등학교 1학년 1학기에는 9까지의 수, 가르기와 모으기에서 발전한 받아 올림과 내림이 없는 한 자리 수의 덧셈과 뺄셈, 50까지의 수와 수의 크기 비교를 배웁니다. 1학년 2학기에는 100까지의 수, 짝수와 홀수의 개념, 받아 올림과 내림이 없는 두 자리 수의 덧셈과 뺄셈, 10이 되는 덧셈, 세 수의 덧셈과 뺄셈, 받아 올림이 있는 덧셈, 받아 내림이 있는 뺄셈, 식 만들기를 배웁니다. 2학년 1학기에는 세 자리 수, 덧셈과 뺄셈의 관계식, □값 구하기, 묶어 세기를 통한 곱셈의 도입을 배웁니다. 2학년 2학기에는 네 자리 수와 곱셈 구구를 배웁니다.

대부분 아이는 1학년 1학기 수학시간까지 어려움 없이 지내다 2학기 받아 올림이 있는 덧셈과 받아 내림이 있는 뺄셈에서 힘들어합니다. 이를 해결하기 위해서는 그 전 단계인 10이 되는 짝꿍을 잘 기억해야 합니다.

- 1단계: 손가락 숫자 놀이를 합니다. 부모가 손가락 세 개를 보여주면 아이가 하나, 둘, 셋을 세어 3이라고 말하는 단계를 넘어 보자마자 바로 "3"이라고 말하는 것이 중요합니다. 이 단계를 넘어서면 계산하는 시간을 줄일 수 있습니다.
- 2단계: 손가락 열 개를 펴놓은 상태에서 하나씩 접으며 1 짝꿍 9, 2 짝꿍 8, 3 짝꿍 7, 4 짝꿍 6, 5 짝꿍 5, 6 짝꿍 4, 7 짝꿍 3, 8 짝꿍 2, 9 짝꿍 1을 외웁니다.
- 3단계: 짝꿍 빨리 말하기 놀이를 합니다. ("3" 하면 "7")

놀이를 통해 아이들이 짝꿍을 기억한다면 받아 올림이 있는 덧셈을 하는 방법을 익혀야 합니다. 수업시간에 잘 가르쳐주지만 아이들 각자가 좋아하는 방법 한 가지를 익혀서 외우지 않으면 내 것이 되지 않습니다.

예를 들면 문제 6+9를 푸는 방법은 다양합니다.

① 동그라미를 6개 그린 후 9개를 더 그려서 하나씩 세었더니 15개가 되었어요.

② 6개가 있으니 7부터 아홉 번을 더 세면 7, 8, 9, 10, 11, 12, 13, 14, 15가 되어요.

③ 6 짝꿍 4는 10이 되므로 9에서 4를 빼면 5가 남아 15가 되

어요. 6+9=(6+4)+5=10+5=15

④ 6+9를 9+6으로 바꾸어 9 짝꿍 1이 10이 되므로 6에서 1을 빼니 5가 남아 15가 되었어요. 6+9=9+6=(9+1)+5=10+5=15

①번과 ②번 방법은 아이들이 어렵지 않게 접근할 수 있지만, 숫자가 커지면 문제를 해결하는 데 시간이 오래 걸릴 수 있습니다. 하지만 ③번과 ④번을 이해하기 어려운 아이들은 ①번과 ②번의 방법을 반복하며 ③, ④번 풀이과정을 이해할 수 있도록 도와야 합니다. 그러면서 차츰 ③번과 ④번 방법을 익히게 된다면 하루 2, 3문제를 내주고 시간을 확인해주세요. 2, 3문제 정도면 아이들도 힘들어하지 않습니다. 시간을 확인하는 이유는 처음 2, 3문제를 풀 때 1분이 걸렸는데 일주일이 지나 50초가 걸렸다면 아이가 더 빠르고 정확하게 풀려 노력했다는 것입니다.

받아 내림이 있는 뺄셈 역시 10이 되는 짝꿍이 중요합니다. 예를 들어 11-4를 푸는 방법 역시 다양합니다.

① 동그라미 11개를 그린 후 4개를 막대로 지웠더니 7개가 남았어요.

② 11개에서 1개를 뺀 후 3개를 더 뺐더니 7이 되었어요. 11-4=(11-1)-3=10-3=7(빼기 빼기 방법)

③ 10개에서 4개를 뺀 후 1개를 더했더니 7이 되었어요. 11-4=(10+1)-4=(10-4)+1=7 (빼기 더하기 방법)

이 방법 중 ①번이 익숙해졌을 때 ②번이나 ③번 방법으로 접근하고, 덧셈과 마찬가지로 하루 2, 3문제씩 풀며 시간을 확인해 줍니다.

구구단은 덧셈의 연장입니다. 2단 곱셈의 경우 2를 한 번 더한 것을 2×1=2로, 2를 두 번 더한 것을 2×2=4로 표현만 바꾼 것입니다. 덧셈을 이해하는 아이들은 곱셈도 즐겁게 배웁니다. 2학년 1학기 말에 띄어 세기를 통해 곱셈 구구에 접근하고 2학기에는 곱셈 구구를 완성하게 됩니다. 곱셈을 쉽게 외우는 순서는 2단, 5단, 4단, 3단, 6단, 8단, 9단, 7단 순입니다. (보통 이렇다는 것이지 정답은 아닙니다. 간혹 "7단이 가장 쉬웠어요."라는 아이도 있습니다.) 2단부터 9단까지 원리를 깨우친 아이들이나 구구단을 노래로 외운 아이들이나 모두 7×8에 대한 답을 빠르게 말할 수는 없습니다. "칠일은 칠, 칠이 십사……" 하고 순서대로 읊어서 7×8까지 갔어도 덧셈을 잘하지 못해서 틀리는 경우도 종종 있습니다.

빠른 것이 좋은 것만은 아니지만 시험은 한정된 시간 안에 문제를 해결해야 하므로 2학년 때 구구단을 확실히 마무리해놓으면 3학년부터의 곱셈과 나눗셈은 누워서 떡 먹기가 됩니다. 따라서 처음부터 다 외웠다면 칭찬을 많이 해주고, “우리 거꾸로 외워볼까?” 하고 제안해보세요. “이구 십팔, 이팔 십육 … 이일은 이” 이런 식으로 말이죠. 이것 역시 2단, 5단, 4단, 3단, 6단, 8단, 9단, 7단 순으로 하면 됩니다. 이렇게 외우다 보면 나도 모르게 “7×8=56”이라고 바로 말할 수 있는 능력이 생깁니다. 가족끼리 식사 후 ‘구구단을 외자’ 놀이를 하면 더욱 좋겠죠.

아이들 학업 격차는 언제부터 벌어지기 시작하나요?

아이들의 학업 격차는 보통 3학년 때부터 시작됩니다. 1, 2학년 때는 학교에 적응하는 시기여서 학습량이 많지 않고 그렇게 어려운 내용을 다루지 않습니다. 흔히들 1학년 때는 한글만 다 익히고 2학년 때는 구구단만 잘 익히면 어느 정도 따라간다고 하는데 수긍 가는 부분이 있습니다. 3학년부터 학업 격차가 벌어진다고 하는 이유를 과목별로 살펴보겠습니다.

3학년부터 국어, 수학, 사회, 과학, 음악, 미술, 체육, 창의적 체험활동 등으로 학습해야 할 양이 많아집니다.

아이들이 어려워하는 과목들

3학년부터 단순히 글을 읽는 활동에서 책을 읽고 문단을 나누고 중심문장을 찾고, 이야기의 줄거리를 찾는 활동으로 확장됩니다. 이 국어활동은 국어과목에만 중요한 게 아니라 모든 과목에서 활용됩니다. 글에서 중심내용 찾기를 어려워하는 학생들은 다른 과목에서도 어려움을 겪습니다.

수학에서는 2학년 때 배운 구구단을 활용하여 '두 자릿수×두 자릿수'의 계산이 나옵니다. 그전의 수학은 한 번만 생각하면 답이 나왔다면 '두 자릿수×두 자릿수'의 계산은 계산과정도 생각해야 하고 구구단도 정확하게 알아야만 해결할 수 있습니다. 3학년부터 구구단을 활용한 곱셈, 나눗셈, 분수, 원의 개념 등 새롭게 나오는 내용이 많습니다. 단순한 계산이 아니라 수학적 개념이나 원리를 정확하게 알고 읽어야만 풀 수 있는 문제들이 나옵니다.

3학년에 올라오면서 학생들은 과학에 흥미를 보이지만, 과학실험을 하고 나서 관찰한 것을 정리하는 활동에 어려움을 느낍니다. 또한, 사회 교과서에 나오는 생소한 낱말들을 어려워합니다.

3학년 때 공부를 못하면 그 이후에도 따라가기 어려울까요?

3학년 때 학업 격차가 벌어지기 시작하면 4, 5, 6학년 때 나오는 개념과 원리를 이해하기 어렵기 때문에 3학년부터 학업 격차가 벌어진다고 할 수 있습니다. 3학년 때부터 서서히 벌어진 학업 격차는 5, 6학년이 되면 확연하게 드러납니다. 5학년 때 벌써 "난 수포자야.", "난 사포자야."라고 말하는 학생들이 있습니다. 두 자릿수×두 자릿수, 두 자릿수×세 자릿수, 다양한 도형의 개념을 이용한 5, 6학년의 수학문제 풀이는 그 전 학년에서 학습이 미흡했다면 어려운 게 사실입니다.

그러나 3학년 때부터 학업 격차가 벌어지는 것이지, 그 학업 격차를 줄이지 못하는 것은 아닙니다. 예를 들어 구구단을 아직 확실하게 외우지 못해 3학년 때 곱셈단원을 못했던 학생이 구구단을 확실하게 외우고 계산 원리를 알게 되면 곱셈 부분에서의 학업성취도는 도달했다고 볼 수 있습니다. 다른 학생들보다 학습량을 조금 늘리면 3학년 때의 학업 격차 정도는 충분히 없앨 수 있습니다.

엄마표 공부만으로도 괜찮을까요?

'엄마표'라는 말은 학원에 다니거나 과외를 받지 않고 엄마가 아이를 가르치는 경우를 뜻합니다. 소문난 이웃집 엄친아가 알고 보니 엄마표로 공부한 아이일 경우 엄마들의 관심은 엄친아보다 엄친아의 엄마에게로 쏠립니다. 그래서 수많은 엄마가 엄마표의 노하우를 전수받아 나도 시도해보겠다고 나서지만, 사실상 열등감과 좌절감만 남는 것이 현실입니다. 한 번쯤 꼭 도전해보고 싶지만 섣불리 시도했다가 아이에게 오히려 안 좋은 결과를 줄까 봐, 혹은 아이와의 관계가 틀어질까 봐 염려스러운 엄마표 공부에 대해 잠시 알아볼까요?

엄마표 공부의 장점

사교육 비용이 절감됩니다. 아이가 커갈수록 늘어나는 사교육비가 부담스러울 수밖에 없습니다. 그렇다 보니 엄마가 아이를 가르치면 사교육비를 절약할 수 있고 당연히 가정 경제에 보탬이 됩니다.

또, 아이가 집에서 편안히 공부할 수 있다는 장점이 있습니다. 요즘은 학교 수업이 끝나기가 무섭게 학원 차를 타고 두세 개의 학원에 다녀온 후 저녁 늦게 귀가하는 아이들을 쉽게 볼 수 있습니다. 이 아이들은 집으로 돌아오면 너무 피곤하기도 하고 학원에서 공부를 다 하고 왔다는 마음에 집에서 따로 해야 하는 학교 숙제에는 소홀해질 수 있습니다. 학원이 늦은 시간에 끝나다 보니 저녁식사를 편의점에서 대충 때우기도 합니다. 부모와 함께 있는 시간이 적고 친구들과 많은 시간 어울리면서 유해한 환경에 노출되기도 합니다. 엄마표로 집에서 공부하면 이러한 문제점들을 보완할 수 있습니다.

아이들의 이야기를 들어보면 학원에서 받는 스트레스가 만만치 않습니다. 수십 개의 영어 단어를 외우지 못하면 보충수업을 하느라 귀가가 늦어지기도 하고, 빈번한 시험과 과도한 양의 숙제로 학원 스트레스를 겪는 아이들이 많습니다. 물론 엄마표도 학습

진도 계획을 세워 진행해야 하지만 아이의 상황에 맞게 페이스를 조절할 수 있습니다. 엄마는 누구보다도 아이의 상태를 민감하게 알아차립니다. 아이가 힘들어하거나 다른 문제를 겪고 있다면 엄마는 학습 진도를 조절하여 아이에게 알맞은 학습 양과 방법을 선택할 수 있습니다.

엄마표 공부의 단점과 해결 방법

지금까지 쌓아온 아이와의 좋은 관계가 무너질 수 있습니다. 어제까지 가족을 위해 요리하고 청소하며 가정을 돌보던 엄마가 하루아침에 나를 가르치는 사람으로 둔갑하면 아이는 어리둥절할 수밖에 없습니다. 선생님이 된 엄마의 모습도 낯선데 이것도 모르느냐며 면박을 주고 혼내는 일이 잦아지면 아이는 엄마에게 마음의 문을 닫아버릴 수 있습니다. 좋은 취지로 시작한 엄마표가 오히려 아이에게 독이 되어 아이를 분노하게 하기도 합니다. 엄마에 대한 미움이 깊은 아이는 엄마가 원하는 좋은 성적을 가져다주지 않기 위해 학습 자체를 거부하고 탈선의 길로 빠지기도 합니다.

이 경우 엄마표를 시작하기 전에 아이와 충분한 대화를 거쳐 왜 엄마표를 시작하는지를 설명하고 아이의 동의를 구할 필요가 있습니다. 아이가 동의하지 않을 경우에는 무조건 밀어붙이기보다는 기다려줄 필요가 있습니다. 혹시 강하게 거부한다면 사실 엄마표는 포기하는 것이 좋습니다. 학습의 주체는 아이이기 때문에 아이 마음에 반감이 있는 상태에서 엄마표를 진행해봤자 효과가 좋을 수 없습니다. 아이들이 엄마에게서 원하는 것은 격려, 지지, 응원의 말들입니다. 가르치다 보면 답답한 마음에 화를 내고 소리를 지르고 싶은 순간들이 있습니다. 엄마와 자식 사이는 워낙 가깝다 보니 이런 감정을 자제하기 어렵습니다. 엄마표라는 이름 아래 아이의 자존감에 상처를 주고 있다면 당장 멈추고 어디서부터 잘못되었는지 돌아볼 필요가 있습니다.

엄마표를 진행하게 되면 엄마의 머릿속에는 아이의 학습이 단연 우선순위에 놓이게 됩니다. 엄마가 직접 가르치는 역할까지 맡다 보니 책임감이 더욱 늘어납니다. 아이가 학습할 내용이 가르치기에 어려운 경우, 엄마는 바쁜 시간을 쪼개 미리 공부하기도 합니다. 심지어 학원이나 인터넷 강의를 수강하며 아이에게 가르칠 내용을 예습하기도 합니다. 가르치려는 열정이 깊다고 말할 수 있겠지만, 그러는 사이 남편이나 다른 자녀에게는 소홀해지기도 합니다. 저녁 시간에 아이를 가르쳐야 하므로 남편에게 늦은 퇴근을 요구하거나 엄마의 돌봄이 필요한 어린 자녀를 방치하기도 합니다. 엄마표를 성공시켜 좋은 결과를 이끌어내고 싶은 엄마는 남편이나 다른 자녀가 상처받고 있지는 않은지 신경 쓸 겨를이 없습니다.

이 경우 엄마표에 대한 과도한 욕심을 내려놓고 가족 모두를 위한 시간을 마련할 필요가 있습니다. 예를 들어 가능한 저녁식사는 가족이 다 함께 모여 먹는다는 규칙을 정하거나 어린 자녀에게 책을 읽어주는 시간은 별도로 확보해두어야 합니다. 남편과 상의하여 이런 역할들을 적절히 분배해서 소외되는 가족이 없도록 해야 합니다. 아이를 가르치는 일만으로도 버겁고 힘들다고 말하는 엄마도 있을 것입니다. 하지만 엄마의 본래 역할까지 포기하게 하는 엄마표는 가족 모두에게 상처가 될 수 있습니다.

또, 아이를 가르치겠다는 생각에 엄마 자신에 대한 투자는 뒤로 미뤄두게 됩니다. 아이가 좋은 결과를 내면 희생한 만큼 큰 기쁨이 따르겠지만 그렇지 않은 경우 엄마는 상실감과 우울감에 젖을 수 있습니다. 아이에게 올인하여 자신을 돌아보지 못했다는 생각에 뒤늦게 후회하기도 합니다.

엄마표로 아이가 성공할지 아닐지는 미리 알 수 없습니다. 다만 엄마는 성공할 거라는 강한 믿음으로 아이와 자신을 다그치며 앞으로 나갈 뿐입니다. 그 사이에 잃어가는 것들은 나중에 자식의 성공으로 보상받을 수 있다고 생각합니다. 물론 아이가 성공하면 더할 나위 없이 좋겠지만 실패할 수도 있습니다. 엄마표를 진행하되 너무 많은 에너지와 시간을 투자하여 자신을 돌보지 않는 것은 바람직하지 않습니다.

이 경우 아이의 학습에 과도하게 개입하기보다는 엄마 자신이 배우고 싶은 것들을 배우며 노력하는 모습을 아이들에게 보여줄 필요가 있습니다. 엄마가 좋아하는 일에 즐거운 마음으로 열정을 기울이는 모습은 공부하라는 잔소리보다 아이들에게 더 큰 자극이 되어 엄마처럼 열심히 살아야겠다는 마음을 갖게 합니다. 때로는 아이가 공부하는 책상 옆에 앉아 독서하거나 스스로 필요한 공부를 하는 것이 더 효과적일 수 있습니다.

나를 위해서 희생하는 엄마의 모습을 지켜봐야 하고, 그리고 그 결과를 내가 짊어져야 하는 삶을 아이들은 결코 원하지 않을 것입니다. 우리가 그랬던 것처럼 말이죠.

3, 4학년이 되면 과목이 늘어나면서 많이 어려워지나요?

중학년이 되면서 바른생활이 도덕으로 심화되고, 슬기로운 생활이 사회, 과학으로 세분화됩니다. 과목 수가 많아지고 수업 시수(교과목을 이수하는 데 소요된다고 결정한 시간단위)도 많아집니다. 5, 6교시 수업도 잦아져서 3학년이 된 아이들은 학기 초에 울상이 되기도 합니다. 1, 2학년 때 국어, 수학, 통합교과, 안전, 이렇게 4과목을 배우다가 3학년이 되면 국어, 도덕, 수학, 사회, 과학, 음악, 미술, 체육, 영어, 총 9과목으로 늘어나기 때문이지요. 따라서 3학년이 되면서 아이들은 큰 부담감을 느끼고, 부모도 걱정이 많아집니다.

하지만 크게 걱정할 필요 없습니다. 과목 수가 크게 늘어난 것처럼 보이지만, 통합교과가 세분화되어 갈라져 나왔을 뿐 막상 처음 배우는 교과는 영어 하나뿐입니다. 게다가 학교에서 공부를 시작하고 나면 새로운 과목에 흥미를 갖고 좋아하게 되는 경우도 많습니다. 물론 수업 시간이 늘어나고 배우고 익혀야 할 학습 내용이 많다 보니 학교 공부를 따라가지 못하는 학생도 있습니다. 이럴 때 부모가 세심한 주의를 기울여야 하는데 그중에서도 국어, 영어, 수학은 늘 관심을 갖고 아이가 학교 공부를 잘 따라가고 있는지 살펴봐야 하는 과목입니다.

중학년을 위한 국어, 영어 관리법

국어와 영어는 언어 교육이기 때문에 다른 과목보다도 훨씬 중요합니다. 모국어인 국어와 타국어인 영어는 공부하는 방식은 다르지만 꾸준히 공부해야 한다는 공통점을 갖고 있습니다. 국어의 경우, 매일 꾸준히 책을 읽고 틈틈이 글짓기도 하면서 실력을 쌓아가야 합니다.

영어는 처음 배우는 외국어이기 때문에 많이 듣고, 많이 따라 말하는 공부 방식을 추천합니다. 3학년들은 학교에서 일주일에 2시간씩 영어를 배웁니다. 3, 4학년까지는 한번에 단어 서너 개를 외우고 단순한 문장을 익숙하게 말할 정도로 연습하는 것이 좋습니다.

중학년을 위한 수학 관리법

수학은 계단식 교육과정으로 되어 있어 반드시 현재 학년도의 학습 내용을 완전히 익히고 다음 학년으로 올라가야 합니다. 한 번에 여러 계단을 뛰어넘지 못하듯, 지금 배우는 것을 알지 못하면 아예 다음 단계로 올라갈 수 없기 때문입니다. 따라서 개념을 이해하고 연산을 능숙하게 할 때까지 부모가 관심을 갖고 복습을 시켜주는 것이 좋습니다.

3학년 수학의 경우, 5가지 영역 중 연산 단원이 한 학기 6개 단원 중 2~4개입니다. 5가지 영역을 골고루 공부하는 것도 중요하지만 연산의 기초를 단단하게 다지고 다른 영역을 공부하는 것이 더 효과적입니다. 특히 2학년 때 익혔던 구구단을 바탕으로 매일 꾸준히 연산 연습을 하는 것이 좋습니다.

연산을 어려워하는 아이는 수모형을 이용해서 받아 올림과 받아 내림의 개념을 이해한 후에, 충분한 문제 풀이를 통해 알고리즘에 익숙해지도록 해야 합니다. 60진법을 써서 시간의 합과 차를 계산하는 것을 어려워하는 아이들이 많습니다. 시간 계산을 잘 못하는 아이는 모형 시계를 실제로 돌려보면서 시계바늘의 움직임과 시간의 흐름을 관찰하고, 시간의 합과 차 계산 결과를 눈으로 보면서 이해할 수 있도록 도와주세요. 중학년이라 하더라도 조작활동이 중요하고 필요하다는 것을 간과해서는 안 됩니다.

3학년이 되어 과목이 늘어났지만 2학년에 배웠던 과목이 세분화되는 수준이므로 크게 걱정할 필요는 없습니다. 가정에서는 아이들에게 "네가 잘 성장하고 있고 더 똑똑해져서 좀 더 어려운 문제도 잘 해결할 수 있게 되었구나. 축하해."라는 긍정적인 피드백을 해주세요.

경험한 만큼 보이는 사회, 과학

사회나 과학의 시험 점수가 조금 낮게 나오더라도 너무 걱정하지 마세요. 3, 4학년 사회와 과학은 주변의 사회 현상과 과학 현상에 관심을 갖고 탐구능력을 기르는 데 그 목표가 있습니다. 따라서 학습 내용의 난이도가 높지 않은데다, 학년이 올라갈수록 같은 학습 내용을 반복, 심화하여 가르치기 때문에 지금 잘하지 못하더라도 크게 부담 가질 필요 없습니다.

사회는 과거와 현재를 비교하는 내용, 우리 고장을 이해하는 내용이 주가 됩니다. 아이들과 함께 내 고장의 문화유산과 중심지를 답사해보고, 박물관에 가서 부모의 어린 시절 이야기를 나눠보는 활동을 미리 해두면 아이들은 수업시간에 경험을 바탕으로 학습 내용을 훨씬 잘 이해하고 기억합니다.

과학은 실생활과 관련하여 동물과 식물을 알아보는 데에서 출발하는 것이 좋습니다. 집 주변을 산책하면서 보이는 작은 생명들도 그냥 지나치지 말고 아이와 이야기 나눠보는 것을 추천합니다.

공부에 전혀 관심 없는 아이, 어떻게 하면 좋을까요?

공부에 관심이 없는 아이들은 왜 공부를 해야 하는지 모릅니다. 터널 뒤에 목적지가 없기 때문입니다. 그러다 보니 공부 외에 다른 것에 관심이 많으며 자신이 좋아하는 것과 재미있는 것만 하려고 하는 경향이 있습니다. 그렇다 하더라도 대부분 아이는 공부를 잘하고 싶어합니다. 공부를 못 하고 싶어 하는 아이는 없습니다. 마음처럼 잘되지 않고 어떻게 해야 하는지 학습법을 모를 뿐입니다.

초등학교 저학년 때 공부하는 습관을 만들어주어야 합니다. 그러기 위해서 부모는 아이의 행동특성, 성향, 관심 분야 등을 먼저 알고 있어야 합니다. 아이가 어떤 생각을 하고 있고, 무엇을 원하는지 관심을 기울여야 합니다. 무엇을 원하는지 모른 채 부모의 욕심으로 억지로 공부시키면 어느 정도는 성과를 낼 수 있겠지만 성과는 지속적이지 못합니다. 아이의 적성과 성격에 맞는 공부법을 찾아 다양한 공부 방법을 제시해주는 것이 중요합니다. 자신에게 맞는 학습법을 찾았다면 학습 난이도를 조절해 공부에 집중할 수 있도록 환경을 조성해주어야 합니다.

열심히 공부했는데도 성적이 좋지 않아 반복되는 좌절과 실패감에 힘들어하는 아이들도 있습니다. 일시적인 엄마의 관심과 노력으로 좋은 성적을 얻는 것보다 꾸준히 작은 성취감을 느낄 수 있도록 해주세요. 성취감을 통해 남과 비교하지 않고 자신의 능력 향상만을 점검하면서 자신감을 느끼면 아이들은 행복해하고 더 발전하려고 노력하는 마음을 갖게 됩니다.

공부를 마라톤이라고 한다면, 수없이 많이 달리고 넘어져 봐야 목적지에 도달하는 방법을 터득할 수 있습니다. 아이마다 달리는 속도는 다릅니다. 아이의 행동이 느리고 어설퍼도 최대한 개입하지 않고 스스로 판단하고 결정할 수 있도록 해주세요. 아직 준비되어 있지 않은 아이에게 무언가를 가르치려다 보니 부모의 기대에 따라와 주지 못해서 화를 내게 됩니다. 아이를 기다려줄 수 있는 마음의 여유가 필요합니다. 내 아이가 좋은 성적을 얻어야 기쁨을 느끼기보다 배움을 즐거워하고 행복한 사람으로 자랄 수 있도록 아이의 자율성을 인정해주고 스스로 하도록 격려해주세요. "시험 성적이 좋아서 엄마도 행복해. 잘했어!"보다는 "정말 많이 노력했구나, 너무 대단해!", "끝까지 도전하고 노력하는 모습이 최고!", "계속 노력해서 이렇게 발전하는 모습이 훌륭해!"라는 칭찬이 도움이 됩니다. 아이는 재능보다 과정의 노력을 칭찬해주면 다시 또 노력하려고 합니다.

한창 뛰어놀기 좋아하고 몸을 가만히 두지 않는 초등학생들이 거부감 없이 학습에 흥미를 가질 수 있도록 하기 위해서는 학습에 대한 자기 결정권을 주는 것이 가장 중요합니다. 부모나 교사의 강요 때문이 아니라, 아이 스스로 공부가 재미있고 유익해서 한다고 느끼도록 도와주는 것이 이 시기의 부모가 아이들에게 해줄 수 있는 최선의 방법입니다. 그러면 아이가 자기 결정권을 잘 사용하려면 무엇이 필요할까요?

공부를 하게 하는 힘, 동기(Motive)!

학습에 있어서 동기란 아이 스스로 공부하게 하는 힘이나 계기를 말합니다. 학생들에게 학습에 대한 즐거움과 필요성을 느끼게 해주는 것입니다. 학생들은 왜 학습을 해야 할까요? 그것은 자기 꿈을 찾아가는 방법을 알아가는 과정이기 때문입니다. 자기가 좋아하는 일을 하기 위해서는 자신이 무엇을 잘하고 좋아하는지도 알아야 하고, 좋아하는 일을 하기 위해서는 무엇이 필요한지도 알아야 합니다.

집중력과 경청 능력

공부에 전혀 관심이 없는 아이라면 우선 아이가 좋아하고 열중하는 것을 하도록 지원하고 격려해주는 것이 좋습니다. 예를 들어 축구를 좋아하는 아이에게 "축구만 하지 말고 학습지 좀 풀어봐!"라고 설득하는 방법은 좋은 접근이 아닙니다. 아이가 축구를 좋아한다면 축구를 더 잘할 수 있도록, 그 분야에서 성취감을 느낄 수 있도록 부모가 관심을 기울여주는 것이 좋습니다. 사람은 자신이 좋아하고 즐거워하는 일을 할 때 집중력이 생기기 때문입니다. 이 경험을 통해 아이는 무언가에 몰두하고 집중하는 시간의 즐거움과 가치를 깨닫게 됩니다. 그러면 훗날 필요를 느껴서 공부하기 시작했을 때 집중력을 발휘할 수 있게 됩니다.

또한, 자신이 잘하는 것을 더 잘하기 위해서 스스로 타인의 조언이나 방법을 찾아 듣게 됩니다. 이 과정에서 '경청' 훈련을 하게 됩니다. '집중력'과 '경청'은 학습의 시작과 끝이라고도 할 수 있습니다. 이런 방법으로 조금씩 학습을 좋아하고 잘할 수 있는 집중력과 경청 능력을 길러가게 됩니다.

작은 성취감

아이에게 집중력과 경청의 태도가 갖추어졌다면 아이가 짧은 기간에 작은 성취감을 여러 번 획득할 수 있도록 도와주면 좋습니다. 예를 들면, 매일 자기 전에 그림책을 하루도 빠놓지 않고 읽었다면 주말에 서점에 가서 좋아하는 책을 골라 살 수 있게 하는 것입니다. 혹은 매일 수학 학습지를 한 장씩 풀었다면 주말에는 가족과 함께 보드게임을 하는 시간을 갖는 것입니다.

이때 유의해야 할 점은 아이가 너무 많은 에너지를 쏟지 않고 약간의 노력으로도 자신감과 성취감을 느낄 수 있도록 비교적 쉬운 과제를 제시하여 아이가 성취한다는 것에 대한 내재적 가치와 의미를 배울 수 있도록 하는 것입니다.

단기간에 여러 번의 작은 성취감을 맛본 아이들은 어느 순간 본인만의 목표를 설정하여 큰 성취감을 맛보기 위해 스스로 도전합니다. 이때가 스스로 공부하는 자기주도적 학습 태도의 시작이라 할 수 있습니다.

칭찬과 격려

학생들이 작은 성취감을 맛보게 하는 것이 한 번의 시도로 성공하리라 기대하면 오산입니다. 아직 미성숙한 아이들은 자신이 해야 할 과제를 미루거나 놓치기 쉽습니다. 그때마다 실망하지 말고 잘할 때마다 "짧은 시간 안에 숙제를 다 했구나.", "엄마와 약속한 숙제를 다 해줘서 고마워." 등으로 과정을 칭찬해주면 아이는 점차 공부에 긍정적인 마인드를 갖게 됩니다.

학습에 쉽고 재미있게 접근할 수 있는 가장 좋은 방법은 '독서'입니다. 매일 30분 정도 부모와 함께 책 읽는 시간을 가져보세요. 처음에는 엄마나 아빠가 긴 스토리북을 재미있게 읽어주세요. 그리고 이틀 정도는 혼자서 책을 읽어보도록 해보세요. 그러면 어느새 스스로 책을 가져와서 읽는 아이의 모습을 볼 수 있을 거예요.

워낙 활발한 아이라면 정기적으로 운동을 시켜주세요. 에너지가 발산되지 않으면 어느 곳에서 어떻게 터질지 모릅니다. 에너지가 많은 아이를 억지로 앉혀두면 공부가 원수가 되고 맙니다. 또 주변 아이들과 비교하지 말고, 아이의 노력과 성취에만 초점을 맞춰서 계획한다면 점차 아이에게 공부할 의욕이 생겨날 것입니다.

과제해결속도가 느린 아이, 어떻게 도와줘야 할까요?

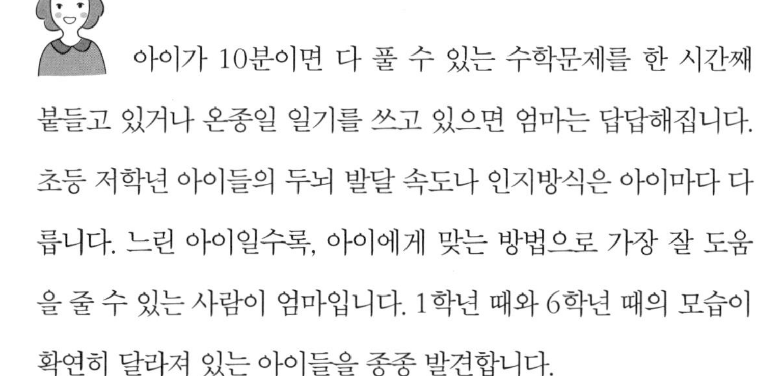

아이가 10분이면 다 풀 수 있는 수학문제를 한 시간째 붙들고 있거나 온종일 일기를 쓰고 있으면 엄마는 답답해집니다. 초등 저학년 아이들의 두뇌 발달 속도나 인지방식은 아이마다 다릅니다. 느린 아이일수록, 아이에게 맞는 방법으로 가장 잘 도움을 줄 수 있는 사람이 엄마입니다. 1학년 때와 6학년 때의 모습이 확연히 달라져 있는 아이들을 종종 발견합니다.

과제해결속도가 느린 아이들의 유형과 도울 방법을 알아보겠습니다.

학습 기초가 부족한 아이

한글이 서툴거나 기본 연산이 안 되면 학교 수업에서 시간 내 과제를 마치기 버거울 수 있습니다. 읽기, 쓰기, 연산은 기초이기 때문에, 이 경우 아이가 전반적인 학교생활에서 스트레스를 느낄 수 있습니다. 따라서 아이에게 부족한 부분이 있는지 파악하여 보충해줄 필요가 있습니다. 이때 무조건 다른 아이들이 쓰는 교재를 선택하기보다는 필요하다면 미취학 아동을 위한 교재를 선택해도 괜찮습니다.

길게 보면 1학년 때 조금 늦는 것은 아무것도 아닙니다. 엄마가 불안해하지 말고 여유를 가져야 합니다. 부담 없이 하루에 할 수 있는 양을 아이와 함께 정해서 꾸준히 하다 보면, 성취감과 자신감이 생기면서 자연스레 속도가 붙습니다. 특히 책 읽기는 이해력과 사고력을 높이고 배경지식을 쌓을 수 있어 문제를 이해하고 해결하는 전반적인 능력을 향상시켜줍니다. 당장에 학습과 직접적인 연관이 없어 보여도, 책 읽기에 시간과 정성을 들이는 것이 중요합니다.

정서적으로 불안한 아이

자주 우울해하거나 완벽해야 한다고 생각하는 아이, 평가에 대한 두려움이 큰 아이들은 과제가 주어졌을 때 시작하는 것 자체가 어렵습니다. 가정이나 학교에서 아이를 불안하게 하는 일이 있는지, 부모의 기준이 너무 높지 않은지, 돕는 역할보다 평가하는 역할로 아이를 힘들게 하고 있지는 않은지 돌아볼 필요가 있습니다. 결과보다는 과정을 칭찬해주어야 합니다. 다른 친구와 비교하는 것이 아니라 '전'보다 잘한 것을 칭찬해야 합니다. 잘하고 싶어 하는 마음이 큰 아이들입니다. 그 마음 자체를 읽어주고 격려해주세요.

또한, 실수할 기회를 주고 실수해도 큰일이 일어나지 않는다는 것을 경험하게 하는 것이 중요합니다. 식사 메뉴, 입을 옷 등 사소한 것이라도 직접 선택하게 하고 그 선택을 지지해주세요. 숙제할 때 막막해한다면 무조건 혼자 해보라고 하지 말고, 옆에서 여러 가지 질문으로 아이가 편하게 시작할 수 있도록 도와주세요. 잘 해내지 못할 거라는 불안감이 줄고 점점 자신감이 생깁니다. 이때, 모든 과제를 처음부터 끝까지 부모가 다 해주는 것은 금물입니다. 그러면 부모가 낸 결과물이 아이의 기준이 되고, 의존도만 높아지기 때문입니다.

산만한 아이

초등학교 저학년은 산만한 것이 정상입니다. 하지만 매번 과제를 제출하지 못하고 수업에 방해될 정도로 산만하다면 부모의 적극적인 도움이 필요합니다. 가정에서 집중하는 법을 꾸준히 연습시켜주세요. 예를 들어 '연산문제집 한 장을 10분 동안 풀기'와 같은 목표를 정해서 시간 안에 한 과제만 끝내는 연습을 하는 것이 도움이 됩니다. 이때는 욕심을 내려놓고 아이가 집중할 수 있는 시간과 양으로 정하는 것이 중요합니다. 습관이 되면 조금씩 늘려가는 것은 어렵지 않습니다. 또, 아무리 바빠도 이 시간만큼은 엄마가 옆에 앉아서 아이가 집중할 수 있도록 돕는 것이 좋습니다. 과제를 완수하고 나면 보상과 칭찬을 듬뿍 해주세요.

소근육 발달이 느린 아이

초등학교 저학년 시기에는 연필을 잡거나 젓가락질하는 것이 서툰 아이들이 많습니다. 이런 아이들은 글씨 쓰기, 그림 그리기, 만들기 등 전반적인 활동에서 속도가 느릴 수밖에 없습니다. 소근육 발달을 돕기 위해 가정에서 놀이식으로 접근하는 방법을 추천합니다. 콩을 젓가락으로 집어 컵 속에 넣는 게임을 할 수도 있고,

종이접기, 가위질, 바느질, 채소 자르기 등도 좋은 훈련이 됩니다.

어떤 경우이든 부모가 마음을 여유롭게 가져야 합니다. 아이의 인생을 길게 보세요. 가능성을 보고 칭찬과 격려로 한 걸음씩 천천히 같이 걸어주면 됩니다. 초등 저학년 때 중요한 것은 속도가 아닙니다. 느리더라도 즐겁게 꾸준히 가는 것이 중요합니다.

하루 학습량과 과목별 공부시간은 어느 정도가 적당할까요?

절대적인 공부시간은 집중력과 관련되어 있습니다. 개인차가 있지만 평균적으로 초등학교에 갓 입학한 아이의 경우 한 번에 집중할 수 있는 시간은 길어도 20분입니다. 학년이 올라갈수록 집중시간은 길어지며, 초등 고학년이 되면 40~50분 정도가 됩니다. 그러므로 아이의 발달 단계에 따라 학습량을 점차적으로 늘리는 것이 맞습니다.

저학년 공부법

저학년 교과목의 큰 축은 국어와 수학입니다. 좀 더 구체적으로 국어는 다양한 글자와 어휘, 배경지식을 익힐 수 있는 독서와 바른 글씨 쓰기, 받아쓰기입니다. 2015 개정 교육과정에서는 1, 2학년의 경우 한글을 떼고 국어의 기본(듣기, 말하기, 읽기, 쓰기)을 익히는 것에 중점을 두기 때문에 굳이 문제집을 풀기보다는 독서와 학교 숙제 정도를 권합니다. 수학은 연산문제지를 기본으로 하고 아이에게 맞는 문제집을 사서 풀리는 것을 권장합니다. 수학이라는 교과는 문제에서 요구하는 것을 아는 것과 계산과정의 오류를 줄여나가는 연습이 필요하므로 가정에서 꾸준히 하지 않으면 소위 말하는 구멍이 생기기 시작합니다.

아이가 한글을 능숙하게 읽고 쓴다면 영어를 시작하는 것이 좋습니다. 학교 교육과정도 2학년까지 한글을 능숙하게 쓸 수 있다는 가정하에 초등학교 3학년부터 영어 교과가 편성됩니다. 저학년은 듣기, 말하기, 파닉스(Phonics)를 익히는 것에 중점을 두고, 고학년으로 갈수록 읽기와 쓰기를 늘려주는 것이 좋습니다. 하지만 아이가 한글을 능숙하게 읽고 쓸 수 없다면 당연히 영어는 3학년 때부터 시작할 것을 권합니다.

중학년 공부법

3학년부터 국어, 수학, 사회, 과학, 영어가 주요 교과목으로 편성됩니다. 특히 중학년의 경우 생소한 사회, 과학 교과에 대한 막연한 두려움이 생길 수 있는데 저학년 때 책을 충분히 읽어두었다면 굳이 문제집을 사서 요약정리를 하지 않아도 될 정도의 양입니다. 하지만 아이의 책 편식이 심하거나 책을 읽어도 핵심내용을 잘 찾지 못한다면 문제집 풀이를 권합니다. 영어는 단어에서 문장으로, 듣기와 말하기를 기본으로 읽기와 쓰기로 확장합니다.

고학년 공부법

인지 수준이 완성되어가는 시기입니다. 아이의 성향에 따라 이 시기부터 선택과 집중을 해야 할 때가 오기도 합니다. 이때의 공부방법과 집중시간은 천차만별입니다. 여학생들은 사춘기가 와서 부모의 애를 태우기 시작하는 시기이기도 하지요. 중학교 공부와 연계하기 위해서는 꾸준한 독서와 공부에 대한 성실한 태도가 무엇보다 중요합니다. 따라서 아이가 너무 힘들지 않게 (비위를 맞춰가며) 공부시키는 것이 좋습니다. 이때쯤 부모의 강압에 의해 공부에 찌든 아이들이 엇나가는 경우가 많으니 공부 마라톤 초반에 전력질주는 금해주세요.

학년이 올라갈수록 성적이 오르는 아이들의 공통점은 무엇인가요?

아이를 학교에 보내면서 성적에 연연하지 않을 부모는 없습니다. 잘하는 아이라면 계속 잘하면 좋겠고, 중간 정도 하는 아이라면 부족한 부분을 메워주면 더 잘할 수 있을 것 같고, 못하는 아이라면 아직 자신에게 맞는 공부법을 찾지 못했거나 기회가 오지 않았다고 믿고 싶습니다. 그럼 우리 아이들은 중학교에 가서 우리의 믿음처럼 새로운 기회를 맞아 치고 올라갈 수 있을까요? 더 좋은 성적을 받을 수 있을까요? 이 질문에 대한 정답은 사실 없습니다. 아이의 학교 성적은 단순히 학습량만으로 판단할 수 없기 때문입니다.

다양한 연구 결과를 보면 성적에 영향을 미치는 요인은 아이의 지능, 주변의 환경적 요소, 기질과 성격, 성공 경험, 교사 역량, 자기주도적 학습력, 부모의 관심도, 학습량, 학습 방법 등 무수히 많음을 알 수 있습니다. 그럼 몇 가지 사례를 통해 초등학교 성적과 중학교 성적의 관련성에 대해 이야기를 풀어보겠습니다.

늘 잘하는 아이 A

수학이 제일 좋고 나중에 물리학자가 되겠다는 A는 초등학교 때부터 엄마가 크게 신경 쓰지 않아도 스스로 잘하는 아이입니다. 공부 계획을 스스로 세우고 실천하며, 책 읽기도 좋아합니다. 점심시간에는 친구들과 축구를 즐깁니다. 새로운 문제를 풀게 되면 처음에는 힘들어 끙끙대지만 끝까지 해보는 근성이 있습니다. 궁금한 것이 생기면 인터넷에 찾아 확인해야 직성이 풀립니다.

엄마는 A에게 자기가 잘하고 좋아하는 일을 하라고 늘 격려합니다. A가 좋아하는 과학 만화책 신간이 나오면 가장 먼저 사주고, 온 가족이 같이 읽어봅니다. A의 중학교 성적은 초등학교 때 성적과 비슷하거나 좀 더 높습니다. A는 자신이 앞으로도 계속 공부를 잘하는 아이일 거라고 생각합니다.

중학교에 가서 살짝 성적이 떨어지는 아이 B

B는 초등학교 다닐 때는 공부를 잘한다는 소리를 들었는데, 중학교에 오니 성적이 생각만큼 잘 나오지 않습니다. 엄마도 아이도 애가 타서 학원도 옮겨보고 문제집도 잔뜩 사서 공부합니다. 지난번 중간고사는 공부를 많이 해서 기대했는데, 막상 시험지를 받으니 예상했던 문제와 다른 문제가 많았습니다. 사실 B는 앞으로 자기가 뭘 하고 싶은지, 자기가 뭘 잘하는지 잘 모릅니다. 그냥 막연히 공부를 열심히 하다 보면 뭔가 되어 있을 것 같습니다. 오늘도 엄마와 과제를 체크하며 늦게까지 영어 공부를 합니다.

초등학교 때보다 점점 성적이 오르는 아이 C

C는 초등학교에 다닐 때 공부를 못 하는 것도 아니고 잘하는 것도 아니었습니다. 학교생활을 즐겁게 했고, 좋아하는 사회 과목에서는 남들보다 넓은 지식을 자랑했습니다. 여러 가지 책을 좋아해서 많이 읽었습니다. 수업시간에 집중해서 잘 듣는 편이었지만, 다른 친구들에 비해 학습량이 많지는 않았습니다. 중학교에 들어오고 나서도 초등학교 때처럼 읽고 싶은 책을 읽고 수업시간에 경청합니다. 공부하다 보니 과학이 좀 부족한 것 같은 생각이 들

어 어머니께 말씀드려 과학 인강을 듣기 시작했는데 미루지 않고 공책 정리를 하며 꼬박꼬박 듣습니다.

성적이 오르기 시작하면서 C는 영어 공부를 좀 더 해서 앞으로 국제기구에서 일하고 싶다는 꿈을 꾸기 시작했습니다. 그래서 요즘은 시간이 날 때마다 CNN방송을 들으며 영어 표현을 익히고 있습니다. 부모님은 자녀의 꿈을 적극적으로 지원해주고, 도움이 될 만한 여러 가지 이야기를 많이 해주십니다.

초등학교나 중학교나 그냥 공부하는 아이 D

D는 공부가 그렇게 재미있지 않지만 꼭 해야 하는 거라고 생각합니다. 엄마가 가라는 학원에 가고, 최근에는 친구들이 다닌다는 수학 학원에 다니기 시작했습니다. 공부를 조금만 덜 하면 성적이 잘 안 나옵니다. 엄마는 D에게 조금만 더 열심히 하면 상위권 성적이 나올 거라고 말씀하지만, D는 잘 모르겠습니다. 요즘은 학교 수행평가도, 과제도 슬슬 버겁습니다. 초등학교 때에는 엄마와 함께 과제도 하고 시험 준비도 했는데, 지금은 그럴 시간도 부족합니다. 유치원 선생님이 되고 싶은 D는 자신의 성적이면 충분하다고 생각하는데 엄마는 더 높은 기대를 하는 것 같아 부담스럽습니다.

자신에게 맞는 공부 방법을 찾아가는 아이 E

E는 초등학교 때 음악과 체육시간은 좋은데 수학 시간이 너무 싫었습니다. 특히 5학년 1학기 수학은 지금 생각해도 머리가 아픕니다. 학원에 가긴 했는데 학원에서도 재미가 없어 억지로 자리만 지키다 보니 수학 실력은 제자리걸음이었습니다.

그래서 엄마는 5학년 여름방학 때 E를 데리고 4학년 1학기 수학부터 다시 가르치기 시작했습니다. 처음에는 하기 싫어 엄마와 많이 싸웠는데, 지금 생각해보니 4학년부터 수학이 재미없어지면서 성적이 떨어졌던 것 같습니다. 6학년이 되면서 동네 작은 수학 학원에 가서 선생님과 문제를 풀었습니다. 그리고 집에서 매일 수학 문제집 세 장씩 풀고 주말에 엄마와 틀린 문제를 확인하고 또 다시 풀었습니다. 가끔 앉아서 문제를 풀기 싫을 때에는 벽에 달린 커다란 화이트보드에 문제를 풀기도 하고, 문제 푼 내용을 동생에게 말로 설명하기도 했습니다.

중학교에 오니 5학년 수학과 비슷한 내용이 다시 나옵니다. 아직도 잘하진 못하지만, 그때만큼 힘들지 않습니다. E는 자신의 실력이 앞으로 점점 나아질 거라고 생각합니다.

중학교 가서 성적이 많이 떨어진 아이 F

F는 초등학교 때 엄마의 자랑거리였습니다. 공부도 잘하고 엄마 말도 잘 듣는 착한 아이였습니다. 그런데 중학교에 들어가고부터 공부가 너무 싫고, 공부하라는 엄마의 말이 너무 듣기 싫습니다. 중학생이 되면서 새로 간 학원은 10시에 마칩니다. 집에 와서 숙제하고 나면 12시가 훌쩍 넘습니다. 좋아하는 게임을 한 판하고 자려니 일찍 안 자고 논다고 엄마의 잔소리가 시작됩니다. 그래도 컴퓨터로, 휴대폰으로 몰래 게임을 합니다. 그러다 보니 학교에 가면 자꾸 졸게 됩니다.

1학년 때에는 그래도 공부를 열심히 한 것 같은데 점점 안 하게 되고, 수업시간에 졸다가 선생님께 야단을 맞는 일도 늘었습니다. 중학교에 오니 나보다 공부 잘하는 아이가 너무 많습니다. 도대체 다들 언제 공부를 하는 걸까요? F는 자기 마음을 잘 이해하는 친구들과 지난 주말에 온라인 게임을 했습니다. 친구들과 온라인에서 만나 밤새 하는 게임은 너무 재미있습니다. 게임 속에서 F는 굉장한 능력자가 됩니다. F는 내일 시험이 끝나면 친구들과 PC방에 가서 게임을 하면서 스트레스를 풀 생각입니다.

늘 공부에 관심이 없는 아이 G

공부가 좋아서 하는 아이는 잘 없지만 G는 공부가 재미있었던 적이 단 한 번도 없습니다. 2학년 때는 구구단 때문에 힘들었고, 3학년 때는 과학이 이렇게 어려운 건지 처음 알았습니다. 4학년 때는 소수와 분수를 누가 만들었는지 화가 났고, 5학년이 되니 어려운 역사가 기다리고 있었습니다. 수업시간에 들은 내용을 잘 이해하지 못한다는 말을 들은 엄마는 그날부터 공부방에 가라고 했습니다. 공부방에서는 시간만 때우고 왔고, 학교는 가야 하니 갔습니다. 학교에서 친구들과 놀 때는 너무 재미있는데, 수업만 시작되면 정신이 멍해집니다.

G는 어차피 다른 친구들이 자신보다 훨씬 더 잘하는데 지금부터 공부한다고 잘할 수 있을지 회의적입니다. 엄마는 G가 머리는 좋은데 공부를 안 해서 성적이 잘 안 나오는 거라고 합니다. 하지만 G는 이렇게 공부를 못 하는 자신이 머리가 좋은 건 말도 안 된다고 생각합니다.

위에서 제시한 사례는 여러 아이의 상황을 이해하기 쉽게 재구성한 것입니다. 사실 교사들은 아이들에 대해 'Case by Case'라는 말을 많이 씁니다. 아이 하나에 하나의 사례가 있다는 이야기입니다. 아이들의 다양한 사례를 몇 가지 설명으로 일반화할 수는 없습니다. 하지만 중학생이 되어 성적이 오르거나, 초등학교 때나 중학교 때나 꾸준히 공부를 잘하는 아이들의 몇 가지 공통점을 찾아보자면 다음과 같습니다.

- **자기주도학습력**: 어떤 상황에서든지 스스로 계획적으로 공부합니다. 공부하는 시간, 방법, 장소, 내용을 스스로 결정하고 부족한 점을 찾아 고쳐갑니다. 자신에게 맞는 공부 방법을 알고 잘 활용합니다. 엄마의 의견은 그냥 거드는 정도입니다.
- **과제집착력**: 자신에게 주어진 과제를 끝까지 해결하고자 하는 욕구가 강합니다. 모르는 문제가 생기면 찾아봐야 하고, 궁금한 점은 반드시 질문합니다. 이런 성향은 결국 포기하지 않는 근성으로 이어집니다.
- **절제력**: 하고 싶은 일과 해야 할 일을 구분하고, 해야 할 일은 어떤 상황에서도 가능하면 하려고 합니다. 게임이든 운동이든 놀이 활동을 즐기지만, 적정선을 넘지 않습니다.
- **독서를 통한 방대한 지식**: 의미 없이 많은 양의 책을 읽는 게 아니라, 읽고 싶은 책을 찾아 읽고 그 내용도 충분히 이해합니다. 재미있는 책이라면 여러 번 반복해서 읽기도 합니다. 책에서 알게 된 내용을 일상생활과 다른 공부에도 잘 적용합

니다.

- 자아존중감과 성공 경험: 자신의 장단점을 잘 파악하고 있으며, 자신에 대한 믿음이 강합니다. 또한, 자아존중감이 강한 사람은 실패를 남과 환경 탓으로 돌리기보다 성공을 위한 좋은 경험으로 삼습니다. 이런 믿음은 실패와 성공을 거듭하면서 성공 경험을 쌓아갈 때 점점 커집니다.
- 목표의식: 단순히 공부를 잘해 훌륭한 사람이 되겠다는 목표가 아니라 앞으로 구체적으로 무엇을 하겠다는 계획이 있습니다. 짧게는 하루의 계획, 길게는 장래희망을 이루기 위한 구체적인 계획을 세우고 실천하려고 노력합니다.
- 융통성과 여유로움: 앞에 나온 여섯 가지를 하기 위해 예민하게 반응하거나 과하게 행동하지 않습니다. 계획에 문제가 생기면 융통성 있게 조절합니다. 열심히 하지만 주변을 돌아볼 여유가 있습니다. 마음이 여유로우니 다른 사람에게도 관대합니다. 남을 탓하며 자신의 부족함을 감추려 하지 않습니다.

아이들은 자랍니다. 엄마가 곁에서 해줘야 하는 것은 아이의 필요를 알고 살피는 것입니다. 한발 앞서서 아이를 보지만, 빨리 오라고 아이를 당기지 않습니다. 부모는 아이가 보내는 신호를 기민하게 알아차려야 합니다. 아이가 중간에 힘들어하면 충분한 휴식을 줘야 합니다. 남보다 뛰어난 사람이 되라고 하기보다는 자신이 만족할 만한 사람이 되라고 말해야 합니다. 내 아이가 주체적인 인간으로 성장할 수 있도록 가장 가까이서 격려해주세요. 엄마 마음의 크기만큼 아이들은 자랍니다.

과목별로 문제집을 고르는 기준은 무엇일까요?

서점을 들여다보면 초등참고서에 정말 다양한 문제집이 있습니다. 그중에서 우리 아이에게 맞는 문제집을 고르는 것은 어려운 선택입니다. 그럴 때 우리 아이에게 필요한 게 무엇인지 파악하고 문제집을 고르면 선택의 폭이 훨씬 좁아집니다. 요즘은 출판사마다 수준별 문제집을 다양하게 구비하고 있으므로 우리 아이의 수준만 잘 파악하고 있다면 어렵지 않게 문제집을 고를 수 있습니다.

연산 훈련을 위한 문제집

연산 문제집은 시중에 많이 있습니다. 유치원생이 할 수 있는 기초부터 상위권 학생들에게 필요한 복잡한 연산까지 종류가 많습니다. 일단, 매일 할 수 있고 양이 많지 않은 것으로 선택하면 좋습니다. 연산은 연습하면 할수록 문제를 푸는 속도도 빨라지고 정확해집니다. 양이 많으면 아이가 쉽게 지칠 수 있으므로 적은 분량이라도 꾸준히 할 수 있도록 하는 것이 좋습니다. 그런데 연산문제집만 푸는 아이들은 단순계산 문제는 쉽게 풀고 자신 있어 하지만 서술형 문제는 손도 대지 않으려 하는 경향이 있습니다. 연산도 중요하지만 수학의 핵심은 생각하는 힘을 기르는 것입니다. 따라서 연산문제집에만 치중하지 않도록 해야 합니다.

수학 예습·복습을 위한 문제집

방학할 즈음 다음 학기 교과서를 받습니다. 대부분 집으로 들고 가서 보관하는데요, 방학 동안 다음 학기 교과서를 미리 읽어 보는 것이 (수학뿐만이 아니라) 큰 도움이 됩니다. 수학 예습을 할 때는 개념을 파악할 수 있는 문제집을 선택하는 것이 좋습니다. 예습인데도 너무 많은 문제를 풀게 되면 수업시간에 흥미가 떨어져 수업을 잘 안 들을 수 있습니다. 수학은 예습보다 복습이 훨씬 중요한 과목입니다. 학기 중이나 방학 중에 그 학기의 수준 있는 수학문제집을 선택하여 복습하는 것이 효과적입니다. 그리고 반드시 틀린 문제는 다시 풀어서 자기 것으로 하는 오답노트를 활용하세요.

국어 공부를 위한 문제집

학부모님들이 가장 궁금해하는 것 중의 하나가 국어 공부를 시키는 방법입니다. 수학은 수학문제집으로 어느 정도 해결이 되는데, 국어는 어떻게 공부시켜야 할지 모르겠다는 것입니다. 국어의 핵심은 글을 읽고 내용을 파악하고 중심생각과 그 뒤에 감추어진 내용을 파악하는 것입니다. 글자만 읽는다고 해서 글을 읽은 게 아닙니다. 한 쪽짜리 글을 읽고 내용을 파악해 중심생각을 찾는 유형의 문제들이 담긴 문제집이 시중에 많이 나와 있습니다. 학년이 올라감에 따라 글의 내용도 많아지고 문제도 조금씩 더 어려워집니다. 이러한 국어문제집을 선택해서 꾸준히 풀다 보면 국어 실력이 훨씬 좋아집니다. 하지만 국어 공부는 문제집만 풀어서는 해결되지 않습니다. 반드시 풍부한 독서가 병행되어야 합니다.

수학 선행은 언제부터 시작하면 효과적일까요?

수학은 하나의 주제가 이해의 난이도에 따라 저학년에서 고학년까지 이어지는 학문으로, 선행과 심화를 구분하기가 쉽지 않습니다. 예를 들어, 초등 고학년에서 나오는 최대공약수와 최소공배수를 구하는 방법은 여러 가지가 있습니다. 2015 개정 교육과정 기준으로 최대공약수와 최소공배수는 배수와 약수를 통해 구하거나 나눗셈을 통해 구하도록 되어 있습니다. 이 문제는 중학교에 올라가면 다시 나오게 되는데, 그때 최대공약수와 최소공배수는 소인수를 바탕으로 구하게 됩니다. 2015 개정 교육과정을 기준으로 봤을 때 초등에서 최대공약수와 최소공배수를 심도 있는 이해 없이 공식에 의해 소인수를 바탕으로 구하는 방법을 가르친다면 그건 선행이 될 것입니다. 그런데 2009 개정 교육과정에 의하면 초등에서 최대공약수와 최소공배수를 가장 작은 곱셈식으로 변환하여 구할 수 있도록 가르치고 있습니다. 즉, 소인수를 초등학생들의 수준에 맞게 작은 곱셈식으로 가르치고 있습니다. 비록 2015 개정 교육과정에서 초등학생들이 작은 곱셈식으로 최대공약수와 최소공배수를 구하는 것이 어렵다고 판단하여 이를 가르치지는 않지만, 초등의 인지 수준에 맞게 최대공약수와 최소공배수를 작은 곱셈식으로 심도 있게 가르친다면 이는 심화라 볼 수 있을 것입니다.

선행은 진도가 빠르게 나가다 보니 깊은 이해가 병행되지 않는 학습으로 빠질 위험이 큽니다. 빠른 진도를 위해 공식 암기 및 문제 풀이 수업이 대부분일 수 있는 선행 학습은 수학에 대한 흥미와 관심을 떨어뜨릴 위험이 있습니다. 선행한 학생들은 학교 수업 시간에 지루해하고 집중력이 떨어지는 모습을 보이곤 합니다. 선행이 교육적으로 효과가 미비하다는 연구 결과도 많이 찾아볼 수 있습니다. 선행 학습이 중학교까지는 어느 정도 효과를 보이지만 종합적인 사고를 요구하는 고등학교에서는 한계를 드러낸다고 전문가들은 조언합니다. 따라서 수학 선행학습에 대한 접근은 신중한 태도가 필요해 보입니다.

학기 중 선행

모든 교과가 그렇겠지만 수학 과목은 학교 수업시간에 열심히 듣는 것이 가장 중요합니다. 피아제의 인지발달 이론에 따르면 초등 1학년부터 4학년까지는 구체적 조작기(5~11세)로, 구체적인 사물과 구체적인 행위로 수학적 사고를 발달시켜야 하는 시기입니다. 선행하여 문제집이나 학습지 등으로 수학 문제를 풀게 되면 추상적인 개념을 이해하기 어려운 시기이다 보니 잘 받아들이지 못해 효과가 떨어지고, 그 결과 초등 고학년으로 갈수록 수학에 흥미가 떨어질 수 있습니다. 따라서 이때는 학교에서 배운 내용을 다음 날 가정에서 수학익힘책으로 한 번 더 확인하는 정도로 도와주면 충분합니다. 아이가 익힘책을 풀 때 어려움을 느끼는 문제가 있다면 구체적인 사물을 이용하여 그 문제를 이해하고 풀 수 있게 해주세요.

마찬가지로 5, 6학년도 학교 수업시간에 열심히 듣는 것이 가장 중요합니다. 그런데 이미 문제를 푸는 방법을 아는 아이들은 수업시간을 지루해하고, 수학에서 가장 중요한 수학 개념을 중요하다고 생각하지 않는 경향이 있습니다. 빨리 자신이 문제를 잘 풀 수 있다는 것을 보여주고 싶어하다 보니 오히려 집중도는 떨어집니다. 선행한 아이 중에 5학년의 분수 곱셈에 관련된 개념을 설명해보라고 했을 때 정확하게 설명할 수 있는 아이는 드물었습니다.

학교에서 배운 날 가정에서 수학익힘책으로 한 번 더 풀어서 복습하고, 주중이나 주말을 이용하여 복습한다면 부족한 부분을 충분히 채울 수 있습니다. 혹시 문제 자체를 잘 이해하지 못한다면 수학책에서 개념 설명 부분을 다시 보게 하고, 수학개념사전을 구입하여 그 부분을 공부할 수 있도록 도와줍니다.

수학 교과는 나선형 구조여서 이전 학년의 내용이 부족할 경우 다음 학년의 내용을 이해하는 데 큰 어려움이 있게 됩니다. 그 학년의 수학을 80퍼센트 이상 알고 다음 학년의 수학을 배워야 '수포자'가 되지 않을 수 있습니다. 수학익힘책을 풀었을 때 60점 이하라면 익힘책을 한 권 더 구입하여 풀고, 60~70점 정도라면 기초 문제집, 70~90점 정도라면 응용 문제집, 90점 이상이라면 응용 또는 심화 문제집을 구입하여 푸는 것을 권합니다. 문제집은 서점에 가서 아이가 직접 살펴보고 고르도록 하는 것이 좋습니다. 수준에 맞는 문제집으로 차근차근 단계를 밟아서 복습하면 수학의 흥미를 잃지 않고, 성취감을 느끼며 수학에 자신감을 가질 수 있게 됩니다.

방학 중 선행

방학 때에는 학기 중에 배운 내용을 복습하는 것이 좋습니다. 3, 4개월 전에 배운 내용을 아이가 확실하게 알고 있는지 확인할 필요가 있습니다. 수학책을 구입하여 '공부를 잘했는지 알아봅시다'와 '문제해결' 부분만 다시 풀어보거나 시중에 나와 있는 문제집 중에서 아이 수준에 맞는 문제집으로 선택하여 단원정리 문제를 풀게 하세요. 아이의 수준이 응용, 심화 수준의 문제를 90퍼센트 이상 풀어낼 수 있다면 최상위 수준의 문제를 풀어보는 것이 좋습니다.

익힌 것을 복습을 통해서 단단히 해놓는다면 그다음 학기, 다음 학년은 걱정하지 않아도 됩니다. 심화와 최상위 수준의 문제를 푸는 아이라면 선행을 하지 않아도 충분히 잘할 수 있습니다.

아이가 기초, 기본이 안 되는데 부모 욕심에 응용이나 심화 단계의 문제를 풀게 하거나 다음 학기, 다음 학년의 선행을 시키는 건 아이에게 전혀 도움이 되지 않습니다. 오히려 아이에게 수학에 대한 거부감만 키울 뿐입니다. 내 아이 수준에 맞게 부모가 기다려주고 도와주는 것이 아이를 위하는 것입니다.

예습이냐, 복습이냐

아이의 성향에 따라서 예습과 복습을 적절히 할 수 있도록 도와줍니다. 호기심이 많고 새로운 것을 배우기 좋아하는 아이라면 예습보다는 복습을 추천합니다. 미리 앞 단원을 공부해오면 학교 수업시간에 하는 활동들에 흥미가 떨어져 지루해할 수 있습니다. 학교에서 재미있게 집중해서 듣고 가정에서 복습으로 다질 수 있도록 합니다. 반대로 새로운 것을 배우는 데 흥미가 없고 느린 아이라면 한 단원 정도 가정에서 수학책으로 개념 부분을 예습한다면 학교에서 배울 때 어렵지 않게 받아들이고 문제를 풀 수 있어서 자신감이 생길 것입니다.

아이의 성향을 잘 파악하여 내 자녀에게 맞는 학습법으로 차근차근 다지며 공부할 수 있도록 도와주세요.

학습지를 시키는 게 도움이 될까요?

아이들의 학교생활에서 대부분을 차지하는 것이 교과 공부입니다. 아이가 공부하지 않으면 아이보다 부모가 더 불안해하는 것이 우리의 교육 현실이기도 합니다. 그래서 학교 정규교육과정 수업 이외에 학원에 보내거나 학습지를 시키는 부모가 많습니다. 그런데 과연 학습지가 아이에게 얼마나 도움이 될지 생각해보셨나요? 옆집 누구도 하고, 뒷집 누구도 하니까 우리 아이도 시키고 있는 건 아닌지 생각해봅시다.

가장 훌륭한 교재는 교과서

교과서는 그 교과목을 전공한 교수님들과 수십 명의 초등학교 선생님들이 연구해서 만든 자료입니다. 아이들의 발달 특성에 맞추어 학년별로 만들어진 교재입니다. 따라서 학교에서 선생님께 배우고 가정에서 다시 한 번 복습하는 활동으로도 충분한 공부가 됩니다. 다만 아이가 교과서를 집으로 가져오면 가방이 무거우므로 가정에서 복습 용도로 사용할 교과서는 서점에서 한 권 더 구입한 후 활용하면 좋습니다.

교과별 공부 방법

학습지를 하기 전에 먼저 교과별로 공부하는 방법을 알려드리겠습니다. 우선, 국어 교과는 독서를 많이 하는 것이 좋습니다. 책을 잘 안 읽는 아이라면 교과서에 실려 있는 이야기부터 부모가 읽어줍니다. 교과서에 있는 이야기는 5분이면 읽어줄 수 있습니다. 그다음은 교과서에 나오는 이야기의 책을 읽을 수 있도록 아이와 함께 도서관이나 서점에 가서 찾아줍니다. 대개 학교 도서관에 학년별 필독서로 교과서에 나온 이야기책들을 구비해놓았습니다. 《하루 15분 책 읽어주기의 힘》이라는 책에서 보면, 부모가 책을 읽어주면 초등학교 1학년 아이는 4학년 수준의 책을 즐길 수 있고, 5학년 아이는 중학교 1학년 수준의 책을 즐길 수 있다고 합니다. 아이의 귀에 고급 단어를 넣어주어 아이가 눈으로 책을 읽을 때 그 단어를 쉽게 이해하도록 도와주기 때문이라고 합니다. 초등 6학년 때까지 책을 읽어주면 아이의 상상력, 독해력, 이해력, 집중력, 경청 능력 등이 매우 발달한다고 합니다. 아이의 기질상 부모가 아무리 노력해도 스스로 책을 좋아하지 않는 아이들도 있습니다. 그 부분은 인정해주고, 6학년 때까지 최소 일주일에 3번, 하루에 10~15분만 부모가 읽어주면 아이의 국어 공부에는 무리가 없을 겁니다.

수학 교과는 수학익힘책을 잘 활용하세요. 수학익힘책은 문제집 대신 복습용으로 사용하는 용도로 만들어진 교재입니다. 담임선생님이 익힘책을 지도해주는 경우도 있지만 그렇지 않을 경우 가정에서 익힘책으로 아이가 복습할 수 있도록 해주세요.

사회, 과학 교과는 사회, 과학과 관련된 다양한 책을 읽는 것이 효과적입니다. 하지만 책 읽기를 좋아하지 않는 아이라면 교과서를 읽고 단원별로 모르는 단어를 국어사전에서 찾아 뜻을 공책에 쓰게 합니다. 사회, 과학 교과는 교과서에 나오는 단어의 뜻만 잘 알아도 이해하는 데 큰 어려움이 없습니다. 주말에 미리 다음 주에 배울 단원 또는 차시(단원별로 가르쳐야 하는 교과 내용 전체를 시간별로 쪼갠 것)에 해당하는 부분을 읽어두면 수업시간에 처음 배우는 내용일지라도 이해하기 수월합니다.

영어도 마찬가지입니다. 학교에서 배웠지만 뜻을 잘 모르는 단어들은 공책에 5번 정도 소리 내서 읽으며 씁니다. 그리고 한 단원에서 중요한 문장은 5~10개 정도 소리 내어 외워두면 좋습니다.

학습지, 아이의 선택이 중요

부모의 주도로 학습지를 하게 하면 아이가 잘 따라와 주면 좋지만 그렇지 않으면 학습 효과가 떨어지거나 부모와의 관계에 안 좋은 영향을 줄 수 있습니다. 먼저 아이에게 교과별로 스스로 공부할 수 있는 방법들을 안내해주고, 아이가 선택할 수 있게 해주세요. 아이가 학습지를 원할 경우 부모는 아이에게 학습지의 종류를 안내해주는 정도만 해주세요. 그 이외에 어떤 교과를 하고 싶은지, 하루 또는 일주일에 얼만큼씩 하고 싶은지, 언제까지 하고 싶은지 등은 아이 주도로 결정하고 학습지를 보충교재로 사용할 수 있도록 해주세요. 부모의 역할은 안내자로서 학습지 종류를 알아봐 주는 것일 뿐, 그 이외에는 아이의 선택을 존중해주고 믿고 지지해주는 것입니다.

학교에서 내준 조사 숙제는 어떻게 하면 좋을까요?

우리는 학교에서 강의식 수업을 주로 들으며 자란 세대입니다. 그러나 지금 우리 아이들은 일일이 지식을 주입하기에는 너무 많은 정보가 넘쳐나는 시대, 제4차 산업혁명이 우리 삶의 모습을 매우 빠르게 바꾸고 있는 시대에 살고 있습니다. 수많은 정보 중에 적절한 정보를 선택하고 이를 활용하는 능력이 무엇보다 필요한 시대입니다. 사회가 변화하니 교육과정도 바뀌었습니다. 학생들이 주어진 문제를 다양한 정보원을 활용해 해결하는 학습은 급변하는 시대에 꼭 필요한 문제해결능력과 자기주도 학습능력을 키우는 데 도움이 됩니다.

학교에서는 교과서에 제시된 자료 외에 보충이 필요하거나, 지역만의 특색이 담긴 자료가 필요할 때, 다양한 자료를 수집하여 분류하는 학습을 할 때 등 확장된 학습활동을 위해 조사 과제를 제시합니다. '봄과 관련된 책 가져오기', '신사임당의 초충도 조사하기', '각 계절에 하는 일 조사해오기', '우리 지역의 문화재나 인물 조사하기', '우리 주변의 간판 조사하기', '우리 지역의 중심지 조사해오기' 등 가정에 있는 책을 찾아오는 단순한 것부터 직접 견학이 필요한 과제까지 주제의 범위는 넓고 조사 방법도 다양합니다.

그러나 요즘에는 교과서를 학교에 두고 다니는 경우가 많아 조사 과제가 제시되면 부모는 당황하기 쉬울 것입니다. 내 아이가 스스로 척척 조사해간다면 참 좋겠지만 저학년 때는 부모의 도움이 필요한 것이 사실입니다. 학습 방법에 도움을 주는 부모의 조력자 역할이 더욱 커졌다고 할 수 있습니다. 선생님께서 내어주는 조사 숙제는 아이들 수준에서 해결하되 부모가 다양한 방법을 제시해주면 좋습니다. 부모가 조사하는 방법을 찾아가며 도와준다면 아이는 궁금한 것을 생각해보고 다양한 방법으로 찾아보려 합니다. 처음에는 막연하겠지만 한 번만 해봐도 이런 조사학습이야말로 자기주도적으로 지식을 확장해나가는 데 좋은 학습 방법임을 알게 됩니다.

조사 숙제, 꼭 필요한가요?

아이의 학교가 도서관이 있거나 컴퓨터실 환경이 잘 갖추어진 곳이라면 수업시간을 할애하여 조사하는 시간을 갖기도 하겠지만, 저학년 아이들이 책 제목만으로 필요한 정보를 찾아내고 컴퓨터를 다뤄서 인터넷 조사를 한다는 것은 쉽지 않습니다. '우리 마을 탐색하기' 같은 간단한 주제라도 안전사고에 대한 우려와 다른 학급과의 형평성 때문에 학생들이 직접 동네 한 바퀴를 탐방하는 것도 힘든 것이 현실입니다. 따라서 조사 과제는 다양한 의견이 필요하거나 사진자료를 비롯한 다양한 자료가 필요할 때, 학교에서 해결하기 어려운 공간적, 시간적 제한이 있을 때 필요합니다.

조사 과제를 확인해보면 잊어버리고 안 한 학생, 없어서 못한 학생, 했는데 안 가져온 학생도 많습니다. 또, 대부분은 책을 찾아 가져오거나 인터넷에 올라와 있는 자료를 그대로 프린트해옵니다. (사실 이렇게 자료를 풍부하게 모아오는 것만으로도 과제를 수행했다고 할 수 있습니다.) 그러나 진정한 조사 과제의 의미는 방대한 자료에서 본인이 필요한 정보를 탐색해내고 자신의 수준에 맞는 언어로 다시 풀어내는 능력을 키워낼 때 꽃을 피웁니다. 중학년이나 고학년의 경우 스스로 스크랩해서 출력하거나 교과서에 제시된

보고서 양식에 맞게 작성해오는 멋진 학생도 있습니다. 그렇게 완성하기까지 얼마나 많은 시간과 공을 들였는지 숨겨진 노력에 감동하기도 합니다.

• 조사 숙제의 좋은 점

첫째, '교실'이라는 공간적 제한과 '수업'이라는 시간적 제한을 넘을 수 있다.

둘째, 정보 수집 능력과 조직 능력을 향상시킬 수 있다.

셋째, 개인의 능력과 활용할 수 있는 자료에 따라 학습 활동 후 다양한 결과물을 가져온다.

조사 숙제, 어떻게 할까요?

조사 숙제를 해결하려면 먼저 조사할 주제에 대한 이해가 필요합니다. 사진 자료가 필요한지, 실물을 보고 확인해야 하는지, 관련 인물을 만나 물어봐야 하는지, 관련 도서를 조사하는 것만으로 충분한지를 자녀와 이야기 나누어봅니다.

조사 주제에 대한 파악이 끝났다면 이제 어떤 방법으로 조사하는 것이 좋을지 결정하고 조사 활동을 도와줄 차례입니다. 관련 서적에서 찾고 싶어 한다면 가정에서 소장하고 있는 책 중에서 먼저 찾아보고 학교 도서관, 지역 도서관에서 책을 찾아볼 수 있도록 도와줍니다. 학교 도서관에서 '관련 자료 조사하기' 수업을 해보면 원하는 자료를 찾는 데 꽤 많은 시간이 소요됩니다. 저학년이라면 가정에 있는 그동안 읽었던 책 중에서 기억나는 것을 찾아 간단하게 살펴보는 것을 추천합니다.

마지막으로 조사한 것을 어떻게 정리하여 가져갈지 의논하고, 아이의 수준을 고려하여 조사 과제 이후 활동에 적합한 자료로 재구성해봅니다. 백과사전이나 전문서적, 인터넷에서 정보를 찾는 경우 어려운 용어로 설명된 경우가 많으므로 아동 수준에 맞는 단어로 다시 설명해주거나 어린이 백과사전이나 어린이용 서적, 누리집을 이용하는 것을 추천합니다. 마지막 3단계까지 도전해본다면 아주 훌륭하게 조사 과제를 마무리할 수 있습니다.

〈조사 숙제 해결 3단계〉

순서	조사 과제 해결 과정
1단계	조사 주제 및 알고 싶은 내용 파악하기
2단계	조사 방법 결정하기
3단계	조사한 자료 정리하기

조사의 종류와 방법

① 인터넷 검색하기

인터넷 검색창이나 각종 누리집, 멀티미디어 사이트 등을 활용한 조사 방법은 가장 간편하게 접근하는 방법입니다.

가. 인터넷에서 검색할 수 있는 누리집의 검색창에 관련 키워드를 넣어 자료를 검색합니다. 간단한 사진이나 그림 자료, 표도 넣으면 더욱 좋습니다. 인터넷에서 과제에 적합한 내용을 찾는 것은 생각보다 쉽지 않습니다. 사회 교과나 과학 교과와 관련된 조사활동의 경우 각 지자체 누리집을 이용하여 조사하는 것도 좋습니다. 인터넷에서 정보를 찾을 때 주의할 점은 그 정보가 믿을 만한 정보인지, 시간이 너무 지나서 현재와 달라진 정보는 아닌지 확인하는 것입니다.

네이버나 다음과 같은 포털사이트에서 검색할 때는 출처가 불분명하거나 개인적인 의견이 올라오기 쉬운 질의응답 게시물은 되도록 이용하지 않도록 합니다. 특히 조사숙제 관련 질문을 올리고 누군가 답글로 작성해준 내용을 그대로 옮겨 적지 않도록 하고, 대신 인터넷 백과사전 자료나 출처가 분명히 밝혀진 정보를 이용하도록 지도합니다. 인터넷에서 찾은 자료를 활용할 때는 꼭 출처를 적어주는 것이 좋습니다. 저작권과 관련해서도 민감한 사안이므로 어디에서 찾은 자료인지 출처를 밝히는 습관을 가지는 것이 좋습니다.

나. 출력된 내용을 한번 읽어봅니다. 중요한 내용을 형광펜이나 색연필 등으로 표시합니다.

다. 아이 학년의 수준에 맞게 간단히 설명해주거나 어려운 단어가 나와 있다면 뜻을 간단히 주석으로 달아주는 것도 좋습니다.

② 관련 서적, 참고자료 찾아보기

인터넷을 활용한 조사보다 출판을 통해 한 번 검증된 자료이고 출처가 명확한 자료이기 때문에 자료에 대한 신뢰도가 좀 더 높습니다.

가. 아이들이 가진 전집이나 가정에서 보유하고 있는 도서에서 찾아봅니다. 시간이 허락된다면 학교 도서관이나 지역 도서관에서 관련 서적을 찾아봅니다. 서점에서 찾아보는 것도 방법입니다.

나. 조사 주제가 나와 있는 부분을 복사합니다. 복사한 자료는 인터넷 자료를 사용할 때처럼 이용합니다. 책을 직접 가져갈 수 있다면 인덱스 테이프를 이용하여 자료가 있는 해당 페이지를 표시해주면 좋습니다.

다. 학교 도서관은 아이들의 독서습관을 키우고, 교과 수업을 지원하고, 학생들의 학습에 도움을 주기 위해 존재합니다. 초등학교 도서관은 매년 학년별, 교과별 권장도서목록을 개발하거나 이를 적극 수용하여 장서를 구성합니다. 특히 교과와 관련된 다양한 수준의 책을 소장하고 있습니다. 또한, 학교 도서관에는 교사로서의 자격을 갖추고 도서관활용수업과 독서교육에 전문인 사서교사가 있습니다. 학교 도서관 사서 선생님께 조사 숙제 내용을 말씀드리고 관련 책 추천을 부탁드리면 교육과정과 관련된 책 중에서 아이 수준에 맞는 것을 추천받을 수 있습니다. 저학년이라면 이 과정에서 부모의 도움이 필요할 수도 있지만 중학년 이상 되면 아이 혼자 도서관에 가서 문제를 해결해보는 것이 좋습니다. 고학년쯤 되면 직접 관련 도서를 검색해서 책을 찾아볼 수 있습니다.

라. 책을 살펴볼 때는 제목만 보고 판단하지 말고 목차 또는 차례를 보면서 필요한 내용이 소개되어 있는지 확인하도록 지도합니다. 목차에 찾고자 하는 내용과 유사한 단어나 내용이 보이면 기재된 쪽을 확인하고, 해당 쪽을 찾아갑니다. 내용을 훑어보고 필요한 정보라면 공책에 옮겨 적도록 합니다. 이때 요약하거나 개조식으로 정리하는 습관을 기르면 좋습니다. 저학년의 경우 정리할 때 부모가 옆에서 도움을 주어야 합니다.

③ 면담하기

'지역의 방언 조사하기', '내가 하고 싶은 일과 관련된 직업 조사하기' 같은 주제일 때는 관련된 인물을 직접 만나거나 전화통화로 접근하는 방법을 사용합니다. 면담을 통해 알고 싶거나 궁금한 점을 세세하게 조사할 수 있습니다. 면담은 약속을 미리 정해야 하고 사전에 질문지를 만드는 준비과정이 필요합니다. 방문할 장소나 인터뷰할 인물을 섭외하기 어려운 경우 부모가 도와주는 것도 가능합니다. 그러나 이런 숙제라면 아이들끼리 스스로 계획하고 해결할 기회를 주고 부모의 도움은 최소로 하는 것이 좋습니다. 필요하다면 면담자의 동의하에 면담 내용을 녹음할 수 있습니다. 면담하면서 질문에 대한 대답을 메모하여 정리하도록 합니다.

④ 현장조사, 답사

답사는 '우리 지역의 문화재나 인물 조사하기', '우리 주변의 간판 조사하기', '우리 지역의 중심지 조사해오기' 같은 주제에서 활용하는 조사방법입니다. 많은 시간과 노력이 필요하지만 나중에 가장 기억에 남는 조사방법일 것입니다. 반드시 새롭게 다녀와야 하는 것은 아니고 예전에 다녀왔던 경험을 되새겨도 좋습니다. 소장하고 있는 사진이나 안내 자료를 찾아 현장답사를 대신할 수 있습니다. 부모와 함께 현장답사를 한다면 필요한 사진 자료를 기호에 맞게 찍을 수 있습니다. 필요한 내용은 현장에서 메모해도 좋고, 다녀와서 사진과 함께 간단히 정리해도 좋습니다.

파닉스는 언제쯤 어떻게 떼는 게 효과적인가요?

파닉스(Phonics)는 단어가 가진 소리, 발음을 배우는 교수법입니다. 소리와 철자와의 관계를 인식하여 낱말을 읽을 수 있도록 지도하는 방법입니다. 초성, 중성, 종성으로 구성된 한글에서는 각각의 낱글자가 문자 그대로 발음되며, 앞의 받침이나 두음법칙과 같이 단어의 위치와 관련된 단순한 법칙을 제외하고는 본연의 소리를 가지고 있으므로 별도의 파닉스 학습 없이도 글을 읽을 수 있습니다. 하지만 영어는 대부분의 알파벳 철자와 소리의 대응관계가 파닉스 규칙에 따릅니다. 모국어로서 영어를 구사하는 사람들은 언어노출 과정에서 자연스럽게 터득하기도 하지만 구어발달 능력이 부족하거나 특별히 학습능력이 떨어지는 어린이들은 현지에서도 파닉스 학습을 철저히 한다고 합니다. 또한, 우리와 같이 외국어로 영어를 배우는 어린이들에게 파닉스 학습이 본격적인 읽기 독립을 하는 데 도움이 될 수 있습니다.

2015 개정 교육과정의 적용을 받고 있는 2019학년도 영어 교육에서 파닉스 학습은 어떻게 이루어지는지 살펴볼까요?

초등 영어 교육에서는 3학년부터 영어를 배우기 시작하며 이때 알파벳 식별을 시작으로 영어의 소리와 철자의 관계를 배웁니다. 이를 기반으로 낱말과 어구, 문장으로 확장해나가면서 읽기의 기초를 다집니다. 영어 학습 초반에 학생들은 다양한 대화문과 이야기를 듣고 말하게 되며, 쓰기와 읽기 영역에서 여러 낱말을 접하면서 같은 철자라도 낱말에 따라 달라지는 것을 알게 되고, 낱말이 모음과 자음의 결합으로 구성됨을 알게 됩니다. 이때 체계적으로 소리와 낱말의 규칙을 적용할 수 있는 능력이 구성되므로 파닉스는 어느 정도 추상적이고 논리적인 사고가 가능한 시기에 학습하는 것이 효율적입니다.

파닉스 교육은 영어 교육의 시작단계에 있어서 필수는 아닙니다. 스스로 철자와 소리를 접목하여 인식하는 시기가 되면 서서히 읽기 독립을 할 수 있다는 신호입니다. 다만 이때 파닉스를 익혀두며 좀 더 빨리 독자적으로 영어 문장을 읽을 수 있게 되는 효과가 있으니 적절히 곁들여주면 좋은 것입니다. 따라서 영유아 시기에 너무 일찍부터 파닉스를 접하는 것은 학생들의 발달 과정을 무시한 무리한 교육이라고 생각됩니다. 초등학교 3, 4학년 시기가 되면 자연스럽게 알파벳의 음가를 식별하게 되고 금방 파닉스를 터득하게 됩니다. 물론, 어렸을 때부터 영어 읽기를 꾸준히 해왔다면 파닉스 학습 시기는 조금 더 빨라질 수 있겠지요.

하지만 학교에서 영어 교육을 정상적으로 받는다면 3, 4학년 시기에 가장 효율적으로 파닉스 학습을 할 수 있게 됩니다. 늦어도 4학년이 끝나는 시기까지 소리와 철자와의 관계를 완벽하게 이해하고 읽기와 쓰기를 할 수 있는 단계까지 향상될 것입니다.

따라서 학생들의 영어학습 상황이나 발달을 고려하여 접근하는 것이 가장 효율적인 파닉스 학습법이라 생각됩니다. 학생 개인의 능력과 흥미를 고려하여 부모가 학습 시기를 잘 조절하길 바라며, 늦어도 4학년을 마치는 시기까지 파닉스를 이해하고 터득할 수 있으면 영어 읽기와 쓰기를 해나가는데 전혀 문제가 되지 않습니다. 파닉스 교육에 대한 조급함을 떨쳐버리세요.

전화영어, 화상영어를 할 때 고려해야 할 점은 무엇인가요?

영어 학원에 다니고 영어책을 읽어도 늘 모자람을 느끼는 것이 스피킹과 리스닝, 바로 회화 부분입니다. 학교나 학원에서 원어민 선생님과 수업을 한다고 해도 선생님과 우리 아이가 일대일로 소통하는 시간은 턱없이 부족한 게 현실이지요. 그런 점에서 일대일 전화, 화상영어는 매력적인 학습방법이라고 할 수 있습니다. 일대일로 집중적으로 영어로 주고받을 수 있으니까요.

전화영어, 화상영어 업체는 다양하고 가격도 천차만별입니다. 그 많은 곳 중 하나를 선택할 때 고려해야 할 점과 활용방법을 알려드리겠습니다.

전화영어, 화상영어의 장단점

가장 큰 장점은 짧은 시간이지만 10분이라도 우리 아이의 영어만 집중해서 지도받을 수 있다는 점입니다. 발음과 표현을 바로 교정받을 수 있고, 우리 아이의 수준에 맞게 수업을 받을 수 있습니다. 무료 레벨테스트를 받을 수 있고, 수업시간도 선택할 수 있어 아이가 편안하게 수업받을 수 있지요. 요즘은 교사의 정보도 미리 알 수 있고, 교재도 제공하고 있어 직접 수업을 고를 수 있습니다. 전화영어는 전화로, 화상영어는 화면을 보면서 수업이 진행됩니다. 교사의 얼굴을 보면서 수업하는 것을 더 좋아하는 아이도 있고, 전화로 대화를 나누는 것을 더 편안해하는 아이도 있습니다. 화상영어는 부모가 아이가 무엇을 배우고 있는지 옆에서 확인할 수 있지만, 전화영어는 그렇지 못하는 차이도 있으니 아이와 부모의 선호도에 따라 선택하면 됩니다.

단점은 전화영어, 화상영어만으로는 회화 실력이 기대만큼 늘지 않는다는 점입니다. 회화 실력이 늘고 영어로 나누는 대화의 깊이가 깊어지려면 충분한 언어입력(Input)이 있어야 합니다. 한국어가 주된 환경에서 주 2, 3회 15분 내외 시간 투자만으로 실력이 향상되기에는 터무니없이 부족하지요. 그러므로 외국인 앞에서 주눅 들지 않고 자연스럽게 영어로 꾸준히 얘기하는 기회라는 정도로만 생각해야 합니다. 영어 실력을 늘리려면 전화영어, 화상영어 수업뿐 아니라 영어책 읽기와 영어방송 듣기를 꾸준히 해야 합니다.

수업 선택 시 고려해야 할 점

전화영어, 화상영어의 목적을 분명히 정하는 것이 좋습니다. 주제를 정해서 자유롭게 이야기하고 싶은지, 교재를 정해서 읽고 내용을 이해하고 싶은지, 발음 교정이 우선인지 등등 중점적으로 배우고자 하는 부분을 구체적으로 정해보세요. 그리고 수업 시작할 때 교사에게 중점적으로 지도해주었으면 하는 점을 미리 말해두는 것이 좋아요. 정해진 교재와 교수방법이 있더라도 특별히 부족한 부분을 더 신경 써줄 수 있으니까요.

전화영어, 화상영어의 튜터는 필리핀 사람들이 많습니다. 초급자나 처음 시작하는 사람은 경험 삼아 해볼 만합니다. 하지만 해외에서 국제학교에 다녔거나 중급 이상의 영어 회화를 하는 아이라면 영어권 국가의 튜터를 추천합니다. 경험상 튜터의 실력 여부를 떠나서 실제 사용하는 자연스러운 영어 표현을 배울 때는 영어권 튜터가 적합합니다.

전화영어, 화상영어 활용하기

전화, 화상영어는 개인 수업이고 시간도 자유롭게 정할 수 있어서 개인 사정으로 미루거나 나태해지기 쉽습니다. 처음부터 주 5회로 빡빡하게 하지 말고, 주 1, 2회로 하되 정해진 시간을 바꾸는 일이 없도록 합니다. 시작 전 미리 책상에 앉아 수업을 준비하도록 합니다. 전화영어, 화상영어는 시간이 철저합니다. 전화를 늦게 받거나 컴퓨터에 늦게 접속했다고 해서 수업을 더 해주는 경우는 거의 없습니다. 튜터들이 수업해야 하는 학생들의 시간이 정해져 있어서 한 수업이 미뤄지면 계속 미뤄지기 때문이지요.

그리고 수업 직후 10분이라도 그날 배운 것을 복습할 수 있도록 지도합니다. 수업 내용을 녹음해서 다시 들어보거나 배운 표현을 소리 내어 읽어보는 것이 좋은 복습 방법입니다. 모든 공부가 그렇지만 스스로 하지 않으면 소용이 없습니다. 3개월 이상이 되면 튜터를 바꿔보는 것도 추천합니다. 아이와 궁합이 잘 맞아 수업이 잘 이뤄지는 경우도 있지만, 너무 익숙해지면 튜터가 아이의 잘못된 발음과 표현들을 이해하고 그냥 넘어가는 경우가 생깁니다. '콩'이라고 말해도 '팥'이라고 알아듣고 이해하는 거지요. 단기간에 자주 튜터를 바꾸는 것은 좋지 않지만 다양한 튜터를 경험해보는 것은 좋습니다.

영어 학습 시작, 어떻게 시작할까요? 공부방 VS 동네학원 VS 대형 어학원?

영어 학습을 어떻게 할 것인지가 엄마들의 가장 큰 화두입니다. 영어시험이 대학입시에서 절대평가로 바뀐다고 하더라도, 멀리 보면 인생에서 꼭 필요한 능력이고 취업 관문에서 절대적인 요소이기 때문입니다. 그렇다면 영어 학습 시작은 언제부터가 좋을까요?

영어, 언제부터 시작할까요?

영어는 마라톤과 같은 긴 여정으로 보는 안목이 필요한 과목으로, 일찍 시작한다고 해서 무조건 좋은 것은 아닙니다. 보통 자녀의 한글 습득 능력이 안정화되면서 시작하는 것이 가장 좋습니다. 모국어가 정착되는 것이야말로 가장 중요한 학습능력이기 때문입니다. 하지만 외국어를 늦게 시작하면 이미 어른처럼 고착화된 뇌로 듣기 때문에 발음을 받아들이는 청취능력이 떨어지고 발성이 쉽지 않으므로 5~8세 전후로 한글을 깨친 정도에서 쉬운 영어책을 읽어주거나 노래로 배우는 영어를 유튜브에서 들려주면 효과가 좋습니다.

언어 능력을 키우는 것은 머리로 하는 학습이 아니라 습관처럼 젖어드는 근육운동과 같아서 많이 듣고, 말하고, 읽고, 쓰는 절대량을 서서히 늘려주어야 합니다. 학원에 의지하지 말고, 책을 구입해 처음에는 엄마가 읽어주다가 쉬운 문장이 나오면 자녀가 읽게 하고, 나중에는 문장별로 번갈아 읽기, 페이지별로 번갈아 읽기를 하면 좋습니다.

공부방 VS 동네학원 VS 대형 어학원

사실 자녀에게 잘 맞는 선생님과 커리큘럼을 찾았다면 공부방이든, 동네학원이든, 대형 어학원이든 상관없습니다. 자녀에게 취약한 점이 읽기라면 동네 영어도서관을 추천하며, 자녀가 읽기는 괜찮은데 리스닝과 스피킹이 약하다면 원어민이 진행하는 시간이 있는 영어 학원에 보내주는 것도 좋습니다. 노련한 선생님이 있는 공부방은 주로 문법을 잡는 데 도움됩니다. 집 근처 동네학원에 보내고 있어서 아이의 수준을 잘 모르겠다면 언제든지 대형어학원에 예약해서 레벨테스트를 받아볼 수 있으며 이 경우 2만 원 정도의 비용이 발생할 수 있습니다. 대형어학원은 시스템화 되어 있어서 영어의 네 개 영역을 골고루 익힐 수 있는 반면, 레벨은 올랐는데 실제 실력은 낮은 경우도 많습니다. 많은 학생에게 묻혀서 전기세 내주러 학원에 다니는 경우가 되지 않으려면, 한 단계마다 아이가 실제로 잘 이해하고 있는지 부모가 자주 확인을 해주어야 합니다.

영어는 마라톤이다

학원에 다녀보니 숙제가 너무 버겁다고요? 맞습니다. 학원에 다니게 되면 온라인 숙제, 쓰기 숙제, 단어시험이 있어서 학생도, 엄마도 정말 힘듭니다. 우리나라처럼 ESL(English as a second language)인 상황에서 영어 능력을 배양하는 것이 얼마나 힘든지 같이 울어드립니다.

학교 현장에서는 두꺼운 원서를 읽고 있는 학생들과 파닉스를 몰라 'apple'도 못 읽는 학생들이 같은 교실에서 공존합니다. 따라서 상대적으로 영어를 못한다고 느끼게 되면 아이는 자신감을 잃고 영어에 대한 거부감, 부담감을 가질 수 있으므로 이때 파닉스 및 기초 읽기, 말하기 정도는 꼭 잡아주세요. 엄마표로도 충분히 가르쳐줄 수 있는 시중의 좋은 교재들이 많은데 영어를 익힐 타이밍을 놓치게 되면 결국 개인과외로 더 부담되거나 자포자기 하는 경우가 발생합니다. 초등학교 때 수준에 맞는 영어책을 읽다가 중학교로 진학할 때 문법적인 영어 규칙을 추가로 익히면 좋습니다.

먼저 EBS나 시중의 교재를 이용하여 파닉스를 익힐 때 처음 자음 음가를 익힌 후 카멜레온처럼 변하는 모음의 음가를 익히는데 집중해주세요. 그리고 가장 쉬운 1~2줄짜리 책을 가능한 한 많이 읽은 후, 5~6줄 그림책, 그림이 있는 챕터북으로 옮겨가며 독서시간을 확보해주어야 실제 아이의 영어 실력이 늘어납니다.

또, 유튜브는 세계에서 가장 좋은 영어교재입니다. 〈Peppa pig〉, 〈Caillou〉로 시작해서 〈Arthur Adventure〉, 〈Odd Squad〉 등등 영미권의 다양한 영상을 접하게 해주세요. 도서관에서 CD, DVD를 대여하거나 따로 구입해서 집중적으로 노출시켜주는 것도 큰 도움이 됩니다.

42.195km를 뛰어야 하는데 초기에 다른 사람보다 조금 앞서거나 더디더라도 큰 차이는 없습니다. 영어는 다른 과목처럼 머

리로 하는 공부가 아니라 수영이나 운전처럼 몸으로 익혀야 하는 살아 있는 언어입니다. 듣기와 읽기라는 입력 시간을 가지려면 하교 후나 주말에 자녀의 스케줄을 어떻게 짤 것인지 고민해봐야 할 것입니다. 무엇보다 아이가 영어가 재밌고 꼭 필요하다고 느낄 수 있도록 동기를 부여해주는 것이 가장 중요합니다.

독서습관을 만드는 가장 효과적인 방법은 무엇인가요?

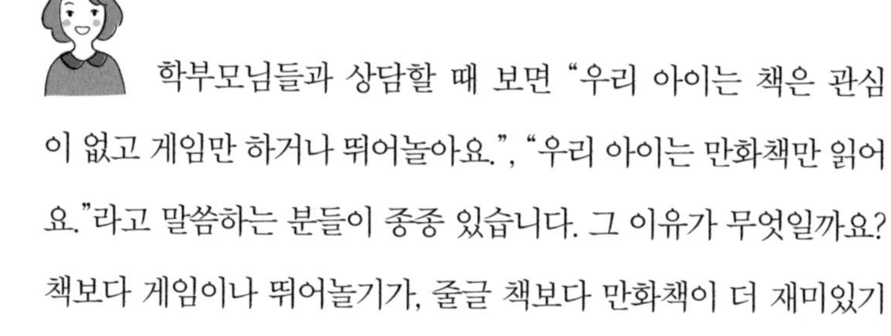

학부모님들과 상담할 때 보면 “우리 아이는 책은 관심이 없고 게임만 하거나 뛰어놀아요.”, “우리 아이는 만화책만 읽어요.”라고 말씀하는 분들이 종종 있습니다. 그 이유가 무엇일까요? 책보다 게임이나 뛰어놀기가, 줄글 책보다 만화책이 더 재미있기 때문입니다. 하지만 우리는 이런 아이들에게 세상에 재미있고 좋은 책이 얼마나 많은지 알려줘야 하겠죠?

아이들이 뱃속에 있을 때부터 부모는 이야기를 들려주거나 책을 읽어주었습니다. 아이가 자라나 글을 깨우치지 못했을 때도 대부분의 부모는 아이를 무릎에 앉히고 책을 읽어주었습니다. 그러다 아이가 한글을 깨우치면 스스로 읽기를 바랍니다. 하지만 아이들 주변에는 책보다 재미있는 것들이 더 많은 것이 현실입니다. 책을 즐겨 읽는 아이로 키우고 싶다면, 다음과 같이 1년만 실천해 보세요.

하루에 15분씩 책 읽어주기

잠자기 전 15분, 혹은 아침에 잠을 깨우는 15분 동안 스킨십을 동반하며 책을 읽어주세요. 아이들은 텔레비전의 소리보다 부모의 책 읽는 목소리를 더 좋아합니다. 스킨십은 관계를 더욱 돈독하게 해주죠. 처음 시작할 때에는 아이가 좋아하는 책으로 골라야 합니다. 만화책도 좋습니다. 그림과 함께 내용도 훌륭한 만화책들이 참 많습니다. 흥미와 호기심이 생겨야 이 시간이 꾸준히 이어질 수 있습니다. 15분이 되었는데 책을 다 읽지 못했다면 그것은 찬스입니다. "여기까지"라고 하면 아이들은 궁금해합니다. "더 읽어주세요."라고 해도 "이야기는 내일 또 계속됩니다."라고 말씀해 주세요. 이렇게 하면 아이들은 내일 부모가 책 읽어주는 시간을 기다리게 됩니다.

간혹 호기심을 못 참는 아이들은 스스로 책을 찾아 읽기도 합니다. 처음에 아이가 좋아하는 장르로 골랐고 흥미가 꾸준히 유지된다 싶으면 아이가 관심 두지 않는 분야의 책도 섞어서 읽어주세요. 내 아이 수준보다 조금 더 높은 것을 읽어주어도 좋습니다. 아이들이 궁금해하면 질문에 대답해주세요. 질문하지 않았다면 굳이 설명하지 않아도 됩니다. 설명하는 순간 흥미를 잃을 수도 있으니까요.

위인전, 동화책, 역사책, 과학책 등 모든 장르의 책을 접하게 해주는 것이 좋습니다. 그런데 간혹 내 아이가 책 내용을 잘 이해하는지 확인하고 싶어하는 분들이 있습니다. 여기서 분명히 짚고 넘어가야 할 부분은 15분간 책 읽기의 목적입니다. '아이가 책을 좋아하게 만드는 것'이라는 목적을 달성하기 위해서는 아이의 질문에 대답하는 것 외에 독후활동을 한다거나, 문답하는 식은 아이에게 부담이 될 수 있으므로 하지 마세요. 물론 그런 것들을 원하는 아이에게는 맘껏 해도 됩니다.

저 같은 경우 짧은 책을 선택합니다. 긴 책은 호흡이 너무 길어 제가 지치더라고요. 3학년 아들과 6학년 딸에게 백희나 씨의《알사탕》같은 저학년 수준의 책을 읽어줍니다. 이 책은 개인적으로 모든 부모가 꼭 읽어보고 아이들에게 들려주었으면 하는 책입니다. 고학년 아이가 유치해할 것 같죠? 하지만 고학년 아이도 옆에서 귀 쫑긋, 눈 반짝 하며 잘 듣습니다. 가끔 목이 아플 때는 딸 아이가 성우처럼 목소리 변신을 하여 우리에게 읽어주기도 합니다. 그런 게 행복 아닐까요?

서점 나들이

한 달에 한 번 이상 서점(중고서점이나 도서관도 좋습니다) 나들이를 떠나보세요. 책을 읽을 수 있는 환경을 조성하는 것은 매우 중요합니다. 학교 도서관의 가장 큰 장점은 무슨 책을 읽어야 할지 모를 때 학년별 권장도서가 있다는 것입니다. 교과서에 수록된 책들도 있고, 학년별로 스테디셀러도 빼곡히 꽂혀 있어 쉽게 책을 선택할 수 있습니다. 아이가 밖에서 뛰어놀고 싶어한다면 "한 권만 읽으면 함께 나갈게."라고 제안해보세요. 아이들도 저학년의 한 권은 짧다는 것을 알기에 순순히 따를 거예요.

처음에는 어떤 책을 살지 막막해하던 아이들도 시간이 지나면 도서관에서 읽었던 책 중 마음에 드는 책을 미리 메모해두었다가 사달라고 하기도 하고, 서점에서 책을 읽다가 그중 마음에 드는 책을 고르기도 합니다. 서점에서 아이에게 책을 고르게 하면 책을 보는 안목도 생기니 일석이조입니다.

나이에 따른 독서습관

7세 이하 아이라면 글이 많지 않고 그림이 흥미롭고 상상력을 자극하는 책 위주로 부모가 함께 읽는 것이 좋습니다. 부모가 무릎에 앉히거나 옆에 앉아 책을 읽어줄 때 아이는 부모와 교감하고 자연스럽게 책 읽기에 흥미를 느끼게 되기 때문입니다.

초등학교 저학년에게는 책을 재미있게 읽고 활동할 기회를 제공해주거나 함께 읽는 조력자(부모, 독서지도 선생님 등)가 있다면 독서 습관을 기르기 좋습니다. 그러나 흥미를 부여하기 위해서 만화책 위주로 읽혀서는 안 됩니다. 만화책은 그림으로 상황이 이해가 되기 때문에 어휘가 늘지 않고 독서를 통한 생각이 발전하지 않게 되기 때문입니다.

4학년 이상의 고학년인 경우 이미 책을 좋아하는 아이라면 큰 걱정이 없겠지만, 그렇지 않은 아이들은 참 어렵고 고민스러울 때입니다. 이때는 사춘기에 접어드는 시기이므로 강제적인 책 읽기보다 부모와의 교감이 중요합니다. 식사 시간에 아이의 눈높이에 맞는 이야기 주제를 미리 준비하여 대화를 이끌어봅니다. 부모가 자녀에게 관심과 애정을 가지고 있음을 보여주는 밥상머리 교육이 어느 때보다 절실한 시기입니다. 이런 시간을 통해 부모와 아이는 공감대가 형성되기 시작합니다. 부모가 TV를 보거나 쉴 때는 아이도 함께 TV를 보거나 좋아하는 게임을 할 수 있도록 하는 것도 교감을 통해 신뢰를 만드는 좋은 방법입니다.

아이가 독서를 해야 할 때 부모가 옆에서 같이 독서하거나 회사에서 가져온 업무를 본다거나 신문을 보는 것도 좋습니다. 같은 것을 하며 같이 시간을 보낸다는 교감을 통해 아이가 독서를 거부할 수 없도록 당위성을 만드는 것이 중요하기 때문입니다. 독서 후에는 충분한 대화를 나누고 칭찬할 부분은 따뜻하게 칭찬해 주세요. 그러면 아이는 독서를 내가 부모로부터 인정받을 수 있고 칭찬을 받는 기분 좋은 일로 인식해나갈 것입니다.

아이와의 신뢰가 형성된 후에는 아이가 책을 읽을 때 또박또박 소리 내어 읽도록 해주는 것이 좋습니다. 뇌과학에서 보면 기억력은 머리 뒷부분에 있다고 합니다. 눈으로 보는 정보는 귀가 있는 중간 부분까지 전달되다가 소멸되기 쉬우므로 눈으로 보면서 소리 내어 읽는다면 머릿속에서 하울링이 생기고 기억을 담당하는 머리의 뒷부분까지 데이터가 더 잘 전달됩니다. 이후 3, 4번 이상 같은 책을 보게 되면 저절로 기억하게 되는 것입니다. 책을 통해 얻는 것이 있으면 아이는 당연히 독서에 재미를 느끼게 되겠지요.

한 가지 주제에만 몰두해서 책 편식하는 아이, 괜찮은 건가요?

한 종류의 책을 몰두해서 읽는 아이들은 호기심이 많고 집중력도 좋은 아이인 경우가 많습니다. 아무 책도 읽지 않는 아이에 비해 발전 가능성도 많습니다. 어떤 주제에 흥미를 느끼는 것, 그리고 그 주제에 빠져드는 것 모두 정상적인 발달 과정이라고 볼 수 있습니다. 부모는 아이가 다양한 분야의 책을 골고루 읽었으면 하겠지만, 오히려 자신이 흥미를 느끼는 분야에 흠뻑 빠져 일정 기간 관심 있는 주제와 관련된 책을 찾아서 반복하여 읽는 것은 좋은 현상입니다.

하지만 일반적으로 아이들의 육체적, 정신적 성장이나 진로탐색 과정을 볼 때 독서에도 단계가 있다고 봅니다. 학교에서는 초등학생 때는 다양한 주제의 책을 접하고, 중고등학생 때는 선택과 집중을 하도록 지도하고 있습니다. 아이가 한 가지 주제 또는 같은 종류의 책에만 몰두한다면 우선 그 마음을 읽어주는 것이 필요합니다. 전적으로 그 분야에 대한 호기심인지, 현실 도피를 위해 읽는 것인지 살펴보아야 합니다. 그 후에 그에 따른 대책을 마련하거나 환경을 조성해주는 방법을 권합니다.

남자아이를 키우다 보면 처음에는 자동차에, 다음에는 공룡과 곤충에, 그다음에는 로봇에 관심을 갖는 경우가 많습니다. 발달 시기마다 아이들의 흥미를 끄는 주제가 있기 마련이며, 주제는 계속해서 변합니다. 어느 시점이라도 관심 있는 분야에 충분히 몰입한 경험은 아이의 성장에 좋은 밑거름이 됩니다. 알고 싶은 만큼 지적 호기심을 채우고 나면 아이는 만족감을 느끼게 되고, 그것이 곧 아이 인생에 작은 성공 경험이 됩니다. 그러고 나면 곧 흥미와 관심은 다른 주제로 옮겨지고, 이전의 성공 경험은 아이가 또다시 새로운 주제에 흠뻑 빠질 수 있도록 하는 원동력이 되어주는 것이지요.

한 가지 주제에 몰두하는 기간이 너무 긴 경우

몇 년이 지나도 오로지 읽었던 책만 반복해서 읽고, 한 가지 주제에만 지나치게 집착한다면 다른 주제에 흥미를 느낄 수 있도록 도와줘야 합니다. 읽은 책을 계속 반복해서 읽는다면 그 책에 아이가 강렬한 재미를 느낄 만한 부분이 있거나 여러 번 읽었기 때문에 쉬워서일 가능성이 높습니다. 그 책의 주제보다 더 큰 재미를 느낄 만한 주제의 책을 넌지시 건네보세요. 또래 친구들이 무척 좋아하는 인기 있는 책이라고 덧붙이면서요. 호기심에 읽기 시작했다가 책에 빠져들고, 관심 분야를 바꿀지도 모릅니다.

만화책만 읽는 경우

학습만화일지라도 부모의 기대와는 달리 아이들이 학습만화를 읽고 학습 면에서 도움을 얻는 경우는 극히 드뭅니다. 아이들은 그저 만화가 재미있어 읽는 것이지요. 만화만 읽고 지식과 정보를 전달해주는 부분은 스윽 스치듯 지나쳐 버리는 경우가 대부분입니다. 즉, 읽을 때는 굉장히 재미있지만 기억에 남는 것은 없는 것이지요. 따라서 아이가 줄글로 된 책을 가까이하도록 도와줘야 합니다. 그림이 적고 줄글로 된 책을 읽을 때 아이들은 훨씬 더 책의 내용에 깊게 빠져들며, 자신이 이미 알고 있던 것이나 경험한 것을 책의 내용과 융합하여 머릿속에 장면을 그려보는 고차원적 사고능력을 발휘합니다.

그러므로 만화에만 빠져 있는 아이에게는 줄글로 된 책의 장점과 둘의 차이점을 설명하고 '만화책도 좋지만 우리는 네가 줄글책도 많이 읽었으면 좋겠어.'라고 설득하는 것이 좋습니다. '만화책을 2권 읽었으면 줄글로 된 책도 2권 읽기'처럼 약속을 정해 실천하도록 하는 것도 좋은 방법입니다.

얼마 전에 개봉해서 흥행한 영화 〈신과 함께〉는 원작이 만화(웹툰)입니다. 과학, 역사, 사회, 인문, 예술 등 모든 분야에서 만화책이 출판되고 있습니다. '불량 도서'에서 '시대의 책'으로 만화에 대한 인식이 변했고, 만화카페, 만화도서관 등 만화를 전문적으로 다루는 공간도 생겨났습니다. 좋은 만화가 많이 나오고 있는 만큼 이제 만화에 대한 편견을 버려야 합니다.

그러나 좋은 만화라도 그것만 읽는 아이가 있다면 걱정이 될 수 있습니다. 만화책은 일반 책에 비해 말풍선에 글이 들어가다 보니 글이 짧습니다. 그래서 만화는 잘 읽지만 긴 호흡의 글은 읽어내지 못하는 아이들이 있습니다. 또한, 만화는 인물의 표정이나 배경 등이 그림으로 표현되어 있어서 글만 보고 내용을 상상하며 읽을 때보다 상상력을 자극하기에 무리가 있다는 지적도 있습니다. 글이 많지 않고 그림이 곁들여진 저학년용 창작동화를 시작으로 점점 글이 많은 책으로 단계적으로 다양한 형태의 책을 볼 수 있도록 유도하는 것이 필요합니다.

웹툰 중에도 좋은 메시지를 담고 있는 작품이 많고, 단행본이나 영화로 제작되기도 합니다. 더불어 웹툰 작가에 관한 관심도 높아지고 있습니다. 그러나 아이들이 휴대폰이나 PC로 웹툰에 접근하다 보면 연령에 맞지 않는 웹툰에 노출될 수 있습니다. 아이가 보는 웹툰이 어떤 내용인지 살펴보고 아이의 수준에 맞지 않거나 정서상 부정적 영향을 줄 수 있다고 판단되면 웹툰 보기를 제한해야 합니다.

과학책 또는 역사책만 보는 아이

과학이나 역사는 그 분야에 대한 마니아층이 있어 독서에서도 그대로 나타나곤 합니다. 이 경우는 그다지 큰 문제로 보이지 않습니다. 아이의 독서를 응원해주면서 다른 영역으로 조금씩 확장할 수 있도록만 도와주세요. 보통 이런 주제는 비문학인 경우가 많은데, 시, 소설, 편지글, 여행기, 수기, 에세이, 위인전, 자서전 등 과학이나 역사를 소재로 한 다양한 장르의 책을 소개해주세요. 그러면 아이의 독서가 조금씩 다양한 주제로 확장될 수 있습니다.

다만 아이가 친구들과 잘 어울리지 못해서 책에만 빠져 있는 경우는 아닌지 꼼꼼히 살펴볼 필요가 있습니다. 같은 책을 읽고 아이와 '토론'이 아닌 '대화'를 많이 하는 것이 필요합니다. 관심 주제의 창작동화나 위인전 등을 읽고 그 속에 등장하는 인물의 행동이나 생각에 관해 대화하다 보면 아이의 고민이나 문제를 발견할 수 있습니다.

판타지 소설만 읽는 아이

《해리포터》는 전 세계적인 베스트셀러이자 다양한 부가산업 창출까지 이룬 작품입니다. 판타지 소설을 싫어하는 엄마들이 많지만, 《해리포터》를 판타지라는 이유로 읽지 말라고 하는 부모는 없을 겁니다. 결국, 판타지 소설 자체가 나쁜 것이 아니라 이야기가 주는 사회적, 정서적 불편함이 문제입니다. 의리, 우정, 협동의 이야기, 개인과 개인, 집단과 집단의 위기를 극복하는 긍정적인 이야기, 권선징악적 주제 등을 내포하는 이야기라면 판타지가 소재이더라도 좋은 작품이 될 수 있습니다.

다만, 아이가 단순히 마법이 주는 신기함이나 귀신이 주는 공포감 등 자극적인 것만 즐기고 있는 것은 아닌지, 현실에서 도피하고 싶은 무슨 문제가 있는 것은 아닌지 이야기 나눠보는 것이 좋습니다. 지금 읽고 있는 책이 무슨 내용인지, 어떤 느낌이 드는지 물어보되 감시하는 느낌이 아니라 부모가 아이의 독서에 관심을 가지고 아이 편에서 이해하려고 한다고 느끼게 해주세요. 아이가 자극적인 부분에만 치중한다 싶으면 부담스럽지 않은 선에서 등장인물이 하는 행동에 대한 생각, 마음에 드는 부분과 이유, 책이 무엇을 전달하고자 하는 것 같은지 이야기 나눠보길 바랍니다.

가정에서 할 수 있는 독후활동은 어떤 것들이 있나요?

초등학생들의 종합적인 사고력 향상에 도움을 주는 활동으로 독후활동이 있습니다. 독후활동은 독서를 하고 난 뒤 그 스토리를 바탕으로 말하기, 쓰기, 듣기, 표현하기 등 다양한 활동을 하는 것입니다. 이런 활동을 통해서 타인과 소통하는 말하기 능력, 타인의 감정을 이해하는 능력도 생기며, 깊은 사고력과 표현력이 생깁니다. 독후활동이 아이들의 창의성에 긍정적인 영향을 준다는 다양한 연구 결과가 있습니다.

초등학교 성장기 아이들은 국어, 수학, 사회, 한국사, 세계사, 과학, 미술, 음악, 환경, 우주 등 다양한 분야의 책을 읽는 것이 좋습니다. 아이가 흥미를 보이는 분야의 책부터 읽고 연계 도서를 찾아서 읽는 것도 독서의 양적, 질적 팽창을 경험할 수 있는 좋은 방법입니다. 읽었던 책 중 좋아하는 책을 반복해서 읽으면 독서의 깊이가 깊어지게 됩니다. 하지만 아이의 성향에 따라서 독후활동이 오히려 독서의 즐거움을 줄어들게 만들 수도 있으니 내 아이를 잘 관찰하고 어떤 성향인지 파악한 후에 횟수와 양, 방법을 조절해서 흥미가 떨어지지 않도록 해야 합니다. 처음부터 목표를 높게 잡지 말고 작고 사소한 것부터 차근차근 실천하며 독서습관을 만드는 것이 중요합니다.

아이가 집중력을 잃고 장난을 치면 부모는 화를 내는 경우가 많습니다. 그러나 아이가 싫다고 하면 억지로 강요하지 않는 것이 좋습니다. 이번에 잘 안 됐다고 해도 조급함을 버리고 꾸준히 시도하면 얼마든지 올바른 독서습관을 만들 수 있습니다. 그리고 반드시 한 권의 책을 다 읽고 독후활동을 하지 않아도 됩니다. 책을 다 읽어야 한다는 부담감 때문에 책 읽기를 시작조차 하지 않는 경우도 있기 때문입니다.

초등학교에서 가장 많이 하는 독후활동은 독서록 쓰기입니다. 책 읽기를 좋아하는 아이라도 독서록 쓰는 것은 부담스러워 할 수 있습니다. 독서록에 무엇을 써야 할지 모르기 때문입니다. 그래서 줄거리로만 채우려고 하니 부담스럽고 하기 싫어집니다. 독서록에 들어갈 내용은 책을 읽게 된 계기, 책표지를 보고 추측한 내용, 핵심 내용(줄거리), 인상 깊었던 단락과 구절, 저자가 독자에게 하고 싶은 이야기가 무엇인지 정리하기, 이 책이 나에게 끼친 영향과 느낀 점 등 너무나 다양한데 말입니다. 이때 주인공의 행동을 자신의 생활과 연결해서 쓰는 것이 좋습니다. 이를테면 '주인공과 같은 상황에서 나라면 어떻게 했을까?' 하는 식으로 말이죠. 책의 줄거리보다는 감상 중심의 기록이 되도록 생각한 대로 솔직하게 쓰도록 이끌어주세요.

다양한 독후활동 예시

글쓰기

- 독서록 쓰기
- 책의 주인공에게 편지 쓰기
- 작가에게 편지 쓰기
- 읽은 책 요약하기(줄거리 간추리기)
- 뒷이야기 꾸미기(결말을 다른 방향으로 써보기)
- 책 소개서 쓰기
- 극본으로 바꾸기(인형극, 역할극 꾸미기)
- 독서 엽서 쓰기
- 책 내용을 마인드맵으로 간추리기

- 좋은 글귀 필사(베껴 쓰기)
- 줄거리와 느낀 점을 시로 표현하기
- 주제어 글쓰기

그리기

- 책 광고지 만들기
- 책 표지 만들기
- 책 달력 만들기
- 4컷, 8컷 만화로 표현하기
- 책의 한 장면 그리기

만들기

- 책 내용과 관련된 다양한 소재를 찰흙, 지점토, 고무찰흙으로 만들기
- '명언 책갈피' 만들기

체험학습으로 연계된 독후활동

- 식물과 관련된 책을 읽었으면 식물 키우기
- 과학과 관련된 책을 읽었으면 과학관 방문하기
- 음악과 관련된 책을 읽었으면 음악회 보러 가기

- 흥미 있는 분야의 책 또는 연계 서적 찾으러 서점, 지역 도서관 방문하기
- 아이들이 썼던 독서록을 묶어서 한 권의 책으로 만들어 독립 출판물 등록해보기

기타

- 독서 주제가 만들기
- 몸으로 표현하기
- 독서퀴즈 만들기
- 한 권의 책을 10번 이상 읽기
- 책 내용으로 답이 여러 개가 될 수 있는 열린 질문 만들기

  (예: 만약 내가 주인공이라면 나는 어떻게 했을까요?)
- 부모와 함께 책을 읽고 대화 나누기(지식을 확인하는 대화가 아니라 아이가 즐거워할 수 있는 내용으로 대화하기)
- 엄마가 코멘트 직접 써주기
- 온라인 공간을 활용하여 독서록 쓰기 (예: 블로그, 브런치 등)

초등 · 6년이
아이의 · 인생을 · 결정한다

CHAPTER 3

똑소리 나는 우리 아이 사교육

코딩교육이 중요하다고 하는데 어떻게 교육해야 할까요?

미국에서는 간식으로 땅콩버터와 잼을 발라 먹는 땅콩버터젤리 샌드위치를 즐겨 먹는다고 합니다. 코딩교육을 이야기하기에 앞서서 잠깐 땅콩버터젤리 샌드위치를 만드는 방법을 순서대로 생각해볼게요. 1단계, 식빵 두 쪽을 준비한다. 2단계, 땅콩버터병의 뚜껑을 연다. 3단계, 버터나이프로 땅콩버터를 떠서 한 쪽 식빵에 펴 바른다. 4단계, 잼병의 뚜껑을 연다. 5단계, 버터나이프로 잼을 떠서 다른 쪽 식빵에 펴 바른다. 6단계, 버터가 발라진 면과 잼이 발라진 면을 겹친다. 어떤가요? 샌드위치를 만드는 방법을 빠뜨리지 않고 순서대로 말하는 것이 생각만큼 쉽지 않아 보입니다.

뜬금없게 들릴지 모르겠지만 사실 땅콩버터젤리 샌드위치 만들기는 코딩교육의 필요성을 논할 때 자주 언급되는 유튜브(YouTube) 영상의 내용입니다. 영상 속에서 아버지는 자신의 아이들에게 땅콩버터젤리 샌드위치 만드는 순서를 써보라고 하고, 아이가 쓴 그대로 로봇처럼 샌드위치 만들기에 도전합니다.

과연 결과는 어땠을까요? 샌드위치가 제대로 만들어졌을까요? 아이에게 샌드위치 만드는 방법을 순서대로 써보라고 한 것이 바로 코딩교육에서 가장 중요하게 이야기하는 '절차적 사고'입니다.

'절차적 사고'란 문제를 효율적으로 해결하기 위해 문제를 작은 단위로 나누고, 각각의 문제를 단계별로 처리하는 사고 과정을 말합니다. 문제해결력은 미래 사회를 살아갈 아이들이 꼭 갖추어야 할 역량인데, 절차적 사고 과정을 익힌다면 일상생활에서 맞닥뜨리는 문제를 해결하는 데 도움이 될 것입니다. 그리고 급변하는 과학기술 발달로 인해 앞으로 우리 아이들이 미래에 접하게 될 문제는 컴퓨터 소통과 관련된 것이 많을 것입니다. 따라서 인류가 이룩한 기술 시스템을 이용하고 더 나은 기술 시스템을 설계하며 능동적으로 대처할 수 있는 기술활용능력을 기르기 위해서는 코딩교육이 필요하다고 할 수 있습니다.

어떻게 코딩교육을 시키면 좋을까요?

코딩교육 전문가가 참여하는 학교 교육과정은 프로그래밍 언어의 문법 학습은 최소화하고 문제 해결에 필요한 컴퓨팅 사고력 신장에 초점을 맞추어 교육할 것을 강조하고 있습니다. 따라서 초등학생은 기본적인 일상생활을 위한 기능과 지식 습득, 미래를 위한 관심과 확장 수준에서 코딩교육을 하면 충분합니다.

처음부터 컴퓨터 앞에 앉아서 프로그래밍 언어를 배우지 않아도 됩니다. 우선은 양치질하기, 도서관에서 책 빌려오기와 같이 일상생활 속에서 절차적 사고 과정을 연습해보게 하는 것으로 시작해보세요. 앞서 이야기한 샌드위치 만들기도 아이와 함께 해보면 좋을 것 같습니다. 이어서 놀이 활동 중심의 언플러그드 활동(컴퓨터 없이 하는 코딩교육)으로 코딩을 자연스럽게 접하면 좋습니다. 컵 쌓기 놀이, 그림 그리기, 언플러그드 보드게임을 이용할 수 있습니다. 그리고 점차로 스크래치, 엔트리 등의 블록 기반의 교육용 프로그래밍 도구를 이용한 코딩교육으로 학습의 수준과 범위를 확장하세요. 초등학교에서의 프로그래밍 학습 성취기준은 '자료 입력, 처리, 출력 과정 이해하기'와 '문제를 해결하는 프로그램을 만드는 과정에서 순차, 반복, 선택 구조 이해하기'이므로 이 정도 수준을 따라갈 수 있을 만큼만 하면 됩니다.

아이가 관심과 재능을 보인다면 본격적인 프로그래밍 언어 학습의 기회를 주는 것도 좋습니다. 다만 코딩교육의 목적은 절차적 사고 과정을 통해 컴퓨팅 사고력을 길러 일상생활의 문제해결력을 기르는 데 있다는 점을 염두에 두고 아이의 수준보다 지나치게 높은 수준의 학습이나 프로그래밍 언어 문법 위주의 교육은 피해야 합니다.

예체능, 학년별로 어떻게 시켜야 할까요?

저학년 아이들은 예체능 학원에 많이 다닙니다. 남자아이들은 주로 태권도 같은 체육관에서 운동을 하고, 여자아이들은 피아노, 발레, 바이올린, 댄스 등으로 조금 더 다양합니다. 저학년의 교과과목 중 많은 활동이 만들고 그리는 작업이다 보니 남녀 공통으로 미술학원에 다니는 아이들도 많습니다. 그러다가 4, 5학년 즈음 되면 학습 부담이 커지면서 예체능 학원을 중단하는 아이가 많아지는데, 그 시기에 엄마들의 고민도 깊어집니다. 이때쯤 그동안 한 것도 아깝고 갑자기 끊는 것이 아이에게도 안 좋을 것 같아 어떻게 해야 할지 고민이라는 어머님들의 상담을 많이 받습니다.

저는 그럴 때마다 들려주는 이야기가 있습니다. 제가 4학년 담임일 때 맡았던 아이였는데, 어머님이 오셔서 아이가 첼로를 5년이나 열심히 했는데 전공을 할지 그만두어야 할지 정할 때가 온 것 같다고 하셨습니다. 그 아이는 정말 무엇이든지 열심히 하는 아이였는데 엄마가 시켜서 첼로를 하는 것이 아니라 자기가 좋아서 하는 중이었고 공부도 소홀히 하지 않았습니다. 대화를 나눠보니 아이는 진로와 상관없이 첼로를 인생의 동반자로 끝까지 가져가고 싶다고 했습니다. 그 후 아이는 중고등학교 때 오케스트라에 들어가서 활동할 정도로 꾸준히 음악과 공부를 병행했습니다.

지금 대학생이 된 그 아이는 악기 하나를 그만두지 않고 계속 연주할 수 있도록 연습한 것이 공부하다 스트레스를 받거나 친구관계로 힘들 때 큰 위안을 주었다고 말합니다. 이 아이를 보면서 꼭 전공을 목표로만 예체능 학원에 다니는 것은 아니구나 하는 것을 다시 한 번 확인했습니다. 아이가 무엇에 흥미를 느끼는지, 어떤 재능이 있는지를 잘 살펴서 예체능 학원의 횟수와 시간을 조절해주세요. 그러면 언제까지 다녀야 하는지가 아닌, 어떤 곳에 어떻게 보내야 할 것인지를 고려해봐야 할 것 같습니다. 예체능 한 가지라도 아이와 함께 간다면 아이 삶의 질은 달라질 것입니다.

독서 토론, 논술 수업은 언제부터 시키나요?

"친구들과 함께하는 '책모임'이 필요한 이유는 '배움과 성장'의 문제 때문이다. 친구들과 도란도란 얘기를 나누며 읽고 싶은 책을 읽고, 쓰고 싶은 글을 쓰며 서로 격려하고 함께 배울 때, 아이들은 배운다는 것이 얼마나 기쁜 일인지, 함께 성장한다는 게 얼마나 가슴 뿌듯한 일인지 온몸으로 경험할 수 있다. 혼자서는 힘들어도 서로 붙잡아주고 이끌어주며 함께 간다면 어렵게만 생각되던 배움, 불가능해 보이던 성장도 가뿐히 이뤄낼 수 있다."

《도란도란 책모임》 저자의 말에서

미국 사립학교에서 가장 강조하는 교육이 독서, 토론, 에세이

쓰기라고 합니다. 그도 그럴 것이 토론 수업은 자신의 논리를 뒷받침할 자료를 찾아 합당한 근거를 추려내고 논박을 하며 생각을 키워나가는 과정이기 때문입니다. 이렇게 중요한 독서 토론, 논술 수업은 과연 언제 시작하고 어떻게 진행하면 좋을까요?

대부분의 사교육은 아이가 잘 따라주기만 한다면 투자하는 비용과 시간에 비례해 효과를 보는 경우가 많습니다. 그러나 초등 저학년, 아니 유치원 때부터 예체능, 어학, 논술 등 각종 사교육 시장으로 내몰리는 아이들을 보면 안쓰러운 것이 사실입니다. 모든 사교육은 아이의 성향과 성장 속도에 따라 적당한 때가 있습니다. 논술도 마찬가지입니다. 논술 수업을 시키기 전에 시키려는 목적이 무엇인지 많은 고민이 필요합니다. 책을 읽히는 것이 목적인지, 특정 주제의 지식을 얻고자 함인지, 독해력을 키우고 글 쓰는 방법을 훈련하고자 하는 것인지 생각해보는 것이 좋습니다. 그리고 무엇보다 논술 수업에 대한 아이의 의사를 존중해주어야 합니다. 논술 수업을 하고자 하는 목적에 따라 적당한 시기나 방법을 소개하면 다음과 같습니다.

독서 토론, 논술 수업은 언제 어떻게 시작하는 게 좋을까요?

SAT, GRE 시험 만점, 하버드, 프린스턴, MIT 동시 합격으로 화제가 된 딸의 아빠이자 미국과 국내에서 유명한 디베이트 전문가 케빈 리(Kevin Lee) 선생님은 "가정에서도 동네 아이들을 모아놓고 토론 수업해보세요. 미국에선 엄마들이 북클럽 활동을 많이 합니다. 엄마와 아이의 의지만 있다면 누구든 할 수 있어요."라고 했습니다.

독서 토론 수업은 문자 해독이 가능하고 그에 대한 자기 생각을 나눌 수 있는 초등 저학년부터 시작할 수 있습니다. 초등학교에 입학하고부터는 동네 친구들을 모아 함께하는 것이 좋습니다. 같이 하고 싶어 하는 친구들에게 간단한 안내장을 보내보면 어떨까요? 북클럽 인원은 3~5명 내외가 적당합니다. 북클럽을 이끌어갈 엄마들끼리 모임을 만들고 아이들 활동모습, 숙제를 공유할 수 있게 밴드를 만들어 활동하면 수월하게 진행할 수 있습니다.

가정에서 활용할 수 있는 북클럽 수업 내용

• 자기가 좋아하는 책을 친구들에게 소개하기. 책을 읽고 줄거리를 자기만의 언어로 말해보는 것은 글의 내용을 요약하는 연

습이 될 수 있습니다. 또, 여러 사람 앞에서 조리 있게 말하는 스피치 연습도 됩니다. 줄거리를 말로 요약하다 보면 글쓰기도 더불어 자연스럽게 잘할 수 있게 됩니다.

• 이야기하기. 짝이 된 친구에게 책의 이야기를 요약해서 서로 얘기해줍니다.

• 전체 앞에서 돌아가며 말하기.

• 책 읽어주기. 저학년은 엄마가 읽어주고 중학년 이상부터는 친구들끼리 읽어주기를 할 수 있습니다.

• 책을 읽기 전에 제목과 표지 그림을 보고 내용 추측하기. 차례 보고 줄거리를 상상해서 서로 얘기 나눠봅니다.

• 책에 나온 주제로 말 전하기 놀이하기.

• 정해진 시간 안에 많이 쓰기 게임하기.

• 자기주장을 말하고 이유도 돌아가며 말하기.

가정에서 하면 아이들이 어려워하거나 싫어할 것 같지만, 주제에 대해 토론을 시작하면 논리적으로 상대를 설득해나가는 기쁨을 맛보게 되면서 몰입합니다. 또한, 알고 있는 지식을 총동원해 나만의 논리로 말하며 토론의 재미를 느낄 수 있습니다. 토론 수업은 아이들이 배움의 기쁨과 더불어 성장하는 즐거움을 느끼는 계기가 됩니다.

토론주제, 어떤 것이 좋을까요?

가정에서든 학교에서든 처음 토론 수업을 진행하면 어떤 주제로 접근해야 할지 막막합니다. 학교 국어 수업시간에 토론은 몇몇 단원에 한정되어 있어 한두 번 정도밖에 해볼 수 없습니다. 찬반토론을 자유롭게 할 수 있으려면 여러 번의 연습이 필요한데 말이죠. 찬반토론 수업은 아이들이 흥미와 관심을 끌 수 있는 주제라야 문제해결 의욕이 생기기 때문에 주제 선택이 굉장히 중요합니다.

찬반토론을 하고 나면 논리적으로 말하는 능력을 갖추게 됩니다. 아래 토론주제 목록은 학교에서, 집에서 쉽게 할 수 있는 주제들입니다.

① 초등학생이 화장해도 되는가?

② 아파트에서 애완동물을 길러도 되는가?

③ 사형제도를 폐지해야 할까?

④ 인간을 위한 동물 실험은 계속되어야 하는가?

⑤ 서울시 자판기에서 탄산음료 퇴출은 옳은가?

⑥ 가난한 사람들을 위해 도적질한 홍길동의 행동은 옳은가?

⑦ 인공지능이 인간에게 이로운가?

⑧ 시골에 사는 것이 도시에 사는 것보다 행복한가?

⑨ 신라의 삼국통일은 옳은 일인가?

⑩ 원자력 발전소는 필요할까?

⑪ 초등학생이 이성 친구를 사귀어도 될까?

⑫ 국보1호를 훈민정음 혜례본으로 바꾸어야 할까?

⑬ 지능형로봇은 인간을 행복하게 만들 수 있을까?

⑭ 유전병을 고치기 위해 배아연구를 허용해야 하는가?

⑮ 아낌없이 주는 나무의 행동은 옳은가?

⑯ 태릉선수촌을 철거해야 하나?

⑰ 초등학생에게 선행학습이 필요할까?

⑱ 친구의 별명은 불러도 될까?

⑲ 급식, 먹고 싶은 만큼 먹어도 될까?

⑳ 《마당을 나온 암탉》에서 잎싹이 초록머리를 키우는 것은 옳은가?

책 읽지 않는 아이, 독서 논술 사교육이 도움이 되나요?

이 질문은 '공부를 좋아하지 않는 아이, 학원에 다니는 것이 도움이 되나요?'와 같은 맥락에서 이해할 수 있겠습니다. 공부를 좋아하지 않지만 학원에 규칙적으로 다니면 공부를 안 하는 것보다 나을 수 있습니다. 하지만 공부를 하는 동기, 목적, 필요에 대한 충분한 인식 없이는 공부를 잘하기 어려운 것처럼, 책 읽는 즐거움, 동기, 목적이 없는 의무적인 독서는 수박 겉핥기에 그칠 수 있습니다. 안 하는 것보다 낫지만, 책을 좋아할 수 있는 환경 조성을 병행해나갈 때 최고의 결과를 낳을 수 있다는 것을 기억하세요.

독서하는 부모의 모습을 보며 아이도 자연스럽게 책을 좋아하게 되고, 집안 곳곳 손닿는 곳에 놓여 있는 책을 볼 때 아이들의 독서력도 커갑니다. 가족 이벤트로 대형서점 나들이나 파주 출판단지로의 여행도 아이들의 지적 호기심을 만족시켜줄 좋은 경험이 될 수 있습니다.

논술에는 몇 가지의 유형이 있는데 하나씩 살펴보겠습니다.

• 독서 논술

초등학생에게는 책을 읽히는 데 주안점을 둔 독서 논술이 가장 일반적입니다. 책을 읽는 것과 더불어 논리적으로 생각하는 힘 기르기, 생각을 글로 정리하는 데 두려움 없애기 정도의 목적이라면 논술 사교육으로 어느 정도 효과를 얻을 수 있습니다. 특히 책 읽기가 잘 되어 있는 아이라면 초등 3, 4학년 때 독서 논술 수업을 가장 재미있게 받아들이고, 책 읽는 것을 넘어서 생각의 관점, 주제 등을 배우기 좋습니다. 독서 논술 수업을 받으면 일주일에 한 권, 적게는 한 달에 두세 권의 책을 읽게 되므로 책을 전혀 안 읽는 아이에게도 도움이 됩니다. 그러나 아이의 성향을 잘 살펴보고 책 읽기가 너무 스트레스가 된다면 수업을 받지 않는 것이 좋습니다.

• 역사 논술

초등 5학년 때부터 사회 과목의 하나로 '역사'를 배웁니다. 따라서 4학년 때부터 역사 논술이나 역사 견학 수업을 그룹으로 많이 시작하는 편입니다. 이때 무엇보다 역사에 흥미를 잃지 않도록 하는 것이 우선입니다. 역사는 대학수학능력시험을 치를 때까지 계속 반복 심화하므로 어렵다고 지레 포기하도록 해선 안 됩니다. 보통 역사책을 읽고 이해하는 수준의 토의를 하고, 역사적 사건의 배경에 대한 이해 및 암기 위주의 수업이 진행됩니다. 따라서 이미 역사책을 좋아하고 많이 읽은 아이라면 굳이 역사 논술 수업을 받지 않아도 됩니다.

• 국어 논술

중고등학교에 진학해서 국어 교과 점수를 잘 받기 위해서, 또는 좋은 대학에 잘 가는 것을 목적으로 미리 논술을 준비하기 위해 부모님들이 논술 수업을 많이 시킵니다. 그러나 국어와 논술 둘 다를 잘하기 위해서 가장 중요한 것은 책 읽기입니다. 중고등학교에 올라가면 아무래도 더 많은 학습량에 노출되면서 책을 읽는 절대적인 시간이 부족하게 됩니다. 따라서 초등학교 때 조금이라도 책을 더 읽히는 것이 좋습니다.

여건이 된다면 가정독서모임을 통해 아이들이 또래 친구들과 지속해서 책을 읽어나가도록 하는 것을 권합니다. 전 중학교 국어교사이자 독서운동가로 활동 중인 백화현 선생님의 책《도란도란 책모임》,《책으로 크는 아이들: 백화현의 가정독서모임 이야기》을 읽으면 도움이 될 것입니다.

EBS를 효과적으로 이용하는 방법은 무엇인가요?

EBS는 유아부터 성인까지 학습에 관한 많은 양의 콘텐츠를 보유하고 있습니다. 무료로 이용 가능한 것부터 유료까지, 매우 다양한 형태로 이루어져 있으니 목적과 상황에 맞게 활용하면 그 어느 사이트보다 유용합니다. 여기, 회원 가입 후 바로 무료로 이용할 수 있는 초등학생을 위한 다양한 콘텐츠들을 공유합니다.

EBS 초등(primary.ebs.co.kr)

초등학생을 위한 사이트입니다. 학년별 교과학습 및 창의체험학습이 가능합니다. 회원가입만 해도 질 좋은 콘텐츠를 많이 접할 수 있습니다.

① 학년별 교과학습

서점에서 〈EBS만점왕〉이라는 학습서를 구매하여 인터넷 강의를 들으면 자연스럽게 예습과 복습을 할 수 있습니다. 물론 학습서를 구매하지 않고, 영상강의를 듣는 것만으로도 도움이 됩니다.

② 창의체험 학습

교과를 보충할 수 있는 내용 및 실험들, 한자, 성교육, 소프트웨어, 과학, 역사 등 다양한 분야의 학습이 가능합니다. 특히 〈스쿨랜드〉라는 프로그램은 초등학생들이 좋아하는 '다나'라는 캐릭터와 함께해 아이들이 좋아합니다. 교과 여행, 유명인의 조언을 들을 수 있는 창의학습 콘텐츠들로 이루어져 있고, 가정에서 다 해줄 수 없는 다양한 분야를 재미있는 캐릭터와 함께 알아볼 수 있어 적극 추천합니다.

③ 추천강좌

- EBS 방학 생활

상대적으로 시간이 여유로운 여름, 겨울방학에 이용할 수 있습니다. 예전에는 텔레비전을 통해서만 볼 수 있었지만, 요즘은 웹 사이트에서 원하는 시간과 장소에서 접속하여 볼 수 있습니다. 교재가 있어 방학 전에 미리 구입하여 같이 활용하면 더욱 알차게 이용할 수 있습니다.

• 초등 글쓰기 책방글방

선생님과 함께 책의 내용을 살펴보고, 다른 친구들이 쓴 글을 보며 글쓰기를 재미있게 공부할 수 있습니다.

• 초등 스토리 한국사

역사의 중요한 사건과 인물들을 이야기를 통해 배우는 재미있는 역사 강좌입니다.

EBS English(www.ebse.co.kr)

유아부터 성인까지 이용 가능한 영어학습 사이트입니다. 학원 부담을 벗어나 엄마표 영어를 할 수 있는 최적의 사이트입니다. EBS 아이디로 모든 관련 사이트 이용이 가능합니다. 이멀젼 입체학습, 교과영어, 초등통합, 듣기 말하기, 읽기 쓰기, 어휘 영문법 등으로 나누어져 있어 분야별 학습도 가능합니다. 요리, 만화, 속담, 동화를 읽고 퀴즈 풀기 등 다양한 형태의 학습 내용을 보유하고 있어 자녀와 함께 살펴보고 흥미 있어 하는 소재를 골라 꾸준히 학습하면 효과를 보실 수 있습니다.

• 저학년을 위한 팁

영어를 처음 시작하는 아이들에게는 파닉스 프로그램 한 가지, 'Bird and Kip' 같은 동화 프로그램 하나를 꾸준히 이용하면 좋습니다. 원어민과 함께하는 방과 후 프로그램도 있습니다.

• 추천 유료 사이트

EBS 초목달(chomokdal.ebslang.co.kr)을 소개합니다. 엄마들 사이에서 입소문이 난 유명한 사이트입니다. 레벨 테스트를 통해 아이 수준에 맞는 재미있는 영어동화를 매일 20분씩 일주일 동안 공부합니다. 이 유료 사이트의 장점은 장학제도가 있어 강의, 과제, 평가를 성실하게 완료하면 수강료의 최대 50퍼센트를 돌려받을 수 있다는 것입니다. 장학금을 받으면 아이에게 적절한 보상을 하기로 약속하면 좋은 동기 유발이 될 것입니다.

학교에서 실시하는 '1인 1악기' 활동을 위해 따로 무엇을 준비하면 좋을까요?

'1인 1악기'는 아동의 음악적 감수성을 함양하고 악기를 통해 성취감을 느끼도록 해주는 등 여러 순기능을 이유로 학급이나 학교에서 특색활동 또는 특성화 활동으로 운영하는 경우가 많습니다. 학급 전체 또는 학년 전체, 때로는 전교생 전체가 하나의 악기를 연습하고 합주하는 종합적인 활동을 통틀어 '1인 1악기'라고 표현합니다.

악기를 처음 접하는 1학년의 경우에는 당황스러울 수 있지만 기초부터 가르치기 때문에 미리 두려움을 느끼거나 부담을 가질 필요는 없습니다. 다만 초반에 기본 운지법이라든지 독보력이 필요한 경우 간단한 음계나 계명에 대한 이해를 가정에서 도와준다면 아이가 좀 더 편안하고 자신감 있게 활동에 참여할 수 있을 것입니다.

하나의 악기를 잘 다루게 된다는 것은 많은 연습 시간을 필요로 하고 연습량에 따라 실력의 개인차가 크기 때문에 사실 학교에서만 연습하는 것으로는 매끄러운 연주를 기대하기 어렵습니다. 다만 1년이라는 시간 동안 꾸준히 잘 따라와 준다면 동요 한두 곡은 거뜬히 연주할 수 있습니다. 기회가 된다면 시간적 여유가 있는 초등학교 시절에 잘 다룰 수 있는 악기 하나쯤 준비해놓는 것이 아이를 위해 좋습니다. 음악을 어려워하는 아이라면 굳이 어려운 악기를 학원에서 배우는 것보다는 수업시간에 기본적인 악보 읽는 법을 익히고 학교에서 지정한 악기로 교과서에 등장하는 노래들을 자신감 있게 연주하는 것만으로도 충분합니다.

교과 과정 속의 1인 1악기

음악 시간에는 악기를 연주해야 하는 경우가 자주 있습니다. 예를 들어 초등학교 4학년 음악교과서(동아출판) 4단원 '음악으로 하나가 되어요'에서 '우리가 만드는 음악회'라는 차시가 있습니다. 친구들과 가창이나 악기 연주 등의 활동을 계획하여 음악회를 꾸리는 수업을 합니다. 이때 악기를 자신감 있게 연주할 수 있으면 아무래도 아이의 자신감이 높아지겠죠. 또한, 표현(가창, 기악), 감상, 생활화 3가지 음악 수행평가 영역 중에 기악이 큰 비중을 차지하므로, 하나의 악기를 정해 꾸준히 연습해나간다면 초등학교뿐 아니라 중고등학교의 음악 수행평가에도 도움이 됩니다.

특색활동이 있는 학교

학교 특색활동으로 '1인 1악기' 중점교육을 하는 곳이 많이 있습니다. 특히 이석문 제주특별자치도 교육감은 "4차 산업혁명 시대에 아이들이 인공지능과 살아가려면 예술적 감수성을 지녀 삶을 즐길 수 있어야 한다."며 "초등학생 시기의 모든 아이가 악기 하나 이상 연주할 수 있는 음악교육을 실현하겠다."는 공약을 내놓기도 했습니다.

오케스트라부를 운영하는 학교도 있습니다. 오케스트라 활동을 희망하는 학생들은 연말 즈음 공지되는 학교 오디션 일정과 악기별 모집인원을 잘 살펴보아야 합니다. 또한, 각 학교에는 밴드부나 난타부, 사물놀이부 등 음악예술 관련 동아리가 운영되고 있습니다. 또래 친구들과 공연을 준비하고 하나의 목표를 위해 합을 맞추어가는 과정은 아이들의 심신발달에 긍정적인 영향을 끼칩니다. 학교에서는 주로 통합교과나 창의적 체험활동 시간에 음악 활동을 합니다. 학급 특색, 학교 특색활동인 경우는 아침활동 시간을 활용하고, 3학년 이후부터는 음악시간을 이용하여 연주하게 됩니다. 교육과정 발표회, 학예회가 있다면 교육과정을 재구성하여 활동할 수도 있고, 쉬는 시간, 점심시간 등 틈새시간을 활용해서도 활동하게 됩니다.

초등학교 때 배우기 좋은 악기

악기 연주 실력은 개인차가 크기 때문에 가정에서 학년별로 다루는 악기의 종류와 아이의 연주 수준을 미리 확인하여 준비해두면 좋습니다.

	배우기 좋은 악기
저학년	리듬악기, 멜로디언, 실로폰, 핸드벨 등
중학년	리코더를 중점적으로
고학년	우크렐레, 오카리나, 하모니카, 기타, 단소, 소금 등

1인 1악기, 꼭 필요한가?

콘서트 전문 피아니스트이자 작가인 제임스 로즈(James

Rhodes)는 《내 생애 한번은 피아노 연주하기(How to play the piano)》라는 저서에서 '왜 피아노를 배워야 할까?'라는 질문에 악기를 배우면 새로운 세상으로 가는 문이 열린다고 이야기합니다. 음악을 '듣는' 행위가 영혼을 위로해준다면, 음악을 '연주하는' 행위는 깨달음을 얻게 해준다고도 합니다.

학교에서 친구들과 함께 연주하는 1인 1악기 시간은 '듣는' 일과 '연주하는' 일을 동시에 일어나도록 합니다. 몇 해 동안 아이들을 지도하면서 처음에는 운지법도 모르던 1학년 학생들이 1년 만에 오카리나로 동요를 연주할 수 있게 된다거나 3, 4학년 학생들이 다소 어려운 영화음악이나 합주를 척척해내며 자신들의 합주에 감동하는 모습을 볼 수 있었습니다. 물론 1년 동안 성실히 행하지 않는 학생도 있었지만 연주를 듣는 것만으로도, 연주를 맞추어 가려고 노력한 것만으로도 의미 있는 시간이라고 할 수 있습니다.

가요를 먼저 접하기 쉬운 환경에서 악기 연주는 동요, 클래식, 영화음악 같은 다양한 분야의 음악에도 관심을 가지는 기회가 될 수 있으며, 이런 음악 활동은 정서를 순화하는 데 도움이 됩니다. 스마트폰, 컴퓨터의 대중화로 악기 소리보다는 전자음에 익숙한 우리 아이들에게 1인 1악기 활동은 곱고 맑은소리의 음악을 라이브로 접하는 소중한 시간이기 때문입니다. 또한, 1인 1악기는 손과 뇌의 발달에도 중요한 역할을 하며 자기조절력을 향상시킬 좋은 기회가 됩니다. 소리를 듣고 악보를 읽고 연주하는 일련의 과정을 통해 아름다운 소리를 만들어내면서 집중력이 향상되기도 합니다.

악기를 연주할 때는 양손을 모두 사용하는 일이 많습니다. 이때 뇌의 뉴런이 활성화되어 좌뇌와 우뇌가 균형적으로 발달하게 된다는 원리는 익히 들어 알 것입니다. 악기 하나를 잘 다루게 되는 것은 쉬운 일이 아닙니다. 따라서 도전의식을 가지고 자신의 한계를 극복해가는 과정은 성취감을 안겨줍니다. 나아가 새로운 취미를 만들어주는 1인 1악기 활동이 음악을 통해 새로운 세상으로 안내해주는 좋은 매개체로 잘 활용되도록 도와주세요.

1인 1악기의 위기를 잘 극복하려면

음악이 삶에 어떤 영향을 주는지 생각해보면 답이 나옵니다. 새로운 악기를 배워야 한다는 부담감을 떨치고 학급단위 이상에서 함께 하는 활동이니 어느 정도 보조를 맞출 수 있도록 적극적으로 도와주는 것이 아이의 자존감 형성에도 도움이 될 것입니다. 악기에 대한 감이나 소질이 있어 학교에서 하는 것만으로도 잘 연주한다면 더없이 좋겠지만, 그렇지 못하다면 부모가 아이에게 운지법이나 연주곡 등 배운 내용을 물어보고 가정에서 복습하는 시간을 가지는 것이 좋습니다. 요즘은 유튜브 채널에서 연주 동영상을 많이 볼 수 있으므로 도움을 받을 수 있습니다.

대부분 가락악기는 '기본 운지법→도레미→도레미파솔→1옥타브 도에서 도까지 오르내리기' 등의 순서로 익히면서 '비행기', '나비야' 등의 간단한 음계로 된 동요부터 익히게 됩니다. 운지가 너무 힘들거나 악기에 스트레스를 받는 아이라면 기대 수준을 아주 낮추고 1인 1악기의 좋은 점을 찾아 칭찬해주고 포기하지 않도록 도와주세요. 발전된 모습을 동영상으로 촬영한 후 비교해서 보여주는 것도 도움이 됩니다.

불어서 소리 내는 관악기의 경우 대부분 입으로 취구를 제대로 막지 못하거나 호흡이 짧거나 너무 강하거나 너무 약하면 제대로 된 소리가 나지 않습니다. 호흡법부터 체크해보는 것이 좋습니다. 정확한 리듬에 따라 소리 내야 하는 타악기의 경우에는 주법을 점검한 뒤 '딴~딴 따안 딴', '감 감 사과 파인애플' 등 박자의 길이에 따라 이름을 바꾸어 입으로 충분히 연습합니다. 그 후에 손뼉치기나 발 구르기 같이 신체를 이용한 리듬연습을 해주는 것도 많은 도움이 됩니다.

맞벌이나 한 부모인 경우, 하교 후 시간을 어떻게 보내는 게 좋을까요?

일하는 엄마에게 출근해서 자리에 앉자마자 울리는 벨소리, 퇴근 시간 전에 울리는 진동만큼 불안한 것이 없습니다. 혹시 아이한테 무슨 일이 생긴 건 아닌지 걱정되고 갑자기 반차를 쓰자니 상사와 동료들 눈치가 보이고, 지난번엔 내가 썼으니 이번에는 당신이 쓰라고 배우자에게 말하는 것도 부담입니다.

요즘은 하교 후에 놀이터나 학교 운동장에서 노는 아이들이 흔치 않습니다. 가끔 혼자 놀거나 삼삼오오 모여서 노는 아이들을 보면 반갑기도 하고 안쓰럽기도 합니다. 다른 아이들은 다 뭔가를 하는데 저 아이는 왜 저러고 있을까 싶고, 때로는 그런 아이들을 '가정에서 관리가 안 되는 아이'라고 색안경을 끼고 보는 사람들도 있습니다. 그렇다고 학교를 마치고 여러 학원으로 돌리자니 아이에게 미안하고 못할 짓 하는 것 같습니다. 뭔가를 가르치고 배우는 것이 오히려 비교육적인 것처럼 보이기도 합니다. 아이 키우기 참 어려운 세상입니다. 이 글을 읽는 부모들은 스스로 토닥토닥 해주세요.

어쨌든, 하교 후에 잠깐 아이를 봐줄 수 있는 조부모나 가족이 없다면 고정적인 일정이 필요합니다. 크게 저학년(1, 2학년), 중학년(3, 4학년), 고학년(5, 6학년)으로 나누어 알아보겠습니다.

저학년(1, 2학년)의 방과 후

저학년은 우선 돌봄교실이 있습니다. 많은 경우 입학통지서를 제출할 때 돌봄교실 가정통신문과 신청서 양식을 배부합니다. 돌봄교실에 대한 정보가 전혀 없더라도 우선 돌봄교실을 신청하는 것이 좋습니다. 무료니까요! 직접 돌봄교실 방문이 가능하다면 돌봄 전담사 선생님을 꼭 만나보세요. 간단한 질의응답만으로도 우리 아이에게 어떻게 하실지 느낄 수 있습니다.

돌봄 전담사 선생님은 학급 담임교사처럼 자신의 돌봄교실 학급을 맡아 활동을 진행합니다. 기본적으로 아이의 학급 숙제도 봐주고 간단한 프로그램도 일부 진행합니다. 간식비는 수익자부담이며 간식 시간에 일괄적으로 제공합니다. 2018년 9월부터는 과일도 주 1~3회 무상으로 제공합니다.

하교 후 돌봄교실에 갔다가 학교에서 운영하는 방과후 학교 수업을 하고 다시 돌봄교실로 가는 것은 가능합니다. 하지만 교문을 나가 학원에 갔다가 돌봄교실로 돌아가는 것은 불가능합니다. 그러니 최대한 하교 후에 방과후 학교 프로그램을 이용해서 다양한 체험을 할 수 있도록 하고, 돌봄교실에 가서 간식 먹고 숙제를 하거나 책을 보면서 쉴 수 있도록 해주는 것이 좋습니다.

저녁식사를 하고 더 늦게까지 있을 수도 있지만 석식까지 먹고 늦게까지 있는 경우는 많지 않습니다. 만약 6시 이후에야 아이를 데리고 갈 수 있다면 5시 반까지 돌봄교실에 있다가 아이를 차량 등으로 데려갈 수 있는 학원에 맡기는 방법을 권장합니다. 주 2, 3회로 두 가지 정도의 학원이 적당합니다.

중학년(3, 4학년)의 방과 후

중학년은 2018년 현재로는 돌봄교실 대상이 아닙니다. 중학년은 기본적으로 방과후 학교와 도서관 활용을 권장합니다. 오랜 시간 학교에 머무르는 것이 좀 안쓰럽지만 방과후 학교 프로그램이 다양하다면 그래도 양질의 체험을 할 수 있다는 장점이 있으므로 초등학교 중학년까지는 적극적으로 권장하는 편입니다. 3월 초에 배부되는 방과후 학교 가정통신문을 보고 아이와 상의해서 월요일부터 금요일까지의 시간표를 짜보세요. 매일 2시간 정도의 프로그램을 수강한다면 주지과목 한두 개, 예체능 및 기타 두세 개 정도가 좋습니다. 프로그램의 성격이 비슷해서 가정통신문만 보고는 잘 모르겠다면, 다른 학부모들에게 물어보거나 평소 학생이 많은 프로그램을 선택하세요. 아이들이 많이 수강하는 수업에는 그럴 만한 이유가 있기 때문입니다. 여기에 학교 도서관이 대개 4시 반까지 운영되니 병행해서 아이의 시간표를 짜주면 좋습니다. 도서관에서 책도 보고 학교 숙제도 할 수 있도록 하면 더욱 좋고요. 역시 이후의 시간에는 학교에서 가까운 곳에 위치했거나 차량으로 데려가는 학원에 맡기는 방법을 권장합니다.

고학년(5, 6학년)의 방과 후

'고학년이라면 스스로 할 수 있겠지'라고 생각하지만, 방심은 금물입니다. 시간이 많이 남는 고학년은 대단히 위험합니다. 크게 친구문제, 학업문제 두 가지로 나눌 수 있습니다.

우선 친구문제가 있을 수 있습니다. 6교시 마친 후부터 부모를 만나는 6시 반까지 4시간을 정말 할 일 없이 여기저기 기웃거리는 아이들이 있습니다. 한두 시간 학교 이곳저곳에서 친구들과 스마트폰을 하거나 수다를 떨다가 친구의 학원 시간에 맞춰 교문을 나섭니다. 그러고는 가는 길에 있는 편의점에 들르고, 놀이터에 들러서 친구와 시간을 보냅니다. 그러다 보면 자연스럽게 친구집에 놀러 가기도 하고, 친구를 자기 집으로 데려오기도 합니다. 이런저런 말을 하다 보면 그 자리에 없는 친구에 관한 이야기도 나오고, 종종 소문이 돌고 돌아 학교폭력 등에 휘말리기도 합니다.

다음은 학업문제입니다. 이 시기에 독서력과 수학 실력을 튼튼하게 잡아주지 못하면 중학교에 가서 무척 고생합니다. 현재와 같이 중2, 중3 때의 성적으로 고등학교에 진학하는 시스템에서는 초등학교 고학년 시기의 학습부진은 이후의 진로에까지 영향을 끼치는 중요한 문제입니다. 자기주도성이 강한 아이라면 학교 도서관 비중을 높이고, 그렇지 않다면 아이의 흥미나 부족한 교과목을 고려하여 방과후 학교나 학원 일정을 짜는 것이 좋습니다.

사교육비 매달 얼마씩 들어가나요?

사교육비는 가정마다 0원에서 수백만 원까지 천차만별입니다. 사교육비는 부모의 경제력과 아이의 재능(꿈)에 따라 결정된다고 할 수 있습니다. 보통 부모들은 초등 자녀를 위해 사교육비를 얼마나 쓰게 될까요? 한 달을 기준으로 짚어볼게요.

피아노와 태권도 외 예체능

엄마들의 고민은 피아노와 태권도에서 시작합니다. 남아, 여아에 따라서 피아노나 태권도를 유치원이나 초등학교 입학 전후로 시작하는 경우가 많습니다. 피아노나 태권도 학원에 다니기 시작하면 보통 2~6년 정도 장기적으로 학원에 다니는 경우가 많습니다. 보통 체르니 몇 번까지 치거나 원하는 품띠를 받는 걸 목표로 하는 경우가 많고, 사는 지역에 따라 11~17만 원 정도 가격대가 형성되어 있습니다.

또, 자녀의 재능과 흥미에 따라 수영, 미술, 인라인, 바이올린, 바둑, 축구, 발레 등 다양한 사교육을 접하게 되면 무엇을 우선순위로 가르쳐야 할지 고민에 빠지게 됩니다. 수영은 구민회관이나 체육센터를 이용하면 4~9만 원 정도 드는 편이지만, 교사 한 명당 학생 4명 이내로 하는 어린이맞춤형 수영장에 다닐 경우 25만 원 정도 들기 때문에 부담스러운 편입니다. 바이올린이나 발레, 미술 등 예체능은 개인레슨이냐, 학원에서 단체로 배우느냐에 따라서 가격이 천차만별입니다.

엄마표 영어 VS 영어 학원

초등 엄마들에게 최대 고민거리는 '엄마표 영어를 해볼 것인가, 영어 학원에 보낼 것인가'입니다. 엄마표 영어를 할 경우 근처 도서관에서 영어책과 DVD를 대여하면 비용을 아낄 수 있습니다. 하지만 보통 아이들이 읽을 영어 원서 값이 학원비 못지않게 들게 되고, 아무리 아이와 관계가 돈독하더라도 엄마가 하루 1~3시간 고정적으로 아이가 공부하도록 이끄는 것은 쉽지 않습니다. 영어 학원을 보내는 경우에는 동네학원은 20만 원대, 대형학원은 30만 원대 이상입니다. 실제로 일반 영어 학원을 보내게 되면 고정적인 학원비 25~30만 원 정도에 온라인 학습비 5~6만 원, 교재비는 3개월 치를 한꺼번에 결재하는 방식이라 평균 30~40만 원 정도 들게 됩니다.

문제집과 수학 학원

고학년으로 갈수록 엄마들의 새로운 고민이 추가되는 부분이 바로 수학 학원입니다. 4, 5, 6학년으로 갈수록 수학이 어려워지고, 다른 아이들은 선행학습을 한다더라 하는 이야기에 마음이 심란해지기 쉽습니다. 우선 현재 학년의 수학을 잘 풀도록 '아이가 괜찮게 풀 수 있는 수준+1'(약간의 도전감을 주면서도 성취감을 느낄 수 있는) 문제집을 자기주도적으로 푸는 습관을 기르는 것이 먼저입니다. 그 후에 주 2~5회 공부방이나 수학 학원에 보내서 아이가 취약한 부분을 보충하고, 자녀의 능력에 부담되지 않는 선에서 선행학습을 하는 것이 좋습니다.

수학 학원은 현재 학기의 문제집을 풀고 틀리는 부분을 도와주는 형식, 6개월이나 1년 선행+현재 학기 시험 준비 스타일로 나뉠 수 있고, 20~40만 원 등 역시 다양한 가격이 형성되어 있습니다.

적당한 사교육과 가지치기의 중요성

식물을 재배해보면 자식농사와 참 닮은 점이 많다는 생각이 듭니다. 거름을 직접 주면 독이 되기 때문에 거름이 삭을 때까지 기다렸다가 모종을 심습니다. 거름을 많이 주면 썩게 되는 것처럼 사교육이 지나치면 아이(식물)를 말라버리게 할 수 있으니 사교육(거름)을 적당한 시기에 거리를 두고 주어야 합니다.

또한, 식물이 자라다 보면 곁순이 계속 자라나게 되는데, 곁순을 방치하면 식물이 위로 자라지 않으니 곁순을 따거나 가지치기가 꼭 필요합니다. 사교육의 개수가 너무 많으면 아이가 어느 것 하나에도 집중하지 못합니다. 다양한 기회를 주는 것은 좋지만 아이에게 꼭 필요한 것 몇 가지에 집중할 수 있도록 가지치기하는 결단력이 필요합니다. 고학년으로 갈수록 아이의 관심과 재능에 맞는 사교육만 남겨서 선택과 집중의 시간을 가지도록 이끌어주세요.

중심을 잡아야 하는데 그 기준은 무엇일까요?

학원을 1~3개만 다녀도 합쳐보면 금액이 상당해서 맞벌이 부모라도 허리가 휘청할 수 있습니다. 사교육비가 부담된다면 교과별로 부모가 직접 도움을 줄 수 있는 방법이 있습니다. 주말에 도서관에서 좋은 책을 골라 읽어주고, 부모가 같이 책을 읽는 모습을 보여주세요. 영어는 유튜브를 통해 영어 영상물을 많이 틀어주세요. 차에서 이동할 때 구구단을 주고받고 24의 약수를 찾아보는 퀴즈를 내세요. 공부를 잘하는 비결은 비싼 사교육에 있는 것이 아니라 하루하루의 습관과 아이 자신에게 있다는 것을 잊지 않으면 과도한 사교육 경쟁에 흔들리지 않을 수 있습니다.

수없이 많은 사교육이 손짓하지만 정작 생각해봐야 할 것은 '자녀'가 먼저라는 것입니다. 자녀가 무엇을 원하는지 알아보세요. 그 시작은 애정 어린 관찰입니다. 자녀가 가장 즐거워하는 일을 하게 해주고, 그 자신만의 재능을 찾아주는 것이 최고의 私(사)교육입니다.

한국사 공부, 어느 정도 시켜야 할까요?

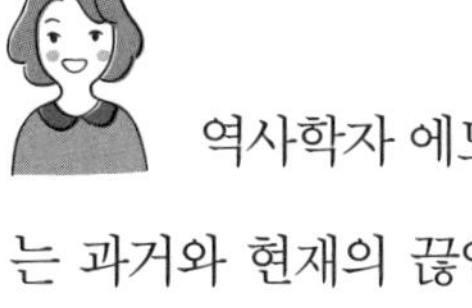

역사학자 에드워드 핼릿 카(Edward Hallett Carr)는 '역사는 과거와 현재의 끊임없는 대화'라고 했습니다. 역사를 바로 아는 것은 현재를 살아가는 지혜를 주고 미래를 대비할 힘을 길러준다는 말이겠지요. 대학수학능력시험에서 한국사가 필수과목으로 지정되어 한국사 교육의 중요성이 날로 높아지고 있습니다. 초등학생인 우리 아이, 한국사 공부는 어떻게 준비하면 좋을까요?

한국사 공부 방법

초등학교 한국사 공부는 독서로 시작하는 것을 추천합니다. 본격적인 한국사 수업은 5학년 2학기부터 시작되지만, 저학년부터 독서를 통해 역사에 재미를 느끼고 관심을 가지게 하는 것이 한국사 공부에 쉽게 발을 들여놓는 방법입니다. 아이들은 위인전을 읽고 역사적 인물을 롤모델 삼아 자신의 꿈을 키워가기도 합니다. 아이들이 좋아하는 역사책은 주로 만화나 그림 위주인 것이 많지만, 전체적인 흐름을 이해하기 위해 어떤 종류든 일단 많이 읽는 방법을 권합니다. 초등학생을 위해 쉽게 쓰인 한국사 책들이 시중이 많이 나와 있으므로 아이와 함께 서점에 가서 골라 보세요. EBS에서 무료로 제공하고 있는 초등학생 대상의 한국사 프로그램을 적극 활용하는 것도 도움이 될 것입니다.

또 다른 방법은 체험을 통해 역사를 배우는 것입니다. 박물관, 궁궐, 사적지, 역사캠프 등 주말을 활용하여 아이와 함께 역사의 현장을 방문해보는 것은 어떨까요? 평소에 독서로 역사 지식이 쌓여 있는 아이라면, 아는 만큼 보이는 기쁨도 느끼게 될 것입니다. 부모와 함께하는 체험은 소중한 추억이 될 뿐만 아니라, 본인의 시선으로 역사를 이해할 수 있는 시간이 되기도 합니다. 체험 전에 부모와 함께 그 장소에 대한 자료를 찾아보고 공부해보면 더 좋겠지요?

한국사능력검정시험 준비

현재 교육과정에서는 5학년 2학기부터 6학년 1학기까지의 사회 과목에서 한국사만 다루고 있습니다. 5학년 2학기에는 선사시대부터 조선 초기, 6학년 1학기에는 조선 후기부터 대한민국 근현대사까지 시대별 생활, 문화, 경제 등을 순차적으로 배우게 됩니다. 역사에 관심 있는 아이라면 무조건, 관심이 없는 아이라도 경험 삼아서 5학년 말이나 6학년 때에 한국사능력검정시험에 응시해보는 것이 좋습니다. 배운 내용을 점검하고 시대의 흐름을 한 번 정리한다는 기능뿐 아니라, 시험을 준비하며 목표의식이 생기고 자기만족의 기회도 될 수 있습니다.

한국사검정능력시험은 국사편찬위원회 주관으로 1년에 4회, 초급, 중급, 고급으로 급수가 나뉘어 치러집니다. 초급은 한국사 입문과정으로, 한국사에 대한 흥미와 관심을 가지고 있으면 누구나 이해할 수 있는 기초적인 역사 상식을 평가하고 있습니다. 초등학생은 초급에 응시하는 것만으로 충분하고, 역사에 관심과 열정이 있다면 중급 이상에 도전해보는 것도 좋습니다. 한국사검정능력시험 홈페이지에 기출문제가 탑재되어 있으므로 아이의 실력에 맞는 시험을 준비해보세요.

한자 공부, 필수인가요?

국어, 수학, 영어, 예체능도 벅찬데 한자까지 공부해야 한다니 현실적으로 시간이 많이 부족합니다. 그렇다고 아예 하지 않으려니 찝찝한 마음이 드는 게 사실입니다. 이런 한자 공부, 꼭 해야 할까요?

아이를 한국에서 쭉 공부시킬 예정이라면 한자 공부는 필수라고 감히 말해봅니다. 국어 대부분이 한자어라는 것은 부인할 수 없는 사실입니다. 학문을 연구하거나 논리적이고 수준 있는 글을 쓰려면 한자어는 필수라고 할 수 있습니다. 초등교과에서는 국어, 수학, 사회, 과학 등 주지 교과에 한자어가 많이 등장합니다. 5학년 교과서를 슬쩍 보아도 '견문, 문장 성분의 호응, 자연수, 소수,

분수, 양성평등, 봉기, 쇠퇴, 광합성, 소화기관, 순환기관' 등 중요한 의미를 가진 대부분의 단어들은 한자로 이루어져 있습니다. 한자를 알고 있다면 그 의미를 분명히 알 수 있고 사용할 수 있습니다. (실제 국어나 사회 교과 수업시간에 내용보다는 단어를 설명하는 데 더 많은 시간을 소비하기도 합니다.) 한자는 표의문자이기 때문에 습득하는 데 매우 오랜 시간과 노력이 듭니다. 따라서 그나마 여유시간이 많은 초등학교 때 공부해두면 중고등학교 교과 공부 시 좀 더 수월할 수 있습니다.

저학년의 한자 공부에는 학습지가 유용합니다. 하지만 이렇게 열심히 기초를 쌓다가 과제량이 많아지는 고학년으로 들어갈 때 한자 공부를 놓아버리고는 열심히 외운 한자들을 잊어버리게 되는 경우가 많습니다. 한자를 매우 좋아하거나 흥미 있어 하는 경우라면 저학년 때부터 기탄한자 같은 학습지를 이용하는 것도 괜찮습니다. 한자에 관심이 없다면 4학년 이후에 한자를 익히는 것이 더 효율적입니다. 고학년이 되면 국어, 사회, 과학 등 모든 분야 교과서에서 겉은 한글이나 안은 한자인 개념어휘, 뜻단어들이 계속 나오기 때문입니다.

중고등학교로 갈수록 어휘력이 중요한데, 그 뿌리가 되는 힘이 한자에서 나옵니다. 한자를 익힌 후에 어떻게 쓰는지 잊어버려도 뜻과 음이 익숙해진 것만으로도 한국어의 감을 갖게 됩니다. 사실

한자 공부는 한자를 익히기 위해서라기보다, 한국어를 위한 감각적인 가능성을 높이려고 하는 것입니다. 즉 국어영역에 감(感)을 갖기 위한 것입니다. 한자는 그림문자라 하나씩 외우면 모래알처럼 흩어져버리고 잊히기 쉬워서 연관된 주제별로 익히고 비슷한 모양끼리 통째로 익히는 것이 좋습니다. 카테고리별로 외워야 오래 기억할 수 있고, 점 하나 차이로 뜻과 음이 달라지므로 모양별로 익혀야 헷갈리지 않습니다.

시중의 교재나 학습지를 이용하지 않고 한자를 익히는 방법으로는 한자능력시험을 주기적으로 보는 방법이 있습니다. 한자실력을 검증하는 시험으로는 한국어문회에서 주최하는 한자능력시험이 유명합니다. 해당 사이트에서 급수별 한자 및 기출문제를 다운로드받아 연습해서 7급 정도부터 꾸준히 시험을 보면 좋습니다. 이때 자녀에게 시험에 합격하면 보상을 주겠다고 약속하여 동기유발을 해주세요. 그리고 꾸준히 하지 않으면 잊히기 마련이니 방학마다 복습을 해주는 것이 좋습니다.

한자는 당장 결과가 나오는 산출물은 없어도 자녀의 어휘력에 감을 길러준다는 차원에서 꾸준히 해두면 모든 과목에 도움이 됩니다. 그뿐만 아니라 한자문화권에 있는 중국어, 일본어를 익히는 데도 도움이 됩니다. 한자를 익혀두면 자녀가 배우는 모든 과목의 밑거름이 될 것입니다.

생존수영 수업에 대비한 수영레슨이 필요한가요?

아이들이 희생된 큰 사건 이후로 생존수영이 학교교육에 도입되었습니다. 생존수영은 현재 초등학교 3~6학년 학생을 대상으로 이루어지며, 3학년을 중심 대상으로 학교별로 실시하고 있습니다. 이 시간은 긴급 상황에서 안전하게 대처하는 능력을 키우기 위한 필수적이고 기초적인 기술을 익히는 시간입니다. 기본적으로 물에 대한 공포를 없애고, 물과 친해지도록 하는 1, 2차시 수업이 이뤄집니다. 그 이후 킥판(페트병, 과자봉지, 옷)을 잡고 뜨는 방법, 목표 지점을 향해 조금이라도 움직이는 방법 등을 익힙니다. 또, 구명조끼의 구조와 착용 방법, 구조신호를 보내는 방법 등을 익히고 실제처럼 연습해보면서 위기대응능력을 기릅니다.

이때 수영을 배운 아이들은 좀 더 기민하게 행동하며 자신을 보호하고 주변 친구들을 도와주는 멋진 모습을 보여줍니다. 수영 교육은 체육 및 창의적 체험활동으로 편성하여 운영하며, 총 10시간 이상 이수하도록 하고 있습니다. 기본적으로 생존수영 수업은 흔히 생각하는 자유형, 배영과 같은 영법을 배우는 것이 아니므로 미리 수영 레슨을 받을 필요는 없습니다.

생존수영 수업은 어떤 식으로 진행되나요?

생존수영은 물에 적응하기부터 물에 빠진 위기 상황에서 자신을 보호하도록 지키는 방법까지 단계별로 지도하고 있습니다.

① 물에 적응하기: 물과 친해지기 위한 단계로 물 적시기, 입수 방법 익히기, 물에서 걷고 뛰기, 물속에서 호흡 오래 참기 등.
② 호흡하기: 물속에서의 호흡 방법을 익히기 위한 활동으로, 물속에서 코로 공기 내뿜기, 벽 잡고 호흡하기 등.
③ 생존 뜨기: 물에서 다양한 뜨기 방법을 익히기 위한 활동으로, 기구 생존 뜨기와 맨몸 생존 뜨기 등.
④ 잠수하기: 수영장 바닥 짚고 오기, 물속에서 돌기 등.
⑤ 체온 유지하기: 물속에서 체온을 유지하는 다양한 방법을 익

히기 위한 활동으로, 구명조끼 착용법, 개인 및 단체로 체온 유지하는 방법 익히기 등.

⑥ 이동하기: 물속에서 이동하는 방법을 익히기 위한 활동으로, 구명조끼 입고 이동하기, 물속 장애물 통과하기 등.

만약 선천적으로 물에 대한 공포가 있거나 당일 건강 문제로 물속 수업이 어렵거나 하는 특이한 사항이 있다면 담임선생님께 반드시 전달하는 것이 좋습니다. 생존수영은 필수 이수 과정으로 지정되어 있으므로 이 경우 물에 들어가지 않더라도 수영 교육을 참관하는 방식으로 수업을 이수하게 됩니다.

수영수업과 관련하여 가정에서 해야 할 일은?

수영 수업 후에 담임교사와 도우미 한두 사람이 한 반 전체 아이들을 관리하므로 수영복 입고 벗기, 씻고 수영복 챙기기, 머리 말리기 등을 아이가 스스로 할 수 있도록 가정에서 미리 교육해 주세요.

아이와 함께하는 첫 해외여행, 어디로 가는 게 좋을까요?

요즘 방학 계획을 들어보면 해외여행을 간다는 학생들의 이야기를 종종 듣습니다. 가족들과 가까운 일본, 동남아시아를 넘어 유럽이나 미국까지 가는 학생들도 있어요. 가까운 동물원이나 놀이공원만 가도 신났던 우리 세대의 방학을 생각하면, 요즘 아이들이 부럽기도 하고 부모들이 참 대단하다는 생각이 듭니다. 굳이 가고 싶지 않아도 주위에서 다들 비행기를 탄다니 우리 가족도 한번 나가봐야 하지 않을까 하는 생각도 들고요. 큰마음 먹고 떠나는 우리 가족의 첫 해외여행, 주제별로 추천해보겠습니다.

아이들을 위한 체험을 원한다면 '홍콩과 싱가포르'

인천에서 홍콩까지는 대략 4시간이 걸리며, 저가항공도 있어 선택의 폭이 넓습니다. 홍콩 과학관과 우주박물관에는 아이들이 직접 체험해볼 수 있는 공간이 많습니다. 세계에서 가장 작은 디즈니랜드에도 볼거리가 많지요. 디즈니 애니메이션의 테마별 놀이공원과 시간별 퍼레이드, 3D영화, 공연은 말할 것도 없고, 폐장 시간의 불꽃놀이는 동화 속 장면처럼 멋있어요. 홍콩 오션파크 역시 물놀이는 물론이고 거대한 수족관과 놀이기구와 다양한 쇼를 즐길 수 있는 인기 테마파크입니다. 홍콩의 명물인 빅버스 투어도 추천합니다. 버스 2층에서 한국어 안내를 들으며 홍콩 곳곳의 명소를 돌아보는 것도 즐거운 경험이지요.

싱가포르는 인천에서 6시간이 조금 넘게 걸립니다. 작지만 깨끗하고 치안이 좋아서 첫 해외 여행지로 좋습니다. 싱가포르 랜드마크인 마리나베이샌즈 호텔 앞에서 매일 저녁 분수쇼와 레이저쇼를 감상할 수 있습니다. 근처 가든바이더베이에서 하는 슈퍼트리쇼 역시 필수코스라고 할 만큼 장관입니다. 음악에 맞춰 바뀌는 나무의 불빛들이 정말 아름답거든요. 싱가포르 동물원과 주롱새 공원은 아이들과 하루를 알차게 보낼 수 있는 대표 관광지입니다.

싱가포르 본섬에서 조금 떨어진 센토사 섬에는 유니버설 스튜디오와 키자니아가 있고, 스카이라인 루지와 같은 활동적인 체험을 할 수 있어 좋습니다. 팔라완, 실로소, 탄종 비치를 여유롭게 거닐어 보는 것도 좋고요.

관광과 휴양을 원한다면 '태국'

아이들의 놀이도 좋지만, 부모의 휴양과 관광도 놓칠 수 없다면 태국을 추천합니다. 특히 방콕은 게스트 하우스부터 수영장이 있는 고급 호텔까지 숙박시설이 다양하고, 물가도 다른 동남아에 비해 저렴한 편이라 1년 내내 여행자가 끊이지 않는 곳입니다. 오전에는 왕궁과 사원을 돌아보고, 수산시장과 야시장 관광 후 마사지를 받는 것이 방콕 여행의 정석이라고 할 수 있지요. 팟타이나 솜땀 같은 우리 입맛에도 맞는 태국 음식과 다양한 열대 과일을 맛볼 수 있습니다. 치앙마이나 파타야, 후아인과 같은 휴양지에서 마음껏 물놀이를 하고 쉴 수 있다는 것도 태국 여행의 큰 매력입니다.

초등 고학년을 위한 여행, '유럽'

첫 해외여행으로 유럽은 부담스럽지 않을까 생각할 수도 있지만, 아이만 따라준다면 충분히 가볼 만합니다. 10시간 넘는 비행 시간과 최소 일주일 정도가 필요한 여행 기간이 부담이긴 하지만요. 유럽은 다른 여행지에 비해 준비가 많이 필요한 곳입니다. 아는 만큼 보이고 배울 수 있는 곳이 유럽이지요. 미리 아이와 지도를 보고 여행할 나라와 도시를 정하고 공부해보는 것이 좋아요.

도저히 준비할 여유가 안 되면 여행사 상품도 추천합니다. 아이 동반 가족을 위한 투어프로그램을 이용하면 짧은 기간에 효율적으로 여행할 수 있습니다. 여러 나라를 돌아다니는 것도 흥미로운 경험이겠지만, 첫 여행이라면 무리하지 말고 한두 나라나 한두 도시를 다니는 것이 좋습니다. 아이를 데리고 숙소를 옮기는 것만으로 반나절 이상이 걸리기 때문입니다.

영국 런던과 프랑스 파리는 세계적인 미술관과 박물관을 돌아볼 수 있어 좋고, 이탈리아 로마는 도시 전체가 유적지라 돌아다니는 것만으로 역사 공부가 됩니다. 유명 관광지는 꼭 가이드 투어를 해보기를 추천합니다. 현지 가이드의 전문적인 설명이 여행을 더욱 풍부하게 해주거든요. 박물관이나 미술관에는 무료 체험도 많으니 홈페이지에서 미리 확인해보세요. 유럽 여행은 준비도 많이 해야 하고 여행도 힘들지만, 경험의 폭이 넓어지는 것을 확실히 느낄 수 있습니다.

영어 캠프, 해외 한 달 살기가 아이에게 도움이 될까요?

우리가 학교에 다닐 때와는 달리 지금 학교에는 '가정체험학습'이라는 제도가 있습니다. 부모의 계획에 따른 장소에서 학습을 진행하겠다는 의도입니다. 이 제도를 이용하여 해외에서 진행하는 영어 캠프에 참여하거나 외국에서 한 달 살기를 하는 등 영어를 체험하는 시간을 많이 가지는 추세입니다. 짧다면 짧고 길다면 긴 3주~1달 정도의 캠프나 해외 체험이 아이에게 도움이 될까요? 영어 캠프와 해외 한 달 살기의 목적을 어디에 두느냐에 따라 아이에게 도움이 되느냐, 되지 않느냐를 가를 수 있습니다.

우선, 체험활동의 목적을 어학능력 습득에 둔다면 영어 캠프 비용을 고려했을 때 목적 달성의 정도는 낮습니다. 국내에서 진행되는 모 영어 캠프는 3주 동안 300만 원 정도입니다. 숙박비, 식비, 교재비, 강사비를 고려했을 때 큰 금액은 아니라고 생각할 수 있지만, 평균 월 학원비를 생각한다면 1년간의 총금액과 비슷합니다. 주5일 영어 학원에 다니는 경우 학원비는 40~50만 원입니다. 1년 동안 500만 원 정도의 금액으로 매일 영어를 접하며 학생을 잘 알고 있는 학원선생님의 코칭을 따라갈 수 있습니다. 그런데 3~4주의 영어 캠프에 300만 원+@를 지불하면서 얻을 수 있는 어학능력은 그에 미치지 못하는 것이 사실입니다.

해외에서 진행되는 영어 캠프는 영어를 주언어로 쓰는 필리핀 외 태국, 말레이시아 등 동남아시아 국가에서 진행되는 경우와 영어를 모국어로 쓰는 영국, 미국, 호주, 뉴질랜드, 캐나다에서 진행되는 경우로 나눌 수 있습니다. 상대적으로 비용이 저렴한 동남아시아 국가에서 진행되는 영어 캠프의 경우에도 국내에서 진행되는 영어 캠프 금액에 항공비를 더하게 되므로 적은 금액이 아닌데다가, 영어권 국가의 경우에는 동남아시아 국가에 비해 항공비가 더 비싸고, 인건비도 높으므로 캠프 비용은 더 커집니다.

듣기, 쓰기, 말하기, 읽기 등 각 영역의 능력을 평가해서 팀을 나누는 선행선발 과정을 거치기는 하지만, 대부분 전국구 단위로 진행되다 보니 교육과정에 따라 개인의 성향(낯선 사람들이 모여 토론 수업을 진행하는 경우 적극적인 성향의 아이가 상대적으로 내향적인 성향의 아이보다 두드러질 수 있습니다.)이 교육 과정에 영향을 미치기도 합니다. 외국에서 지낸 시간이 길거나 영어전문 유치원을 수료한 아이도 다수일 수 있으나, 아무래도 영어실력 향상을 목표로 하는 아이들과도 같은 그룹이 될 수 있습니다. 그러면 아이의 실력에 따라서는 평균 그룹에 맞춘 수업이 오히려 현재의 영어 실력을 끌어내리는 결과를 낳기도 합니다.

영어 캠프와 해외 한 달 살기의 목적을 영어에 대한 두려움을 없애고 영어로 의사소통해보는 데 두는 경우도 많습니다. 그러나 아직 어린 아이에게 낯선 곳에서 비싼 기회비용을 지불하면서까지 시간을 들일 필요는 없습니다. 국내 학원시스템에서도 영어로 진행하는 수업을 어렵지 않게 찾을 수 있으며, 아이의 읽기 실력에 맞춰 책을 권해주고 오디오를 흘려들을 수 있도록 도와주는 영어도서관 시스템이 오히려 효과적이라 할 수 있습니다.

해외 영어 캠프에 갔다가 그 나라의 자연친화적인 교육제도가 아이의 성향에 너무 잘 맞아서 기간을 연장하는 경우를 본 적이 있습니다. 이렇게 가정에서 뒷받침할 경제적 여건이 되고 이 경험이 아이의 진로에 적합하게 맞아떨어지는 사례도 있습니다. 하지만 영어는 단기간에 쌓을 수 있는 지식체계가 아니며, 소위 영어를 잘한다고 하는 (영어로 의사소통을 자유자재로 할 수 있는) 사람도 끊임없이 공부해야 하는 '살아 있는 언어'입니다. 영어 캠프나 해외 한 달 살기를 통해 잠시 영어에 자신감이 생기고 영어로 의사소통할 수는 있으나, 이후 비슷한 영어 환경을 만들어주지 않으면 실력은 급격히 하락합니다. 다만 해외 한 달 살기의 목적을 가족이 함께 시간을 보내며 현재 교육과정에서는 얻을 수 없는 외국의 생활방식 체험과 문화적 여유에 둔다면 가족의 정서적 유대감이 돈독해지는 기회가 될 것입니다. 가족의 울타리 안에서 보고 배우는 안정감이 아이의 어학 실력에도 반영된다는 점, 잊지 마세요.

CHAPTER 4

평생 힘이 되어줄 친구관계

단짝 친구와의 갈등, 어떻게 해결하는 게 현명할까요?

아이에게 단짝이 꼭 필요한 것은 아닙니다. 단짝 친구가 있는 것이 꼭 좋지만도 않습니다. 둘 사이가 견고할 때는 한없이 좋지만, 둘 사이에 갈등이 생기면 여간 극복하기 힘든 게 아니거든요. 학교에서 흔히 발생하는 단짝 친구와의 갈등 유형 세 가지를 예로 들어 그 이유를 설명하겠습니다.

갈등상황 1. 내 단짝에게 새 친구가 다가왔어요

새 친구 지현이가 전학을 왔습니다. 선생님께서 전학 온 친구에게 친절히 대해주고 학교에 대해 잘 안내해주라고 당부하셨지요. 나와 내 단짝 친구 경희는 쉬는 시간마다 지현이에게 가서 다정하게 말도 걸고 궁금해하는 것도 알려주었습니다. 그런데 다음 날 지현이가 경희에게만 편지를 주었습니다. 경희는 고민이 된다며 그 편지를 나에게 보여줬습니다. 편지에는 '경희야, 난 네가 좋아. 너와 단짝이 되고 싶어.'라고 쓰여 있었습니다. 난 그만 울음을 터뜨리고 말았습니다.

내 단짝 친구가 다른 친구와 가까워질 때, 단짝을 빼앗길 것 같은 커다란 불안감이 엄습해옵니다. 단짝이 주는 평온함이 큰 만큼 단짝을 잃게 될 때의 상실감도 엄청나게 큽니다. 학교생활 전체가 흔들릴 정도로 말이지요. 그러나 친구관계란 수시로 변합니다. 언제든지 지금 친한 친구와 멀어질 수도, 잘 몰랐던 친구와 가까워질 수도 있는 것이 친구관계입니다. 단짝과 멀어지더라도 그 시기를 새로운 친구와 우정을 키우는 기회로 받아들일 수 있어야 합니다. 단짝과 '무슨 일이 있더라도 우리 사이는 변함없는 거야.'라고 새끼손가락 걸고 약속하는 것도 불안함을 잠재우는 방법이 될 수 있겠지만, 그보다는 언제든지 친구관계는 변할 수 있다는 것을 인지하고 그것이 두렵고 괴로운 일만은 아니라는 것을 아는 것이 장기적으로 도움이 되는 해결책입니다.

갈등상황 2. 다른 친구와는 말을 못하게 해요

나는 이번 달에 민영이와 짝이 되었습니다. 늘 단짝 친구인 선미와만 어울려 놀아서 다른 친구들과는 인사를 나누는 정도로만 지냈는데, 민영이와 짝이 되고 보니 민영이가 참 재밌고 친절한 아이라는 걸 알게 되었습니다. 민영이도 내 성격이 마음에 들었는지 쉬는 시간에 화장실도 같이 가자고 하고, 주말에 집에 놀러 오라고 초대도 해주었습니다. 학교가 끝나고 여느 날처럼 선미와 함께 집에 가는 길에 민영이 집에 초대받은 얘기를 했더니, 선미가 화를 내며 말했습니다. "넌 내 단짝이면서 어떻게 민영이 집에 놀러 가기로 약속할 수 있어? 민영이 집에 놀러 가면 넌 내 단짝 아니야. 절대 가지 마. 그리고 민영이랑은 이제 말도 하지 마. 너 내 단짝 친구 맞지? 그러면 친구는 나만 있으면 되잖아!"

단짝이 되면 서로 알게 모르게 구속하는 경우가 생깁니다. 단짝을 잃게 될까 봐 불안한 마음이 상대방을 구속하는 것으로 나타나게 되는 것이죠. 그래서 단짝이 있으면 다른 친구와 친해질 기회조차 얻지 못하는 경우가 많습니다. 두루두루 어울리지 못하다 보니 단짝과의 사이가 흔들릴 때 더 큰 영향을 받는 악순환이 이어집니다. 따라서 '내가 다른 친구와 놀더라도 내겐 선미 네가 가장 친한 친구야. 선미 네가 다른 친구랑 놀더라도 내가 네 단짝 친구라는 건 변함없는 것처럼. 우리 단짝 사이는 영원하되 다른 친구들과도 사이좋게 잘 놀자.'라고 미리 단짝 친구와 이야기를 나누는 것이 좋습니다. 여러 명의 친구와 두루두루 어울리다 보면 단짝 사이가 깨져도 다른 친구와 놀 수 있기 때문에 심리적인 부담감이 크지 않습니다.

갈등상황 3. 단짝 친구가 자꾸 뭘 해 달라고 해요

나는 작년부터 지윤이랑 단짝이었습니다. 나는 말수도 적고 소심한데 지윤이는 활달한 성격이라서 전 그런 지윤이가 부럽기도 하고 멋있어 보이기도 해서 정말 좋았어요. 그런데 올해 들어서 지윤이가 부담스러워지기 시작했습니다. 우리 집에 놀러 오면 꼭 내가 좋아하는 인형이나 장난감을 달라고 해요. 아끼는 물건이라 안 된다고 하면 '넌 내 단짝이면서 이것도 못 주니? 칫, 이 인형 안 주면 넌 내 친구 아냐.'라며 화를 내니 결국은 지윤이에게 인형이든 장난감이든 건네주게 돼요. 이런 일이 반복되다 보니 너무 속상하고 지윤이가 미워져요. 그렇지만 소심한 난 새 친구 만들기가 힘들어서 지윤이가 나랑 안 놀아줄까 봐 걱정돼요.

단짝이라는 이유로 무리한 요구를 하는 친구도 있습니다. 특히 단짝 친구지만 성향이 서로 반대인 경우에, 그게 무리한 요구인지도 모르고 이것저것 해달라는 아이와 안 된다고 강하게 거절하지 못하고 속으로만 끙끙대며 단짝에게 끌려다니는 아이의 조합이 있습니다. 이럴 때는 부모가 나서서 선생님께 알리고, 단짝 친구에게 무리한 요구나 부탁을 하지 않게 지도를 부탁할 수 있습니다.

하지만 그보다 더 중요한 것은 내 아이에게 단호하게 거절하는 법을 가르치는 일입니다. 싫으면 싫다고 말하고, 하고 싶으면 하고 싶다고 말하는 것은 자신을 존중하는 첫 번째 방법입니다. 언제까지나 부모와 선생님이 아이를 보호해줄 수는 없지요. 스스로 싫은 걸 표현해서 무리한 요구를 끊어내지 못한다면 언제라도 똑같은 일이 반복될 수 있습니다.

학년이 올라갈수록 그룹과 왕따가 생기는데 어떻게 대처해야 할까요?

저학년때는 학급 안의 다양한 친구들과 두루두루 사귀었다면, 학년이 올라갈수록 사회적 관계가 깊어지면서 아이들은 자연스레 마음이 맞고 성향이 비슷한 친구들과 그룹을 만들고 단짝 관계를 형성합니다. 그룹 짓기는 특히 여학생들 사이에서 두드러지는데, 남학생들에 비해 감정적 성숙이 빠른 여자아이들은 관심사나 취향이 맞는 소집단 안에서 안정감과 소속감을 얻는 경향이 있습니다. 아이들이 성장해가는 자연스러운 과정입니다. 관심사가 부모로부터 점차 또래 집단으로 옮겨지며 친구관계를 통해 자아정체성을 형성해가는 중요한 사회화의 과정이기도 합니다. 이 시기에 자신이 속한 집단 내에서의 건강한 관계 맺기는 올바른 자존감과 대인관계에서의 자신감 형성에 큰 영향을 미칩니다.

이처럼 친구관계가 좁아지고 견고해지면서 그 안에서 다양한 갈등 상황이 발생하게 되는데, 특히 고학년에서 발생하는 왕따 문제는 자녀에게 돌이킬 수 없는 마음의 상처를 남길 수 있으므로 부모의 관심이 필요합니다. 이 시기의 아이들은 친구에 대한 지나친 의존, 소유욕, 질투 등의 내적인 감정과 애정결핍, 학업 스트레스와 같은 다양한 외적 요소로 발생한 감정들을 해소하기 위해 왕따와 같은 부정적인 방법을 사용하기도 합니다. 그룹 내에서의 왕따는 종종 특별한 이유 없이 한 학생을 대상으로 하는 경향이 있으며, 그룹 내에서 돌아가며 대상을 바꾸어 따돌리는 등 악순환을 거듭하게 됩니다.

이 시기는 아이들이 학업보다 친구관계를 가장 우선순위에 두는 때이기도 합니다. 따라서 왕따를 당한 아이는 모든 것을 잃은 것 같은 상실감으로 인해 학교생활을 힘들어하고 무기력해지며 성적이 떨어지는 등 평소와 다른 행동 양상을 보입니다. 부모와 평소 친밀한 관계를 유지했다면 부모님께 고민을 얘기하고 도움을 요청하겠지만, 왕따를 당하는 대부분의 아이는 문제를 자신에게서 찾거나 보복이 두려워서 혹은 고자질에 대한 거부감 등의 이유로 피해 사실을 쉽게 알리지 못합니다. 따라서 자녀의 행동에 이상징후가 보이는 경우 부모는 적극적으로 개입하여 문제 해결에 나서야 합니다.

사춘기가 찾아오는 시기가 앞당겨지면서 중저학년 때부터 왕따 문제나 그룹 소외 문제 발생이 잦아지고 있습니다. 그룹과 왕따, 떼려야 뗄 수 없는 구조 속에서 우리 아이들이 겪는 성장통을 도울 방법은 어떤 것들이 있을까요?

마음이 잘 맞는 친구들과 그룹이 지어졌다면 그보다 더 좋을 수는 없는 1년을 보내게 될 것입니다. 부모가 평소 아이와 자주 대화를 하면서 그룹 친구들의 사진도 보고 성격이나 특징을 파악해둔다면 향후 아이가 교우관계로 고민할 때 더 쉽게 이해하고 공감해줄 수 있습니다. 이때 그룹 친구들이 아닌 다른 친구들과도 교류하도록 조언해주는 것도 필요합니다. 이런 그룹이 뜻하지 않게 다른 친구에게 소외감을 줄 수 있음을 상기시켜주고 자신도 모르게 왕따의 가해자가 되지 않도록 예방하는 교육도 필요합니다. 그룹이 이미 만들어졌다 해도 그룹 친구들이 내내 사이좋게 지내다 한 해를 마무리하는 경우는 매우 드뭅니다. 그룹 안에서 더 많은 권력을 가진 친구의 말 한마디로 그룹의 이인자가 되어 같이 권력을 행사하거나 그룹에서 배제되어 왕따로 전락하는 일이 비일비재합니다. 게다가 그룹 안에서 돌아가며 왕따를 시키는 일도 빈번히 일어납니다.

그룹 교우관계에 지나치게 영향을 받는 것이 부모 눈에 보일 정도가 되면 그때부터는 아이가 그룹에서 왕따 문제의 가해자나 피해자가 되지 않을지 매우 세심하게 관찰하고 지켜보아야 합니다. 그룹의 성격이 건전하지 않고 친구들끼리 상처를 주는 방향으로 흘러갈 경우, 부모는 아이가 스스로 그룹에서 나와 새로운 친구들과 어울리기를 바라지만 쉽지 않습니다. 이 시기 여학생들에게 소속감과 유대감은 학교생활의 전부나 다름없습니다. 부모 눈에는 대수롭지 않은 문제로 보인다고 아이의 고민을 한심하게 생각한다거나 가볍게 치부하면 아이는 부모와 멀어지기 시작합니다. 아이의 세상을 지탱하는 두 다리 중 하나는 교우관계에 있더라도 나머지 다리 하나는 가족 안에 둘 수 있도록 아이의 말에 늘 귀와 마음을 열어주세요.

아이가 학교에서 왕따라고 합니다. 부모가 어떻게 도와줘야 할까요?

왕따는 '집단 따돌림'이라는 학교폭력의 한 형태로, 아이들 사이에서 발생하지만 엄연한 범죄입니다. 부모는 사안을 인지한 즉시 피해가 발생하지 않도록 아이를 철저하게 보호해야 합니다. 왕따를 당한 것이 자녀의 잘못이 아니며, 어른들이 반드시 해결해줄 수 있다는 믿음과 안정감을 주어야 합니다. 먼저 담임선생님께 피해 사실을 알리고 협조를 구해야 합니다. 부모가 자녀를 통해 확인한 피해 사실과 담임선생님이 학생들과의 개별 상담을 통해 확인한 내용이 일치하는지 확인하는 과정을 통해 객관성을 유지하는 것도 중요합니다. 만약 가해학생들이 잘못을 진지하게 반성하지 않거나 개선 의지가 부족하고, 피해학생이 가해학생들의 처벌을 원한다면 학교폭력대책자치위원회에 신고해서 주어진 절차에 따라 가해학생들을 처벌할 수 있습니다.

학기 초부터 왕따가 된 경우

학기 초부터 소속 그룹이나 단짝 친구가 없이 혼자 있는 친구들이 있습니다. 두 가지 경우로 나누어볼 수 있는데, 첫 번째는 학급 아이들이 적극적이고 의도적으로 따돌리고 괴롭히는 경우이고 두 번째는 학급 아이들이 관심을 갖지 않고 소극적으로 방임하여 아이가 학급에서 겉도는 경우입니다.

전자라면 부모가 알고 있는 괴롭힘의 정도를 최대한 구체적으로 파악하여 담임선생님과 힘을 합해 해결해야 합니다. 괴롭힘이 발생했을 경우 장소, 시간, 함께 있던 사람, 들은 말, 본 행동 등을 자세하게 기록해두는 것이 좋습니다. 요즘에는 매체를 통한 온라인 폭력이 많은데 이 경우는 반드시 캡처해두어야 합니다. 그리고 담임선생님께 사실 확인을 요청하는 과정이 꼭 필요합니다. 내 아이의 말만 듣고 즉각 반응하는 것보다는 사실을 파악한 후에 구체적인 기록을 토대로 문제를 제기하는 것이 더 힘있는 방법입니다. 또한, 부모가 아이 앞에서 지나치게 감정적인 반응을 보이면 나 때문에 부모가 속상하다는 생각에 상처를 받기도 합니다. 어려운 일이지만 상처받은 아이의 마음을 먼저 위로하고 이성적인 해결책을 찾도록 담담한 모습을 보이는 것이 내 아이의 안정을 위해 좋습니다.

후자의 경우는 아이가 친구들에게 먼저 다가가기를 어려워하는 내성적이고 조심스러운 성격일 때가 많습니다. 이 경우 교실에서 있는 듯 없는 듯 생활한 지 오래되었을 수 있습니다. 아이가 집에 와서 친구 얘기를 도통 하지 않거나 친한 친구가 누구냐고 물었을 때 머뭇거리고 대답을 어려워한다면 담임선생님께 '아이가 쉬는 시간에 누구와 노는지', '쉬는 시간과 점심시간에 어떻게 시간을 보내는지' 여쭤보세요. 그리고 담임선생님께 부탁하여 성향이 비슷한 친구와 함께 심부름을 할 기회나 과제를 수행하는 기회를 마련해보도록 합니다.

만약 그것도 어렵다면 학교 밖의 다른 또래 집단을 찾아보는 것도 방법입니다. 지역센터의 요리교실이라든지, 주말 체험학교 등이 좋습니다. 학교 밖에서 다른 또래들과 어울릴 기회를 마련해주면 교실에서 위축된 것과 달리 아이는 새로운 모습을 보여주기도 합니다. 학교에서는 한마디도 하지 않지만 동네 단짝친구와는 수다쟁이처럼 노는 아이들도 있습니다. 교실 안의 관계가 전부가 아니라는 것을 인식시켜주는 것이 아이의 자존감 회복에 도움을 줄 수 있습니다.

학기 중간에 왕따가 된 경우

소속 그룹이나 단짝 친구가 있다가 중간에 틀어져서 왕따 문제가 발생하는 경우, 아이가 느끼는 상실감과 상처는 더 클 수 있습니다. 이 경우는 가해자이면서 동시에 피해자이고, 피해자였다가 다시 가해자가 되는 악순환의 고리에 빠지기 쉽습니다. 부모 눈에는 매일 놀면서 싸우고 또 화해하는 단순한 문제로 보일 수 있지만, 유대감과 소속감이 절대적인 이 시기의 아이들에게는 굉장히 중요한 문제일 수 있습니다. 공감과 위로로 먼저 다가가서 아이가 마음의 문을 닫지 않도록 해주어야 합니다.

교우관계에서 적을 만들지 않는 가장 어렵고도 확실한 방법은 '절대 다른 친구에 대해 험담하지 않기'입니다. 나의 험담 한 마디가 돌고 돌아 나에게 비수로 꽂히는 일이 많습니다. 여학생들은 분위기에 휩쓸리거나 친구의 마음을 사기 위해 억지로 험담을 하는 경우도 많습니다.

아이가 그룹에서 배제되거나 단짝 친구와 틀어져 상심했을 때는 여행을 간다거나 새로운 취미에 도전해볼 수 있도록 에너지를 다른 곳으로 돌려주는 것도 좋은 방법입니다. 교실에서의 교우관계가 전부가 아니라는 것을 경험을 통해 깨달을 수 있도록 말이지요. 자존감이 높은 아이는 회복하는 능력도 높습니다. 우리 아이가 남에 의해 좌지우지되지 않는 소중한 사람이라는 걸 지나칠 정도로 자주 이야기해주고 많이 사랑해주세요.

'뿌리 깊은 나무는 바람에 흔들리지 않는다'는 말을 기억해주세요. 아이의 뿌리는 가정입니다. 부모의 개입으로 문제가 해결되는 과정을 지켜보면서 아이는 부모라는 든든한 울타리의 존재를 실감하게 됩니다. 이 같은 경험을 통해 학교생활 가운데 힘든 일이 생기면 도움을 요청하는 법도 배우게 됩니다. 힘들 때 언제나 자신을 지켜줄 존재가 있다는 것만으로 아이의 자존감은 회복될 수 있으며, 학교생활이나 친구관계에서 더욱 자신감을 가지고 생활할 수 있게 됩니다.

부모 입장에서 궁극적으로 바라는 것은 자녀가 더 이상 같은 피해를 당하지 않고 친구들과 신뢰를 회복하여 원만한 교우관계를 맺었으면 하는 것입니다. 이를 위해 담임선생님은 상담과정을 통해 아이들이 무엇을 잘못했는지 깨닫게 하고 같은 일이 발생하지 않도록 서로 다짐하는 시간을 갖게 합니다. 가해학생의 부모도 자녀의 문제행동을 인지하고 자신의 아이가 어떤 계기로 왕따를 가했는지 원인을 생각해보고 건강한 관계 맺기에 관해 이야기 나누는 시간을 가져야 합니다. 이 같은 과정을 거치면서 아이들은 친구관계에서 서로 존중하고 존엄성을 지키며 친밀하고 건강한 관계를 유지하는 방법을 배워가게 될 것입니다.

세 명이 친한데 자꾸 한 명이 소외돼요. 어떡하죠?

초등 중학년이 되면 혼자 노는 것보다 친구와 어울려 노는 것을 더 좋아하게 되면서 조금씩 다른 사람과 관계 맺는 법을 배우기 시작합니다. 이때는 친구와 가까워지기 위해 노력해보기도 하고, 친구와 싸워 갈등을 겪어보기도 하고, 관계가 어긋난 친구의 마음을 되돌리기 위해 자신의 말과 행동을 수정해보기도 하면서 수차례 관계 맺기 연습을 합니다. 그 과정에서 상처받기도 하고, 상처를 극복하기도 하면서 다른 사람과 함께 살아가는 방법을 서서히 익히게 되는 것이죠.

사람은 저마다 좋아하는 것과 느끼는 것이 다르므로 나와 다른 사람의 감정을 이해하고 공감할 줄 알아야 한다는 것을 배우는 것은 매우 중요합니다. 다름에 대한 이해가 있으면 상호존중과 배려는 저절로 따라오게 됩니다. 따라서 이 과정을 오롯이 혼자 겪어내 보는 것이 좋습니다. 스스로 문제 상황을 해결하고 갈등과 상처를 극복해보았을 때, 마음도 단단해지고 사회성도 발달하기 때문입니다.

그렇다면 내 아이가 소외감을 느끼고 힘들어할 때, 부모로서 어떤 역할을 해주는 것이 좋을까요? 가장 우선은 아이의 마음을 읽어주고 공감해주고 위로해주는 일입니다. '많이 속상했겠구나. 네가 가장 좋아하는 친구들이 너만 따돌리는 것 같아 너무 슬펐겠다. 나도 예전에 그런 기분을 느낀 적이 있었어.'라는 공감의 말이 필요합니다. 만약 따돌림의 정도가 학교폭력 수준이라면 어른들이 나서서 해결해야 하겠지만, 그게 아니라면 아이에게 맡기고 지켜보는 것이 좋습니다. 셋이 어울려 놀다가 한 명이 소외감을 느끼는 일이 흔히 발생하다 보니 그런 문제로 아이들이 찾아오면 꼭 해주는 말이 있습니다.

"네가 두 친구를 좋아한다고 해도 사람의 마음이란 게 2분의 1로 똑같이 나누어지는 게 아니므로 둘 중 누구 하나를 더 좋아할 수밖에 없단다. 둘 다 좋아하지만 둘 중 너와 마음이 더 잘 맞는 친구가 있게 마련이지. 그건 네가 나빠서가 아니라 당연한 일이란다. 좋아하는 마음은 같더라도 좋아하는 마음의 크기는 다 다르지. 따라서 셋이 어울려 친하게 지낼 때는 누군가가 서운해지는 경우가 생길 수밖에 없지. 그래도 너희는 이 관계를 계속 유지하고 싶니? 그렇다면 서로 서운했던 일과 그때의 감정을 이야기해 보자. 셋의 우정을 계속 유지하기 위해서는 다시 이런 일이 생겼을 때 어느 한 명이 소외감을 느끼고 속상하지 않도록 그 친구의 마음을 배려해줘야 하는데, 그렇게 해줄 수 있겠니? 그래, 알겠다. 너희가 아름다운 우정을 쌓아나가는 모습을 응원하겠다. 그래도 혹시 앞으로 속상한 일이 생긴다면 선생님에게 오렴. 선생님이 위로해줄 거야." 가정에서도 자녀에게 이렇게 말해주세요.

부모의 위로와 공감으로 마음의 상처를 치유하는 데 도움을 받은 아이는 두 친구와의 관계를 정리할 것인지 이어나갈 것인지, 정리한다면 다른 어떤 친구와 어떻게 관계를 맺을 것인지, 이어나갈 거라면 두 친구와 어떤 대화로 이 문제를 해결할 것인지 스스로 생각하고 판단하고 실천할 것입니다.

언제부터 친한 친구들이 생기나요?

인생에서 마음을 나눌 수 있는 친구가 한 명이라도 있다면 그 사람은 성공한 인생이라는 얘기가 있습니다. 이처럼 친구는 우리에게 없어서는 안 될 존재입니다. 우리 아이에게도 그런 친구가 빨리 찾아왔으면 하는 바람은 누구나 있을 것입니다.

아이들은 유아기부터 어린이집이나 문화센터 같은 곳에서 친구를 사귀기 시작하지만 '친구'라는 의미보다는 일시적인 놀이 상대인 정도입니다. 지속적인 관계가 유지되려면 우선 상대의 마음을 헤아리는 능력이 있어야 합니다. 그런 능력은 보통 초등학교에 입학할 때쯤 자연스레 생겨난다고 합니다. 마음을 헤아리는 것은 공감과 비슷하지만 공감을 넘어서는 것입니다. 공감이 상대의 감정을 헤아리는 것이라면, 마음을 헤아리는 것은 친구의 감정뿐만 아니라 흥미, 생각, 행복 등 마음 전체에 관심을 기울이고 이를 알아가는 과정입니다. 그러므로 자기중심적인 사고에서 벗어나 친구에게 깊은 관심을 가지게 되는 시점부터 친한 친구를 사귈 준비가 된 것입니다.

친한 친구가 생기는 조건

친한 친구라고 짝지어진 아이들을 초등학교 1학년 교실에서도 종종 찾아볼 수 있습니다. 보통 성향이 맞는 친구끼리 짝을 이루게 되는데, 쉬는 시간에 함께 놀고 도서실도 같이 가고 심지어 화장실도 함께 갑니다. 이런 관계가 계속 유지되면 좋겠지만 다음 해에 같은 반이 되지 못하면 친구관계가 시들해지는 경우가 대부분입니다.

성향이 비슷하고 마음이 척척 맞는 친구가 10년, 20년이 지나도 남아 있으려면, 처음 사귀게 되는 시점부터 스스로 친구와 연락하여 만날 수 있는 나이로 성장할 때까지 주기적인 만남이 있어야 합니다. 예전에는 한동네에 사는 아이들끼리 하교 후에 자연스럽게 만나 동네 여기저기를 누비며 어울렸지만 요즘 아이들은 학원 스케줄에 쫓겨서 아파트 놀이터에서조차 만나기 쉽지 않아

졌습니다. 내 아이에게 마음이 잘 맞는 친구가 생겼고 그 관계가 계속 이어지기를 바란다면, 초등학교 고학년 정도까지 그 친구와 주기적으로 만날 수 있는 여건을 만들어주어야 합니다.

친한 친구는 성별에 따라 조금 차이가 있습니다. 집단을 이루어 사귀는 남자아이들과 다르게 여자아이들은 일대일의 단짝친구를 원합니다. 또한, 여자아이들은 자신의 감정을 이야기하고 생각을 나누는 것을 중요하게 생각하는 반면, 남자아이들은 함께 운동하고 관람하는 활동을 중요시합니다. 그러므로 여자아이에게는 친구와 함께 이야기할 기회를 많이 주고, 남자아이에게는 친구와 함께 뛰어놀 기회를 주는 것이 현명합니다.

원만한 친한 친구관계를 위하여

아이들은 친한 친구와 항상 같이 다녀야 하고 같이 행동해야 한다고 잘못 생각하는 경우가 많습니다. 친한 친구는 서로가 다름을 인정하고 서로 다른 모습을 이해하려는 것부터 시작해야 합니다. 친한 친구가 어떤 제안했을 때 원하지 않는데도 친구와 멀어질까 봐 두려워 자신의 속마음을 제대로 표현하지 않아 문제가 생겨나기도 합니다. 친구와 더 가까워지기 위해서는 친구에게 솔직하게 말하는 연습이 필요합니다. 거침없이 솔직하게 자신의 마음을 있는 그대로 이야기하라는 것이 아니라 친구의 기분을 고려하여 내 솔직한 마음을 부드럽게 표현할 줄 알아야 합니다.

이럴 때는 친구의 행동을 내 기준으로 판단하여 직설적으로 말하기보다는 나의 마음상태를 이야기하는 것이 좋습니다. "이런 행동을 하는 것은 예의에 어긋나는 거야."라고 말하기보다는 "네가 이런 행동을 해서 내 마음이 조금 불편해. 네가 이렇게 해준다면 내가 마음이 편할 것 같아."라고 바꾸어 말할 수 있도록 노력해야 합니다.

말보다 주먹이나 욕설이 앞서는 아이, 어떻게 지도해야 할까요?

에너지 넘치는 아이들이 모여 있는 교실은 언제나 떠들썩합니다. 그런 교실 안에는 유독 친구를 괴롭히고 울리고 큰소리가 나게 하는 아이들이 있습니다. 욕을 섞지 않으면 대화가 이어지지 않는 아이들, 화를 주체하지 못해 소리를 지르거나 친구를 때리는 아이들. 이런 교실의 무법자들과 짝꿍이 되면 같이 앉기 싫다고 우는 아이도 있습니다. 만약 내 아이가 이런 무법자라면 어떻게 지도해야 할까요?

교실에서 주의할 점

아이들은 감정과 스트레스를 잘 다스리지 못하거나, 주위의 관심을 끌기 위해서, 친구들에게 강하게 보이기 위해서, 상대방에 대한 배려 부족 등의 이유로 공격적으로 행동하기도 합니다. 보통 남자아이들은 3학년 정도부터 주먹다짐을 시작하고, 고학년이 되면 남녀 가릴 것 없이 욕과 비속어를 섞어서 친구들과 대화를 합니다. 특히 카카오톡 같은 단체채팅방에서의 언어폭력은 심각한 수준입니다.

학교 내에서는 실수나 장난으로라도 남의 몸에 함부로 손을 대거나 언어로 공격하는 것도 폭력으로 지도하는 것이 원칙입니다. 욕설이나 모욕적인 말도 마찬가지입니다. 의도가 장난이었다고 해도 신체적인 접촉과 위해가 있다면 학교폭력에 해당된다는 것을 부모와 아이도 인지해야 합니다. 아이들은 싸우면서 크고 쉽게 화해를 합니다. 그러나 교실에서 폭력적인 행동이 일어나서 해결되지 않는다면, 당연히 피해를 입은 아이의 주장이 크게 받아들여집니다. 아이들은 남을 존중해야 나도 존중받을 수 있으며, 내 행동으로 다른 친구들이 어려움을 겪을 수 있다는 것, 그리고 행동에는 책임이 뒤따른다는 것을 알아야 합니다.

가정에서 지도하기

아이가 욕설을 내뱉거나 폭력적인 행동을 할 때는 바로 고쳐주어야 하고 그것이 잘못된 행동이라는 것을 부모가 알려주어야 합니다. 이런 나쁜 행동이 습관이 되면 무의식중에 아이 본인도 공격의 대상이 될 수 있습니다. 그러기 위해서는 폭력적이거나 공격적인 행동을 하지 않고도 본인의 감정을 잘 표현할 수 있게 해주어야 합니다. 스트레스를 많이 받는 아이라면 좋아하는 일에 몰입할 수 있는 시간을 주는 것이 좋습니다.

교실에서 소리를 지르고 연필로 친구들을 찌르고 심지어 책걸상을 뒤집어엎던 아이가 있었습니다. 그랬던 아이가 매주 교내 방과 후 스포츠 활동에 참여하게 되면서 문제행동이 크게 줄어들었습니다. 스트레스를 공격적인 행동으로 표현하는 대신 운동에너지로 발산하게 된 것입니다.

아이가 학교생활에 어려움이 있다는 것을 알게 된다면 아이의 말만 듣지 말고 주위 친구들의 의견과 선생님과의 상담결과를 겸허히 받아들이세요. 자녀에 대해 가장 객관적이지 않은 사람이 부모이기 때문입니다. 그리고 가장 중요한 것은 아이의 이야기를 듣는 시간을 충분히 가지는 것입니다. 부모의 말투와 습관도 아이에게 영향을 줄 수 있으니 돌아보세요. 아이들은 부모의 사랑을 먹고 자랍니다. 자애롭지만 엄격하게, 그리고 일관성 있게 아이를 지켜보고 사랑해주세요. 언제 어디서 누구를 만나는지, 휴대전화에는 어떤 애플리케이션이 깔려 있고, 카톡이나 문자, SNS, 게임은 얼마나 하는지, 영상물이나 매체는 어느 정도 보는지, 부모와 의논하여 정한 규칙을 얼마나 잘 지키는지 관심을 가지고 지켜보아야 합니다.

그리스 철학자 에픽테토스는 '인생은 상황 자체가 아니라, 그 상황을 바라보는 관점 때문에 고통을 당한다.'고 했습니다. 말보다 주먹이나 욕설이 앞서는 아이를 대할 때 누구나 쉽게 하는 실수는 '그 상황의 관점'에 초점을 맞추는 것입니다. 아마도 부모는 반사적으로 '그러면 안 된다고 했지!'라고 소리를 치거나 혹은 마음속으로 '이번에 또야?' 하며 낙심할 것입니다. 이러한 반응의 관점은 부모의 입장입니다. 하지만 상황 자체를 자세히 들여다보면 이야기는 달라집니다.

부모가 가장 먼저 할 일은 아이의 입장에서 공감하는 것입니다. 부모가 지속적으로 공감하며 들어주면 아이는 자신의 느낌과 욕구를 이해하고 표현할 수 있게 됩니다. 사례를 통해 살펴보겠습니다.

사례

- 미끄럼틀을 타다 뒤에 내려오는 친구와 부딪혔을 때

• 피구를 하다 상대편이 던진 공에 얼굴을 맞았을 때
• 친구와 함께 길을 걷는데 반대쪽에서 걸어오는 무리의 친구들이 손가락으로 우리 쪽을 가리키며 웃을 때

부모의 입장에서 보면 이 사례들은 별거 아닌 상황이라 여길 수 있습니다. 그러나 아이의 입장에서 이 상황을 들여다보면 아이는 속상함, 괴로운, 불안한, 성난, 짜증 나는, 화나는 등의 감정을 느낄 수 있고, 주먹다짐이나 욕설로 표현될 수 있습니다. 따라서 부모는 다음과 같이 아이와 대화할 수 있도록 연습해야 합니다.

하나. 상황 그대로 읽어주기
둘. 아이의 감정 공감해주기
셋. 아이가 원하는 것 물어보기

연습하기

하나. 친구랑 부딪혔구나!
둘. 속상하겠다. 아프겠다.
셋. 친구에게 원하는 것이 있니?

하나. 아이고 어쩨! 얼굴에 공을 맞았네.

둘. 짜증 나겠다. 화가 나겠다.

셋. 친구에게 부탁하고 싶은 것이 있니?

하나. 친구들이 손가락을 가리키며 웃고 있네.

둘. 괴롭겠구나. 불안하겠구나.

셋. 친구에게 말하고 싶은 것이 있니?

'감정코칭', '비폭력 대화' 등의 상담기법을 여러 매체를 통해 직간접으로 경험해본 적이 있을 것입니다. 상담 전문가들이 보기에 다소 부족해 보일 수 있으나 이 3단계만 지켜주어도 아이들이 변하는 것을 볼 수 있습니다.

아이들은 온전하게 아이의 상황에 공감해주고 욕구를 풀 수 있도록 도와주면 더는 주먹과 욕설을 사용하지 않게 됩니다. 단지 시간과 노력이 필요할 뿐입니다. 절대로 첫술에 배부를 수 없습니다. 주먹이나 욕설을 하는 아이도 하다 보니 습관이 된 것입니다. 부모도 하다 보니 습관이 될 수 있도록 아이를 지도하여야 아이에게 좋은 습관이 형성됩니다.

친구와 갈등으로 힘들어 하는 아이에게 어떻게 도움을 주면 좋을까요?

아이들에게 친구관계에서 오는 불만이나 불안은 때로 수학문제보다 훨씬 어렵고 중대하게 느껴집니다. 학업은 바쁜데다가 형제관계는 줄다 보니 함께 놀며 부딪히다 발생하는 문제를 풀고 넘어갈 방법을 배울 기회 자체가 부족해졌습니다. 그래서 그런지 요즘 아이들은 친구관계를 제일 어려워하고 작은 갈등도 참기 어려워합니다.

어른들도 살면서 겪는 가장 큰 어려움 중 하나가 인간관계인데, 아이들에게 친구관계가 어려운 것은 당연합니다. 지금껏 가족관계에서 줄곧 배려를 받아온 입장이었다면 이제 배려를 배우고 실천해야 하기 때문입니다. 아직 배려하는 방법을 잘 모르고 배워가는 중이기 때문에 친구끼리 오해와 갈등 상황에 빠지기 일쑤입니다.

사랑하는 내 자녀가 부모로부터 성공적으로 독립하고 하나의 자율적인 인격체로 바르게 성장해나가기를 모든 부모는 바랄 것입니다. 지나치게 개입하여 의존하게 만들거나 방임 혹은 역기능적인 부모 역할로 아이에게 상처 주기를 바라는 부모는 없습니다. 하지만 적지 않은 부모들이 내 아이만은 상처받지 않도록 보호하겠다는 일념 하나로 성급하게 친구관계에서 해결사 역할을 자처하다가 정작 중요한 것을 놓치고는 합니다.

힘들다고 표현해야 도울 수 있다

친구관계로 고민하다 위험한 생각에까지 이르는 아이들의 소식은 우리를 안타깝게 만듭니다. 예전에는 청소년기에나 일어나는 일이라 생각했던 극단적인 선택(자살)을 하는 모습이 초등학교 시기까지 내려오는 추세입니다. 사랑하는 자녀의 큰 걱정거리를 부모가 가장 늦게 알게 된다면 이보다 가슴 아픈 일은 없을 것입니다.

그저 어린 아이들 일이라고 무시하거나 너도 똑같이 잘못했으니 벌어진 일이겠지 하고 혼낸다면 가뜩이나 친구관계로 궁지에 몰려 겨우 버티고 있을지도 모를 아이를 더 난처하고 외롭게 만들 수 있습니다. 골치 아픈 일이 생겼다고 인상 찌푸리지 말고, 기꺼이 아이가 다가올 수 있도록 언제나 소통할 준비가 되어 있는 열린 부모가 되어주세요.

누가 뭐라 해도 가장 든든한 아군은 부모

아이가 속상하고 억울함을 토로하는 순간 필요한 것은 그 무엇도 아닌 '위로'입니다. 본인보다 더 감정이입해서 분연히 자리를 박차고 일어나 전화기를 들고 불을 뿜어대거나 버선발로 학교로 뛰쳐나가는 부모의 모습을 보게 된다면, 친구관계에서 오는 갈등과 고비마다 문제가 더 커질세라 아이가 입을 닫아버리게 되는 계기가 될 수 있습니다.

'그래서 힘들었겠네.' 공감해주고 귀 기울여 들으며 마음을 알아주려는 경청의 자세가 필요합니다. 아이와 대화하며 위로해주세요. 이 일을 계기로 아이에게 스스로 문제 상황을 확인해서 대처 방향과 방법을 찾고 시도해 보는 문제해결력을 기르는 법을 가르쳐 줄 수 있습니다. 갈등관계의 친구는 무찔러야 할 적이 아니라는 것과 힘든 상황을 견뎌낼 힘을 더해주는 아군이 있다는 사실을 기억한다면 아이는 다양한 갈등 상황을 성장의 발판으로 슬기롭게 풀어나갈 수 있을 것입니다.

상황에 맞는 적절한 반응과 매너 필요

친구관계에서 문제의 원인이 내 아이인 경우도 생각보다 많습니다. 아이가 너무 소극적이어서 표현을 못한다면 자기표현에 거침이 없는 소위 드센 아이들에게 휘둘려 끌려다니는 것처럼 보일 수 있습니다. 이때는 단호하고 분명하게 '하지 마!', '난 싫어.'라고 말하도록 연습시켜야 합니다. 또한, 내 아이가 약한 가면을 쓰고 센 친구에게 휩쓸려 규칙이나 질서에서 벗어나는 일탈을 일삼게 될 수도 있으므로, 옳고 그름에 대한 판단과 행동을 선택할 책임은 자신에게 있다는 점을 일깨워주고 반복하여 가르쳐주세요.

기질적으로 남다르게 예민하고 부정적인 반응이 큰 아이가 내 자녀일 수 있습니다. 반응이 큰 아이들일수록 더 자주 어려움을 겪기 마련인데, 내가 하는 실수나 장난은 당연하지만 친구의 장난이나 부족함은 너그럽게 받아주지 못하기 때문에 사사건건 부딪히게 되는 것입니다. 앞으로 만나게 될 모든 친구를 학교폭력 가해자로 만들어버릴 태세로 만인을 대상으로 투쟁을 벌이며 살게 하는 게 목표가 아니라면, 잘잘못을 따지기보다 상황에 맞는 적절한 반응과 매너가 무엇인지 아이와 생각해보고 좀 더 포용력과 이해력을 갖추도록 이끌어주어야 합니다.

"내가 옳다면 화를 낼 이유가 없다. 내가 틀렸다면 화를 낼 자격이 없다."

마하트마 간디의 이 말을 친구와 싸우고 돌아와서 씩씩대는 아이를 앞에 두고 떠올려봅시다. 내 아이가 어떤 잘못을 저질러도 나는 자식을 사랑하겠지만 언젠가는 부모의 울타리를 벗어나 아이 스스로 씩씩하게 살아가야 합니다. 내 자식만이 아닌 자라나는 우리 아이들 모두의 편에서 함께 잘 살아가기 위한 '갈등조절력'과 '관계회복력'을 길러주어야 한다는 점을 꼭 기억해주세요.

동성보다 이성 친구와 친한 아이, 괜찮을까요?

초등학교 저학년 아이들의 친구관계는 보통 여자아이는 여자아이들끼리, 남자아이는 남자아이들끼리 좋아하는 놀이를 공유하며 무리를 형성하는 경향이 있습니다. 하지만 그들 중 일부는 남녀 구분 없이 선호하는 놀이에 따라 어울려 놀기도 합니다. 점심시간 아이들의 놀이 활동을 살펴보면 활동적인 아이들은 술래잡기나 공놀이 같은 바깥 활동을, 정적인 아이들은 교실 안에서 보드게임이나 종이접기 같이 취미가 비슷한 친구들끼리 삼삼오오 모여 시간을 보냅니다.

저학년일 때는 대체로 관심사나 행동 패턴이 비슷한 동성에게 편안함을 느끼는 반면, 이성 친구와는 서로 경쟁 관계로 여기고 노는 영역을 구분하여 따로 노는 것이 일반적입니다. 그러나 그중 동성보다는 유독 이성 친구와 친밀한 관계를 유지하며 노는 아이들이 있습니다. 그러면 부모들은 우리 아이가 동성 친구와의 관계 맺기에 어려움이 있거나 다른 문제가 있는 건 아닌지 염려가 됩니다. 그러나 성 개념이 명확하게 구분되지 않은 저학년, 중학년 아이들의 특성상 성향과 관심사가 비슷하여 대화가 잘 되고 마음이 맞는다면 이성 간에도 얼마든지 친밀한 관계가 형성될 수 있습니다.

보통 이러한 아이들은 여학생의 경우 활동적이고 적극적이며 이해심과 공감 능력이 뛰어난 경우가 많고, 남학생의 경우 여동생이나 누나가 있어 이성에 대한 배려와 공감의 경험이 있고 다정다감한 성향인 아이가 많습니다. 이성 사이에 친밀하고 원만한 관계를 유지하려면 친구를 사귀는 기술, 즉 친구의 감정을 이해하는 공감 능력과 나와 다른 친구를 포용하는 능력이 있어야 가능하기 때문입니다.

이 시기의 아이들은 마음에 드는 이성 친구가 있다 하더라도 오히려 짓궂은 장난으로 표출하는 경우가 많은데, 이것은 관계 맺기의 기술이 부족한 데서 오는 현상입니다. 따라서 이성끼리 친한 아이라서 문제라고 생각하기보다 이성과도 자연스럽게 어울릴 수 있는 사회성이 발달한 아이라고 생각하는 게 맞습니다. 놀이 중심의 가벼운 친구관계를 맺는 저학년 시기에 이성 친구와의 친밀한 관계는 다양한 관계 맺는 방법을 익히고 사회적 기술을 발달시키는 좋은 계기이므로 이성 친구와 친하다 하더라도 크게 걱정할 필요는 없습니다.

이런 아이들도 학년이 올라가고 성 정체성이 확립되면서 점차 동성 친구와 친밀한 관계를 형성해나가는 경우가 많습니다. 이때는 남녀 간의 관심사와 감정, 성숙도가 차이가 나고, 또 사회적 시선에 의해서도 이성과는 친밀한 관계를 유지하기가 어렵습니다. 간혹 이성 교제로 친밀한 관계가 유지될 수는 있으나 이는 호기심이나 관심의 표현이지 마음을 털어놓는 친밀하고 깊은 관계는 동성 사이에서 유지되는 게 보통입니다. 부모의 역할은 내 아이가 다른 아이와 다르다고 불안해하기보다 자녀의 특성을 파악하고 보다 폭넓은 관점에서 자녀를 이해하고 아이의 선택을 존중하며 기다려주는 것입니다.

혼자 노는 것을 좋아하는 아이, 학교생활 잘할 수 있을까요?

'혼밥', '혼영'이라는 말을 들어본 적이 있을 겁니다. 예전에는 혼자 식당에 들어가 밥을 먹거나 극장에서 영화를 보는 것이 어색한 일이었지만, 요즘은 혼밥과 혼영을 즐기는 사람들이 점차 늘어나고 있습니다. 하지만 막상 내 아이가 학교에서 혼자 밥을 먹고 혼자 논다고 하면 마음이 덜컹 내려앉는 것이 사실입니다. 평소 아이가 내성적인 성격이 아닌데도 집에 와서 친구 얘기를 도통 하지 않거나 친한 친구가 누구냐고 물었을 때 선뜻 대답하지 못한다면 아이의 교우관계가 원만하지 않을 가능성이 있습니다. 담임 선생님과의 상담을 통해 '아이가 쉬는 시간에 누구와 노는지', '쉬는 시간과 점심시간에 어떻게 시간을 보내는지'를 알아보면 아이의 교우관계를 비교적 확실하게 확인할 수 있습니다. 혼자 노는 것을 유독 좋아하는 아이들은 다음과 같은 특징이 있습니다.

조용한 것을 좋아하는 아이

조용한 것을 좋아하고 번잡한 것을 싫어하는 성향의 아이들은 스무 명이 넘는 교실 환경을 부담스럽게 느낄 수 있습니다. 쉬는 시간의 교실은 시끌벅적한 시장과 같을 때가 많습니다. 목소리 큰 아이, 잡기 놀이를 하며 책상 사이를 뛰어다니는 아이들 사이에서 조용한 아이는 친구들이 내는 소음이나 움직임에 스트레스 받을 수 있습니다. 이런 아이들은 친구들과 섞이지 않고 자신만의 고요한 세계에 머물기를 원합니다.

내성적이고 조심스러운 성격의 아이

아이가 친구들에게 먼저 다가가기를 어려워하는 내성적이고 조심스러운 성격이라면 누군가 자신에게 먼저 말 걸기 전에는 친구 사귀기가 어려울 수 있습니다. 그리고 교실에서 있는 듯 없는 듯 생활한 지 오래되었을 수 있습니다.

이 경우 집에서 선생님께 전달할 메시지를 하나씩 만들어 아이가 선생님에게 전달하게 함으로써 말을 거는 연습을 할 수 있도록 해주세요. 말을 거는 한두 번의 경험을 성공적으로 마치면 친구들에게 말을 걸기도 쉬워집니다. 만약 학급에 비슷한 성향의 아이가 있다면 선생님 심부름을 함께하거나 같이 과제를 수행할 기회를 마련해달라는 부탁을 드리는 것도 지혜로운 방법입니다.

친구들과 수준이 맞지 않는다고 느끼는 아이

자신의 성향이나 수준에 맞는 친구를 찾지 못한 아이들은 나와 맞는 친구가 없다는 생각에 혼자 놀게 됩니다. 까다롭게 보일 수 있으나 신중하게 친구를 고르는 아이일 수 있습니다. 혹은 다른 아이들보다 다소 높은 수준으로 대화하거나 놀이를 하는 아이라면 반 친구들이 어리고 시시하게 보일 수 있습니다.

이런 아이는 친구들의 유치한 장난이나 놀이에 고개를 저으며 혼자 있기를 원합니다. 생각이 조숙하여 주위 친구들에게 자신이 생각하는 비전이나 공상을 얘기하면 이해받지 못하는 경우가 많습니다. 그러다 보니 자연히 혼자 책을 읽는 시간이 늘어나는 경우입니다.

관계의 기술이 부족한 아이

사회성이 부족하여 친구들에게 다가가는 방법을 모르는 아이들도 혼자 노는 경우가 있습니다. 친구를 사귀고 싶은 욕구는 있으나 그 방법을 모르는 아이들이 생각보다 많습니다. 또, 친구를 사귀는 데에는 문제가 없으나 양보, 배려, 존중 등의 사회성 기술을 잘 발휘하지 못해 스트레스를 받는 아이들도 교우관계에 부담을 느껴 혼자 있으려 합니다. 아이마다 발달 수준이 다르듯이 사회성 발달도 차이가 있습니다.

전자의 사례로 3학년인데도 1, 2학년 학생들의 특성인 자기중심성이 아직 많이 남아 있는 아이가 있었습니다. 사회성이 천천히 발달할 경우 교실 생활에서 중요하게 여기는 규칙 준수와 정리정돈 등에서 약점을 보이게 됩니다. 그러다 보면 함께 생활하는 친구들이 불편함을 느끼거나 지적을 하는 경우가 발생하게 되는데, 이 과정에서 아이는 상처를 받고 상심하게 됩니다. 그러면 친구들이 자기를 싫어한다고 생각하게 되고, 친구와 같이 놀고 싶어도 먼저 다가가기를 주저합니다. 이런 아이들은 주로 쉬는 시간에 낙서를 하거나 책을 보거나 그림을 그리며 시간을 보내는 경우가 많습니다.

내 아이가 학교에서 혼자 노는 것을 알면 부모는 걱정과 불안감이 앞섭니다. 그렇다고 지나친 걱정을 아이에게 토로하거나 혼내듯이 얘기하면 아이는 혼자 노는 것이 큰 잘못인 것처럼 생각합니다. 물론 사회성이 좋은 것은 큰 장점이지만 혼자서 시간을 보낼 수 있는 것도 하나의 능력입니다. 아이가 혼자 논다고 지나치게 걱정할 필요는 없습니다. 혼자 노는 것을 좋아하는 아이들을 위해 다음의 사항을 명심해주세요.

친구와 함께 노는 것도 즐겁다는 걸 꾸준히 알려주세요

혼자 노는 모습을 인정해주되 친구를 사귀어야 하는 필요성에 대해 인식시켜 줘야 합니다. 무조건 친구와 놀라고 밀어붙이는 것은 혼자 노는 것을 좋아하는 아이에게는 큰 부담일 수 있고 결과적으로 친구 사귀는 것이 더욱 어려워집니다. 혼자서 노는 아이에게는 나름의 재미와 이유가 있습니다. 그런 부분을 인정하되 친구와 시간을 보내는 것은 또 다른 즐거움을 줄 수 있다는 점을 알려주세요. 흘려듣는 것 같아도 아이는 부모의 말을 마음에 담고 곱씹어봅니다. 그리고 아이가 스스로 마음을 열 때까지 기다려줘야 합니다. 아이의 친구들을 집에 초대하여 함께 놀도록 기회를 마련해보는 것도 도움이 됩니다. 아이가 친구들과 어떻게 노는지 관찰해보면서 아이에 대해 파악할 수 있습니다.

담임선생님께 도움을 구하세요

담임선생님께 아이에 대해 말씀드리고 도움을 받는 것도 좋습니다. 학교와 집에서의 행동이 다른 아이들이 있습니다. 집에서는 말도 잘하고 활발하지만 학교에서는 입을 꾹 다물고 말을 하지 않는 아이들도 있습니다. 아이가 학교에서 친구들과 어떻게 지내는지 정보도 구하고 혹시 문제가 있다면 담임선생님과 협력하여 해결 방안을 모색할 필요가 있습니다. 선생님이 수업 활동 중에 친구들과 어울릴 기회를 자연스럽게 마련해주면 의외로 친구와 금방 친해지기도 합니다.

상담센터의 프로그램을 활용하세요

이러한 방법에도 아이가 여전히 혼자 노는 것을 좋아하고 친구를 사귀는 데에 문제를 겪는다면 상담센터를 방문하여 사회성 증진 프로그램에 참여하는 방법도 있습니다. 전문가의 도움을 받아 부족한 사회성 기술을 익히고 친구와 함께 활동하는 즐거움을 알게 된다면 친구에게 더 쉽게 마음을 열게 됩니다.

학교 밖의 관계 열어보기

지역 도서관, 아동센터, 평생교육원 등 여러기관에서 아이들을 대상으로 하는 다양한 교육활동을 운영하고 있습니다. 학교라는 굴레에서 벗어나 새로운 친구들과 교류할 기회를 마련해주면 교실에서 위축되었던 모습을 털어내고 자신감 있는 모습으로 대인관계를 시작하기도 합니다. 또 아이가 좋아하는 취미와 관련된 활동을 찾아 관심 분야가 비슷한 또래 친구들과 만나 사귀게 되면 자신감과 행복감을 모두 되찾을 수 있습니다.

엄마들끼리 친구가 되어야 아이들 교우관계도 좋아질까요?

처음 학부모가 되면 아이만큼이나 부모도 긴장의 연속인 날들을 보내게 됩니다. 부모가 아닌 학부모로서 새롭게 해야 할 역할이 생기면서 많은 궁금증과 불안이 동반되죠. 그래서 아이에게 친구가 필요한 것처럼 엄마에게도 의지할 수 있는 학부모 친구가 필요하다고 생각하는 게 당연합니다. 엄마의 친구와 아이의 친구는 어떤 관계가 있을까요?

결론부터 말하자면, 엄마들이 자녀의 교우관계에 개입하는 것이 아이들의 교우관계에 크게 영향을 미치지는 않습니다. 초등학생 엄마로서 자녀가 처음 학교생활을 시작할 때 내 자녀가 친구들과 잘 어울리지 못할까 걱정이 되는 건 당연합니다. 하지만 내 아이가 친구들과 잘 지내게 하려고 엄마들과 관계를 맺는 데 집중하기보다는 아이 스스로 좋은 친구를 사귈 수 있는 인성과 태도를 갖추도록 양육하는 것이 우선입니다.

교실에서 친구들 사이에 인기 있는 어린이는 대부분 잘 웃고 긍정적인 태도로 친구들을 배려해주는 따뜻한 인성의 아이입니다. 따라서 학부모들이 노력해야 할 첫번째는 부모가 먼저 자녀와 좋은 관계를 맺는 것입니다. 부모와의 관계는 아이가 친구와 첫 사회적 관계 맺음을 배우는 롤모델이 되기 때문입니다. 엄마와의 관계를 통해 친구들과 관계를 맺어가는 방식을 체득한다고 해도 과언이 아닙니다.

교실에서 아이들이 싫어하거나 모둠활동에 함께하기 꺼리는 친구들의 일관된 특징이 있습니다. 남학생은 보통 짓궂은 장난을 치거나 이유 없이 건드리고 괴롭히고 재미 삼아 친구들을 놀리는 아이인 경우가 많고, 여학생은 자신하고만 친하게 지내야 하고 다른 친구들과 말을 나누어도 샘을 내고 간섭하는 아이입니다. 이 경우 친구에게 지나치게 집착하여 부담을 주어 사이가 멀어질 수 있습니다. 또, 자기주장이 강해서 자기 의견만 고집하면 친구들과 갈등이 빈번히 일어납니다. 부모는 내 아이에게 이런 행동이 있는지 관찰하고 긍정적으로 변화시켜 주려고 노력해야 합니다.

기질적으로 내성적인 어린이들은 처음 친구를 사귀는 데 어려움을 겪을 수 있습니다. 이런 아이들은 지나치게 소극적이고 자기 표현이 없어 쉽게 친구를 만들지 못합니다. 좋아하는 친구가 생겨도 감정표현이 서툴러 함께 놀자고 말도 꺼내지 못하는 때가 많지요. 이 경우에는 부모가 대화를 통해 아이가 좋아하는 친구에 대해 알고 있는 것이 도움됩니다. 방과 후 친목 모임이나 생일 모임에서 그 아이와 자연스럽게 어울릴 기회를 만들어줄 수 있습니다. 이런 내성적인 기질의 아이들도 성장하면서 점차 좋아지므로 너무 조급해하지 말고 기다려주세요. 때가 되면 스스로 친구들과 관계 맺기가 가능해집니다.

성장 과정에서 갈등이나 싸움은 자연스러운 일입니다. 따뜻한 인성과 배려하는 마음을 갖춘 아이일지라도 친구관계에 문제가 생길 수 있습니다. 이때 중요한 것은 친구와 갈등이 생겼을 때 지혜롭게 해결할 수 있도록 친구와 싸우고 나서 금방 마음을 풀고 화해할 수 있는 능력을 키워주는 것입니다. 그러기 위해서는 부모가 먼저 갈등을 원만하게 해결하는 모범을 보여주어야 합니다. 자녀에게 화를 냈거나 다툼이 있었을 때 꼭 아이의 마음을 풀어주고 관계를 회복하는 모습을 보여주는 것이 바람직합니다.

또한, 자신이 어떨 때 화가 나고 기분이 나쁜지 잘 알고 있으면 친구와의 갈등을 방지할 수 있습니다. 자신의 감정을 알아차리고 표현하는 능력을 키우되, 고운 말을 사용하는 태도를 갖추어나간다면 초등학교 학교생활에서 교우관계 때문에 힘들 일은 없을 것입니다.

소중한 어릴 적 친구들

유아기부터 어린이집이나 유치원에서 이미 형성된 친분 관계가 있다면 모임을 계속 이어가는 것이 좋습니다. 어릴 때 만난 친구들과 관계를 지속하면 아이들은 그 안에서 관계의 소중함을 배우고 나누는 자리가 됩니다. 학교라는 새로운 세상에서 벗어나 친숙한 친구들과 보내는 여가시간은 스트레스를 해소하는 자리가 될 수 있고, 엄마들에게도 이미 형성된 신뢰관계 속에서 아이의 학교생활에 대한 고민을 나누고 공감할 수 있다는 장점이 있습니다.

아이들은 생각보다 강하다

학교는 해마다 학급이 바뀌는 특성이 있습니다. 아이들은 새 학년 초기에는 쉬는 시간마다 복도를 오가며 전 학년 때 친하게 지내던 친구를 찾습니다. 하지만 한두 달만 지나도 어느새 새로운 친구를 사귀어 적응을 해냅니다. 아이들은 어른들이 생각하는 것보다 훨씬 '쿨' 하고 강한 모습을 보입니다. 하루가 다르게 성장하는 아이들은 변화에 대한 두려움이 어른들보다 적은 것 같기도 합니다. 변화하는 모든 것에 어른보다 더 쉽게 적응하고 동화되는 우리 아이들을 더 믿어보아도 좋을 것 같습니다.

엄마도 친구가 필요해

아이의 친구가 아니라 엄마의 친구가 필요하다면 학기 초 학부모 총회에서 만난 엄마들과 교류하는 것도 좋습니다. 아이에게 새로운 친구가 필요하듯 학부모가 된 엄마에게도 당연히 친구가 필요하지요. 하지만 엄마의 친구가 아이의 친구로 반드시 이어지지는 않습니다. 실제로 학급에서 쉬는 시간이나 점심시간에 전혀 같이 놀지 않는 아이들의 일기장에 엄마들 모임에서 같이 캠핑을 가거나 외식을 했다는 글을 종종 봅니다.

학교생활에 대한 정보를 얻기 위해 마음이 맞지 않는 학우 엄마들과 무리하게 교류하는 학부모님들이 있습니다. 그러나 학교생활에 대한 정보 획득과 아이의 교실 적응을 돕는 가장 간단하고 쉬운 방법은 따로 있습니다. 바로 학교에서 나눠주는 가정통신문과 알림장을 꼼꼼히 확인하는 것입니다. 적어도 저학년 때에는 매일 아이의 가방을 확인하고 같이 정리하는 습관을 들여주세요.

아이가 안정적으로 학교생활에 적응하기 위해서는 필요한 과제와 준비물을 빠뜨리지 않고 챙겨주는 것이 가장 중요합니다. 자기 관리가 잘 되는 아이들은 자연히 학교생활에 자신감이 생기고, 자신감이 있는 아이의 주변에는 친구들이 저절로 모입니다.

초등학교 학생들의 교우관계의 실마리는 엄마들과의 관계 맺음보다는 엄마가 자녀와의 좋은 관계 맺음에 더 충실히 하는 데 있다는 것, 잊지 마세요.

학교와 동네 엄마들과의 교류, 어떻게 해야 하나요?

유치원에 다닐 때만 해도 이 정도로 엄마들과의 관계가 머리 아프진 않았을 것입니다. 초등학교에 입학하면서부터 학교 맘과 동네 맘은 어쩔 수 없는 경쟁관계가 되어갑니다. 아이들 문제, 남편 이야기, 경제적인 차이를 두고 질투 비슷한 부러움을 느끼게 되고, 엄마들과 거리를 두어야 할까 고민하는 분들도 상당히 많습니다. 또, 친하게 된 무리에 남의 이야기를 주관적으로 판단하고 여기저기 떠벌리는 엄마들도 있어 곤란할 때가 있습니다. 엄마들과의 관계가 어려운 것은 앞에서는 칭찬과 덕담을 쏟아놓다가도 뒤에서는 말을 지어내고 험담을 일삼는 엄마들 때문인 경우가 많습니다.

학교나 아파트에서 반모임 또는 엄마들 모임에 초대받았지만 바빠서 또는 약속이 있어서 나갈 수 없는 상황이 있습니다. 그 이유가 내 아이와 시간을 보내기로 한 약속 때문일 수도 있고, 좋아하는 영화의 시사회 때문일 수도 있고, 부모나 가족 친지와의 식사 때문일 수도 있습니다. 그런데 남의 말 하기 좋아하는 몰지각한 엄마들은 모임에서 누구 엄마는 바쁘다더니 영화 보러 다니고 맛난 거 먹으러 다니느라 바쁜 것 같다며 왕따 분위기를 만들고, 전후 사정을 모르는 엄마들은 자신도 모르게 동조하게 되면서 아무 잘못 없는 한 사람의 마음에 깊은 상처를 주기 일쑤입니다. 타인의 인생과 결정이 자기 입맛대로 되지 않는다고 없는 말을 지어내어 상처를 주는 이런 분이 생각보다 많은 게 현실입니다.

그래서 엄마들과 교류할 때 많은 초등맘이 비슷한 경험을 토로합니다. 멘탈이 강하지 않다면, 또는 인성이 좋은 맘들을 가려서 잘 사귈 자신이 없다면 굳이 모임을 통해 깊은 관계를 형성하려 하지 않아도 됩니다. 모임이 아니어도 각종 행사나 체험학습 등의 정보는 커뮤니티나 검색을 통해서 해결 가능하며, 아이의 학교생활과 관련해서는 선생님과의 상담시간만 잘 활용해도 아이가 바르게 자라는 데 문제가 없기 때문입니다.

반면 모임에 나가 좋은 분들을 사귀게 되는 경우도 있습니다. 이런 분들과 모임이 형성된다면 아이들 관계에 연연하지 않고 친구처럼 지내게 됩니다. 실제로 주변에 11살 어린 맘과도 친자매처럼 지내면서 서로 가슴 속 얘기도 하고 여행, 캠핑을 다니는 분을 보았습니다. 처음 반모임이나 동네 모임에 나갔을 때 내가 말을 많이 하기보다는 경청하고 다른 분들의 면면을 살피며 앞으로의 모임에 대한 참석 여부를 결정하면, 스트레스가 적을 것입니다.

처음부터 겁을 먹고 모임에 나가지 말아야겠다고 다짐할 필요는 없습니다. 반대로 모임에 안 들어가면 우리 아이에게 안 좋은 건 아닐까 하고 심각해질 필요도 없습니다.

아이 생일파티를 하고 싶은데 어떻게 하면 좋을까요?

유치원에 다닐 때는 생일파티를 원에서 하기 때문에 생일인 친구의 선물만 잘 챙겨서 보내면 되었었죠. 그래서 집에서 따로 생일파티를 하지 않는 경우가 많았습니다. 하지만 따로 정해진 생일파티가 없는 초등학교에 입학하면 아이가 친구들과 잘 어울릴 수 있도록 엄마들이 생일파티를 해주어야 한다는 부담이 생기면서 고민이 시작됩니다. 막상 해주려고 하니 반 아이 모두를 초대하기 어렵고, 누구는 초대하고 누구는 초대하지 않으려고 하니 엄마 머릿속은 복잡해집니다.

생일파티는 친구관계를 말로 잘 표현하지 못하는 저학년부터 표현하지 않으려고 하는 고학년까지 내 아이의 친구관계를 알아볼 좋은 기회가 될 수 있습니다. 해주자니 부담스럽고, 안 하자니 아쉬운 생일파티, 어떻게 하면 좋을까요?

아이 생일파티 꼭 해줘야 할까요?

저학년 아이라면 해주는 게 좋습니다. 아이들에게 생일파티는 어른들이 상상하는 이상으로 즐거운 순간입니다. 이 세상에 태어난 자신이 사랑받는 존재라는 느낌을 받을 수 있고, 친구들과 학교를 벗어나 즐거운 추억을 쌓을 수 있어 친구관계도 더 돈독히 하는 계기가 됩니다. 생일파티에 초대된 친구들에게 축하받는 감동의 순간은 아이의 정서 발달에 도움되는 소중한 경험일 수 있습니다. 엄마가 부담스럽지 않은 선에서 아이와 상의해 생일파티를 준비하면 좋겠습니다.

반 전체 아이를 초대하는 경우

초등학교 저학년은 친구와의 놀이 활동을 좋아하지만 관심사와 기분에 따라 친구관계가 수시로 바뀌는 때입니다. 친한 친구라는 개념이 크게 없는 상태에서 소수의 친구를 초대해서 생일파티를 여는 것은 다소 어려움이 있습니다. 그러다 보니 자녀의 친한 친구보다는 엄마와 가깝게 지내는 친구의 자녀를 초대하는 경우가 많습니다. 따라서 저학년의 경우 반 전체 친구들을 초대하는 것도 좋습니다. 초대받지 못하여 소외감을 느끼는 친구도 없고, 각자의 상황에 따라 참석 여부가 결정되니 문제될 것이 없습니다.

이때 자녀가 누구와 어울리는지, 어떤 놀이를 주로 하는지, 친구 사이에서 어떤 역할을 맡는지 다양한 측면에서 자녀의 교우관계를 살펴볼 수 있어 저학년 아이의 교우관계를 자연스럽게 파악할 수 있는 좋은 계기가 됩니다.

친한 친구들만 초대하는 경우

친한 친구들만 초대하는 경우, 생일파티 2주 전쯤 초대장을 만들어 보냅니다. 초대장은 아이와 함께 시간, 장소 등이 나오게 간단하게 만듭니다. 그 전에 아이에게 친구 엄마의 휴대전화 번호를 물어보고 오도록 해 부모들과 미리 일정을 조율해야 합니다. 적절한 인원은 3~5명 사이가 좋고, 집이 아니라면 더 많은 친구도 가능합니다. 오붓하게 생일파티를 할 수 있고, 좋아하는 친구들만 모였으니 아이들끼리 더 즐겁게 놀 수 있다는 장점이 있습니다.

단, 초대받지 못한 친구들이 서운해하고 속상해할 수 있으므로 다른 친구를 배려하는 방법에 대해 아이와 이야기해봅니다. 초대장을 조용히 전해주거나 생일파티가 끝난 후 아이들과 비밀을 유지하는 방법을 미리 약속하는 것이 좋습니다.

자녀가 고학년이 되면 성별과 성향에 따라 어울리는 친구들이 명확해집니다. 이 시기에는 자녀의 의견을 존중하여 원하는 친구를 초대할 수 있습니다. 이 또한 교실에서 자녀가 주로 어울리는 친구관계를 자세히 파악할 수 있는 좋은 계기가 됩니다. 그러나 친구관계에 더욱 예민해지는 시기이다 보니 생일파티에 초대받지 못한 친구들 가운데 소외감을 느끼거나 서운한 감정을 가진 친구와 관계가 틀어지는 경우를 보게 됩니다. 따라서 여건이 허락한다면 자녀의 의견을 존중하되 대화를 통해 적어도 같은 반 내의 동성 친구 전체를 초대하여 모두에게 참여의 기회를 열어주는 것이 좋습니다. 각자의 상황에 따라 참석 여부를 스스로 결정하도록 하는 것이 반 친구들을 배려하는 좋은 방법이 될 것입니다.

아이의 생일파티를 단순히 생일축하의 의미를 넘어 학교생활의 연장선에서 관계의 폭을 넓히는 기회로 생각하고 계획한다면 자녀에게 더없이 좋은 선물이 될 것입니다.

생일파티를 집에서 할 경우 소소한 팁!

1. 저학년 아이들은 원래 먹는 양이 적고 생일파티에 와서 흥분

한 상태이므로 많이 먹지 않습니다. 따라서 다양한 음식을 조금씩 준비하는 편이 좋습니다. 치킨보다 뼈 없는 닭강정, 과일, 꼬마김밥, 피자(주문 시 미리 작은 조각으로 잘라달라고 부탁합니다.), 스파게티, 샌드위치 등이 인기 있습니다.

2. 시간이 있는 경우 파티용품 가게에서 헬륨가스 풍선이나 소품을 사서 준비합니다. 헬륨가스 풍선을 준비하지 못했다면 풍선을 불어 천장에 양면테이프로 풍선을 고정하면 헬륨가스 풍선 효과를 낼 수 있습니다.

3. 생일 축하 노래를 부르고 난 뒤 초대받은 친구들에게 칭찬 샤워를 받을 수 있는 자리를 마련합니다. 생일 주인공 아이의 장점 세 가지씩만 말해주도록 부탁해보세요. 아이에게 잊지 못할 큰 선물이 됩니다.

4. 그밖에 아이스크림 케이크를 먹었다면 드라이아이스를 설거지 세제를 푼 물에 넣어 관찰할 수 있도록 해주세요. 드라이아이스로 생기는 기체가 비눗방울에 갇혀 터지는 실험을 해볼 수 있습니다.

반 전체 생일파티, 어떻게 준비하면 좋을까요?

보통 1학년 때는 부모들의 관심이 많고 아이들도 친구를 새롭게 사귀어야 하는 상황이라 반 전체로 생일파티를 하는 경우가 많습니다. 다만 1학년이라고 해서 무조건 반 전체로 생일파티를 하는 것은 아니며, 반별로 분위기가 다르고 원하지 않는 부모도 있으므로 조심스럽게 접근해야 합니다.

학급생일파티 결정하기

반별 단톡방에서 익명투표를 통해 반 전체 생일파티 여부를 결정합니다. 만약 다수의 학부모가 원하지 않는다면 조용히 개별적으로, 또는 마음이 맞는 학부모끼리 조촐하게 진행하는 게 좋습니다. 다수의 학부모가 반 전체 생일파티를 원한다면 3~5월, 6~8월, 9~11월, 12~2월 이렇게 4분기로 나누고 분기별 희망자를 각각 모집합니다. 원하지 않는 학부모는 참여하지 않겠다는 의사를 밝히고 이후 일정은 함께 하지 않습니다. 분기별로 모집된 학부모들끼리는 따로 모여서 생일파티를 어디서, 어떻게 진행할지 의논하고 추진하는데, 이때 서로의 의견을 충분히 듣고 기분 좋게 조율하는 배려심이 필요합니다.

학급생일파티 장소 선정하기

보통 키즈카페, 학교 근처 태권도장, 아파트 커뮤니티 공용실, 체육관 등을 예약하기도 하고 집에서 하기도 합니다. 인원이 많다 보니 집에서 하는 것보다 넓은 장소를 선택하는 경우가 많습니다.

키즈카페는 미리 파티룸을 예약하여 진행하며, 특별한 프로그램이 없어도 아이들이 알아서 놀고 따로 파티룸을 꾸밀 필요가 없어서 준비하기 수월합니다. 하지만 비용이 많이 들고 놀 수 있는 시간이 제한적입니다. 보통 아이들은 놀기 바쁘고 먹는 것에는 큰 관심이 없으므로 다음 날 등교에 대한 부담감이 없는 금요일 저녁에 각자 집에서 저녁식사를 하고 6~7시쯤 모여서 간단한 간식으로 생일파티를 시작하는 것이 현명합니다.

학교 근처 태권도장은 수업이 없는 주말에 가능하며 10만 원 정도의 저렴한 비용으로 빌릴 수 있습니다. 관장님이나 사범님이 아이들과 즐겁게 뛰어놀 수 있는 프로그램을 한두 시간 정도 진행해주기 때문에 파티장식과 음식만 준비하면 됩니다. 이때 프로그램 진행비는 따로 받지 않기 때문에 관장님 간식도 준비하는 센스가 필요합니다.

아파트 커뮤니티 공용실은 아파트별로 상황이 다르므로 음식을 반입해도 되는지, 타아파트 입주민이 함께 사용해도 되는지를 미리 확인하고 진행해야 합니다. 대실비는 들지 않으나 파티룸으로 장식하는 비용과 수고가 들어가고 음식은 물론 아이들과 함께할 프로그램도 직접 짜야 하는 수고로움이 있습니다. 그러나 만들기, 꾸미기, 보물찾기 등 다양한 프로그램을 원하는 대로 계획할 수 있다는 장점이 있습니다.

체육관은 아이들이 맘껏 뛰어놀 수 있고 저렴한 비용으로 빌릴 수 있으나 파티룸으로 예쁘게 꾸미는 데 한계가 있고 테이블과 의자가 없어서 식사는 보통 근처 식당으로 따로 예약해서 진행합니다.

학급생일파티 음식

생일파티 장소와 날짜를 정하고 단톡방에 안내를 한 다음 생일파티에 올 수 있는 친구들과 학부모 인원을 파악합니다. 형제자매가 있는 경우 원한다면 함께 참석할 수 있도록 하는 것이 좋습니다. 참석 인원이 대략 정해지면 음식 목록을 작성합니다. 초등 저학년 아이들은 뷔페식으로 차려놓으면 개인접시에 음식을 덜어오는 데 어려움이 있으므로 일회용 도시락을 준비하여 미리 음식을 조금씩 덜어놓고 시작하는 것이 좋습니다. 생일파티가 끝난 후 기분 좋게 들고 갈 아이스크림이나 젤리 등을 따로 준비하는 것도 좋습니다. 음식 준비가 어려울 땐 출장 케이터링 업체에 맡기는 것도 한 방법입니다.

환경과 건강을 생각해서 일회용품 그릇이나 수저는 되도록 사용하지 않는 것이 좋으나 인원이 많다면 파티용 일회용품을 추천합니다. 또 일회용 와인잔에 과일 주스를 담아 마시면 파티 분위기가 더욱 좋아집니다. 남는 음식과 쓰레기를 어떻게 처리할 것인지도 미리 상의해둡니다.

학급생일파티 행사 팁

1. 파티룸을 장식할 때는 예쁜 배경의 플래카드를 하나 걸어두

는 것을 추천합니다. 가격이 그리 비싸지 않고 한번 구입하면 다음 생일파티에서도 사용 가능할 뿐 아니라 가족들 생일파티나 손님 초대 때도 사용할 수 있습니다.

2. 요즘은 개인정보에 민감하므로 생일파티 사진은 찍어서 아무 데나 올리지 않도록 하며, 단톡방에 사진을 모두 보내기보다는 참석한 친구들에게만 따로 감사인사와 함께 보내는 것을 권장합니다.

3. 친구들이 들고 올 선물은 부담 없는 선(1,000~3,000원)에서 가격대를 정하고 공지합니다.

4. 프로그램 중 만들기나 꾸미기가 있다면 과학사 홈페이지를 둘러보고 아이들이 간단하면서도 재미있게 활동할 수 있는 재료를 선택하여 구입하고 미리 샘플을 만들어보는 것이 좋습니다. 프로그램을 따로 계획하기 힘든 경우에는 전문 파티 플래너를 통해 마술이나 레크리에이션 게임을 준비하기도 합니다.

초등 · 6년이
아이의 · 인생을 · 결정한다

CHAPTER 5

몸과 마음의 기본을 만드는

'건강발달'

제대로 된 성교육, 언제, 어떻게 시켜야 하나요?

성교육이란 무엇일까요?

성교육을 언제 시켜야 할지를 결정하기 전에 '성교육이란 무엇일까?'에 대해 생각해볼 필요가 있습니다. 성교육이 무엇인지 제대로 알아야 적절한 시기가 의미 있기 때문입니다. 성교육은 단순히 성과 관련된 지식을 알려주는 교육이 아닙니다. 정확한 지식과 함께 성을 대하는 올바른 태도를 알려주는 것이 성교육입니다.

성교육 전문가들은 성교육을 인성(人性)교육이라고도 합니다. 인성교육이라고 할 수 있는 것은 성에 대한 지식만으로 완성되는 것이 아니라 성을 대하는 자세와 태도를 배우는 교육이기 때문입니다. 성교육을 광의적으로 인성교육이라고 한다면, 성교육은 태어나는 그 순간부터 시작되어야 한다고 봅니다. 영유아기에 부모가 자신을 소중하게 다루는 것을 아이가 몸으로 느끼는 것도 성교육입니다. 아이와 함께 꽃씨를 심어 꽃이 피어나는 과정을 보고 느끼는 것도 생명의 소중함을 느껴보는 중요한 과정입니다. 세상의 모든 생명은 소중하며, 나 역시 소중한 생명으로 의미가 있고 타인에 대해서도 그 의미를 알고 배려할 줄 아는 것이 기본이 되어야 합니다.

언제 시작할까요?

성지식과 관련된 성교육은 아이의 발달과정에 맞춰서 해주도록 합니다. 2차 성징이 본격적으로 나타나기 전에 올바른 성지식을 알아야 아이들이 몸의 변화를 잘 받아들일 수 있기 때문입니다. 초등학교 저학년은 생식기의 정확한 명칭, 생식 기능의 중요함, 남성과 여성의 차이를, 고학년은 안전한 성관계, 임신과 출산, 성폭력 예방 및 대처법을 알고 있어야 합니다.

또한, 성교육을 할 때 부모의 태도가 매우 중요합니다. 부모는 아이의 궁금증에 대해서 긍정적인 태도를 보여주어야 합니다. 쑥스러워하지 말고, 반기듯이 맞이해주는 것이 좋습니다. 설령 부모가 알려주는 지식이 완벽하지 않더라도 괜찮습니다. 정답을 말해주는 것보다는 자연스럽고 담담한 태도, 솔직하고 진지한 태도가 건전한 성의식을 형성하는 데 도움이 됩니다.

성교육은 학교에서도 합니다만, 아이가 궁금해할 때마다 가정에서 이루어지는 것이 바람직합니다. 아이마다 궁금한 내용의 깊이와 정도가 다르기 때문입니다. 아이가 성에 대한 궁금증이 생겼을 때, 혼자서 인터넷에서 찾아보거나 친구를 통해 잘못된 정보를 접하기보다는 부모와의 대화를 통해 성에 대한 건강한 태도와 올바른 지식을 갖기를 기대해봅니다.

사춘기가 시작된다고 느낄 때 어떻게 대처하면 좋을까요?

사춘기(思春期, Puberty)는 신체가 성장함에 따라 성적 기능이 활발해지고, 2차 성징이 나타나며, 생식기능이 완성되기 시작하는 시기를 말합니다. 이것이 교과서적인 설명이라면, 사춘기를 '재건축하는 건물' 또는 '중형차 엔진이 달린 경차'라고 비유하기도 합니다.

《아들에게 소리치는 엄마, 딸에게 쩔쩔매는 아빠》의 저자인 정윤경 교수는 사춘기를 겪고 있는 자녀를 둔 부모들에게 '이 녀석이 마음속 재건축을 시작했구나.'라고 생각해주기를 당부했습니다. "방황과 일탈은 아이들이 자기 안에 새로운 집을 지으려고 하는 몸부림이며, '저 녀석이 왜 저렇게 난리를 칠까?'라며 궁금증을

품어주고 아이 마음속 재건축이 잘되도록 기다려주자."라고 말했습니다.

사춘기 아이는 본인도 힘들고 당황스럽습니다. 마음속 자동차가 액셀을 밟으면 튀어 나가고, 브레이크를 밟아도 제대로 멈추지 않아 좌충우돌하고 있습니다. 마치 '중형차 엔진이 달린 경차'처럼 말입니다. 감정이 오르락내리락하면서 별 것 아닌 일에 왈칵 눈물이 나오고 화가 나고 예민해지는데, 그 감정이 무엇인지 제대로 알 수도 없습니다. 그래서 "도대체 왜 그래?"라는 질문에 "몰라, 짜증 나!"라는 애매하고 불확실한 대답을 할 수 밖에 없습니다. 자신의 감정을 알아차릴 능력이 아직 덜 발달되었기 때문에 그렇습니다.

뇌과학적으로 살펴보자면 감정을 조절하는 전두엽 피질의 성장이 완성되지 않았기 때문입니다. 전두엽 피질은 10대가 되어서야 비로소 발달하기 시작합니다. 미국 국립보건원의 제이 기드 박사의 연구에 따르면, 전두엽 피질의 성장은 20대 중후반까지도 지속된다고 합니다. '남자는 군대 갔다 와야 정신차린다'는 말을 전두엽 피질 성장과 연결시켜본다면, 시기적으로 맞는 말이기도 합니다. 따라서 사춘기에는 감정을 조절하는 전두엽의 수준은 '경차'인데 감정의 뇌인 변연계는 무척 예민해져서 마치 '중형차 엔진'과 같은 상태인 것입니다.

생활 속 부모의 대처 방법

아이가 방문을 쾅 닫고 들어갔을 때, 부모는 "버릇없이 어디 방문을 쾅 닫고 들어가!"라고 소리치기 쉽습니다. 참으로 어렵지만, 방문을 닫고 들어간 것을 자기만의 시간이 필요하다는 신호로 받아들이고 방문을 열고 나올 때까지 기다려주는 것이 현명한 부모의 역할이라 할 수 있겠습니다. 적어도 사춘기를 겪어내고 있는 아이에게는 예의를 가르치기 앞서 부모가 한 발짝 멀리서 기다려주고 믿어주는 일이 우선되어야 합니다.

현실적으로 닫힌 방문이 열릴 때까지 기다리기가 쉽지 않습니다. 그때 엄마는 거실에서 종이와 펜을 꺼내 편지를 써보면 어떨까요? '네가 방문을 닫고 들어가 엄마는 기분이 좋지 않았다. 너도 얼마나 힘들면 그랬을까 하고 엄마는 밖에서 너의 방문이 열리기를 기다리고 있다. 하지만 다음에는 방문을 쾅 닫는 행동은 자제하려고 노력해주면 좋겠다. 그리고 어떤 상황이든 엄마는 언제나 너를 사랑한단다. 믿고 기다린단다.'라고 적어봅니다. 엄마의 감정도 정리되고, 아이의 감정이 정리되도록 기다려주는 시간이 됩니다.

아이의 감정을 수용하고, 행동의 한계선을 정해놓고 그 안에서의 자유를 허용하는 것, 결정적인 순간에 자신이 존중받고 있다는 것을 느낄 수 있도록 해주는 것이 부모의 역할입니다. 사춘기는 아이가 자신의 몸과 마음의 변화에 적응하는 과정이라고 생각하고 따뜻하게 안아줘야 하는 시기입니다. 개인마다 시기의 차이와 정도의 차이는 있습니다만 사춘기는 누구나 다 겪으며 겪어야만 하는 과정입니다. 사춘기를 잘 겪어내야 제대로 된 성인으로서 역할을 할 수 있게 됩니다.

사춘기 아들, 딸을 크게 키우는 말

사춘기 아들을 크게 키우는 말	사춘기 딸을 크게 키우는 말
"신나게 잘 놀았니?" 밖에 나가 정신없이 놀기만 하는 아이를 보면 잔소리가 나오지만 사춘기 때 남자아이들에게는 에너지를 충분히 발산할 수 있는 육체활동 시간을 줘야 합니다.	**"정말 화났겠구나!"** 여자아이들은 별일 아닌 것에 화를 내는 경우가 많습니다. 그건 상대방에게 관심을 가져 달라는 일종의 신호입니다.
"이게 뭔지 설명해줄래?" 남자아이들은 자기 생각을 표현하는 능력이 부족한 편입니다. "도대체 너는 무슨 생각으로 이러니?"와 같은 질문만 하면 아들의 생각은 평생 알 수 없습니다.	**"맛있게 먹자!"** 사춘기 여자아이들은 자신의 몸이 친구의 몸보다 뚱뚱하다고 생각될 때 스트레스를 많이 받습니다. 아이에게 건강한 식단을 만들어주고, 건강하게 먹는 즐거움을 알려주세요.
"우리 같이 게임할까?" 텔레비전을 보다가도 습관처럼 '심심하다'는 소리를 하는 남자아이들이 많습니다. 이럴 때 보드게임이나 오목 두기, 배드민턴 등 가족이 다 함께 할 만한 게임을 해보세요.	**"떨리는 건 당연해."** 딸들은 시험, 발표회 등을 앞두고 더 예민해집니다. "조금의 긴장감이 오히려 집중력을 높일 수 있다고 하니 용기를 갖자." 등의 말로 용기를 북돋워 주세요.

"울고 싶으면 실컷 울어!"	"아빠(엄마)를 생각해줘서 고마워."
남자아이라고 정서표현을 무조건 자제하게 하면 조절능력을 키울 기회가 박탈되기 쉽습니다. 슬프고 속상한 일이 있으면 울고 싶은 만큼 울게 도와줘야 합니다.	여자아이들은 다른 사람의 시선에서 늘 신경을 쓰고 상대방이 자신에게 좋은 감정을 갖게 보이지 않는 곳에서도 꾸준히 노력하는 경우가 많습니다. 인정받고 싶은 아이의 마음을 알아주세요.
"이리 오렴, 안아줄게!"	**"네 옆엔 항상 아빠(엄마)가 있어."**
남자아이들은 애정 표현에 미숙한 편입니다. 그럴수록 자주 표현해줘야 합니다. 부모의 애정표현을 자주 받다 보면 어느새 그 표현을 자연스럽게 받아들일 것입니다.	여자아이들은 평소에는 수다를 잘 떨다가도 곤란한 문제 앞에서는 입을 다물어버립니다. 평소에도 부모가 온전히 아이 편이라는 믿음을 심어주세요.
"우리 아들, 사랑해!"	**"지금도 아주 예뻐."**
평소 사랑하는 마음을 말과 행동으로 풍부하게 표현하는 부모의 자녀는 행복합니다. '사랑해'라는 표현을 자주 듣고 자라면 사춘기도 비교적 수월하게 넘어갑니다.	사춘기 여자아이들은 꾸미는 데 신경을 많이 씁니다. 딸이 자기 얼굴에 열등감을 느끼기 전에 '지금도 아주 예쁘다'는 것을 알려주세요.

※출처: 《아들에게 소리치는 엄마, 딸에게 쩔쩔매는 아빠》, 정윤경, 덴스토리

외모에 부쩍 신경 쓰기 시작하면 어떻게 말해줘야 할까요?

부쩍 외모에 신경 쓰는 모습은 사춘기가 시작되었다는 증거 중 하나입니다. 사춘기에 접어들기 시작하는 아이들은 왜 이렇게 외모에 신경을 쓸까요? 이것에 대한 이해가 우선되어야겠습니다.

첫째, 이 시기는 뇌 후두엽의 시신경이 급속도로 발달하면서 시각 정보에 예민해지는 때입니다. 본인의 외모에 관심이 많아지고, 시각적으로 멋진 연예인을 좋아하게 되는 현상이 이와 관련됩니다. 사춘기 사고의 특성 중 하나로 일컬어지는 '상상 속의 청중', 즉 모든 사람이 자기를 바라보고 있다고 느끼는 생각과 관련되기도 합니다.

둘째, 사춘기 아이들에게 친구관계는 매우 중요합니다. 그래서 또래집단에서 동질감을 느끼고 싶어서 외모에 관심을 갖기도 합니다. 친구들이 모두 가지고 있는 브랜드의 운동화나 옷을 꼭 사야 하는 이유도 이와 같은 현상이라고 보면 됩니다.

마지막으로 외적인 모습은 내적인 마음 상태를 반영하고 있다는 이해가 필요합니다. 예를 들어 여자를 무시하는 사회에 대해 반항하는 마음이 있는 아이는 머리를 짧게 자르는 등 남아처럼 보이는 모습을 연출하기도 합니다. 립스틱을 바르든, 친구와 같은 브랜드의 운동화를 신든, 여자아이가 기가 세 보이는 남자 모습을 하든, 이러한 현상은 지극히 정상적이라고 여겨야 합니다.

지나치게 외모에 신경 쓰는 아이의 모습을 보면 대다수 부모는 마음이 편치 않습니다. 더 이상한 행동을 하지 않을까 걱정되고 불안해서 자꾸 잔소리를 하게 됩니다. 가장 중요한 것은, 아이의 모습을 삐딱하게 보지 않고 '잘 크고 있구나'라고 긍정적인 시선으로 바라보고 믿어주는 것입니다. 겉모습만으로 아이를 판단하지 말아주세요. 말과 행동에서 보이는 아이의 마음에 진심 가득한 공감을 해주길 바랍니다.

나 전달법을 사용하세요

아이의 성장에 대한 올바른 이해와 긍정적인 태도를 바탕으로 '나 전달법(I-Message)'으로 의견을 전해보는 것은 어떨까요? 나 전달법이란, "나는 너의 행동에 대해서 이렇게 느낀다" 혹은 "나는 네가 이렇게 했을 때, 매우 흐뭇할 것 같아"와 같이, 어법의 주체가 '나'가 되는 것입니다. 보통 부모는 "왜 이거 안 해?", "너! 그거 그만해!"와 같이 자녀에게 명령하거나 강압적이기 쉽습니다. "얼굴에 화장이 그게 뭐야? 얼른 지워!"가 아니라, "엄마는 네가 얼굴에 화장한 걸 보니 걱정되는 부분이 있는데, 네 생각은 어때?"라고 표현해보면 어떨까요?

나 전달법으로 대화하되, 대화의 결과가 행동이 바람직한 방향으로, 자기 행동에 책임질 수 있게 변화되도록 이끌어가야 합니다. "얼굴에 화장하면 좋은 점과 나쁜 점이 뭐가 있을까?"와 같은 질문으로 아이에게 스스로의 행동에 대해 객관적으로 생각해볼 기회를 만들어주는 것도 좋습니다.

아이의 신체변화에 대해 어떤 조언을 해주면 좋을까요?

아이가 겪게 될 신체변화에 대해 미리 알려주는 것이 좋습니다. 또한, 신체 변화에 대해서 긍정적인 반응을 보여주도록 합니다. 부모의 긍정적인 반응은 아이가 긍정적인 자아상을 가질 수 있도록 합니다.

사춘기의 내적인 변화

신체적 변화는 어느 날 갑자기 인식되기도 합니다. 사춘기를 겪는 당사자는 그런 변화가 당황스러울 수도 있지만, 신체 내부에서는 이미 여러 가지 생리적인 변화가 일어나고 있었습니다. 사춘기가 시작될 때 내분비계의 역할이 굉장히 중요합니다. 생식선 호르몬의 피드백 체계는 시상하부에서 뇌하수체로, 이는 다시 생식선으로 신호를 줌으로써 남성 호르몬인 안드로젠(Androgen)과 여성 호르몬인 에스트로젠(Estrogen)의 수준을 증가 혹은 감소시킵니다. 이 호르몬이 다시 시상하부에 영향을 줌으로써 호르몬 수준이 조절됩니다. 인간은 성별에 상관없이 이 두 호르몬을 모두 갖고 태어납니다. 하지만 사춘기가 되면 남성은 에스트로젠보다 안드로젠을, 여성은 안드로젠보다 에스트로젠을 훨씬 많이 분비하게 됩니다.

사춘기의 외적인 변화

호르몬의 변화가 신체 내적인 것이라면, 외적인 변화도 일어납니다. 사춘기가 시작되면서 신장과 체중이 급격하게 증가합니다. 일반적으로 여아가 남아보다 2년 정도 빨리 성장이 급등합니다. 초등학교 고학년 중에 여학생이 남학생보다 키가 더 큰 경우가 많은 것도 이러한 이유 때문입니다. 또한, 남아는 근육이 증가하고, 여아는 지방의 비율이 증가하는 모습을 볼 수 있습니다. 남아들은 어깨가 넓어지고, 여아들은 골반이 넓어지고 젖가슴이 발달하고 월경을 시작하게 됩니다. 아이는 자신의 몸이 변화되기 전에 이런 사실을 알고 있어야 합니다. 그리고 몸의 변화가 시작될 때에는 아이가 자신의 감정을 솔직하게 이야기할 수 있도록 지지해주세요. 불안, 두려움, 좌절, 공포 등 부정적인 감정에 대해서 공감해줍니다. 또한, 누구나가 다 겪는 과정이고 사람마다 시기와 정도의 차이가 있을 뿐이라는 사실도 상기시켜주세요.

이성 친구에게 관심을 보일 때 어떤 반응을 보이는 게 좋을까요?

사춘기 시기에 아이가 이성 친구에게 관심을 보이는 것은 극히 당연한 현상입니다. 부모가 '우리 아이가 잘 크고 있구나'라는 신호로 받아들여야 아이도 내가 이성 친구에 관심을 가지는 것이 이상한 것이 아니라 자연스러운 일이라고 생각합니다. 초등학생의 이성 교제에 대해서 학생들은 로맨스로, 부모들은 공포로, 교사들은 코미디로 여긴다는 말이 있습니다. 3, 4학년 때부터 이성 친구를 사귀기도 하지만 보통 6학년이 되면 이성에 대한 관심이 절정에 이릅니다. 그리고 커플들이 생겨나지만, 대다수의 커플은 한달 이내에 정리가 됩니다.

부모님들은 미성숙한 아이들의 이성 교제가 걱정스럽기만 합니다. 그러나 무조건 이성 교제를 금기시하면 아이들은 거짓말을 하게 되고 숨어서 교제합니다. 이성 교제의 부정적인 영향만 보지 말고 좀 더 열린 마음으로 아이의 마음을 읽어주세요. 이때는 무조건 이성 교제를 막기보다는 긍정적인 방향으로 이끌어가는 것이 중요합니다. 무엇보다 평소 대화를 통해 올바른 가치관을 가질 수 있도록 하며, 이성 교제에 있어 남녀의 차이에 대해 많은 이야기를 주고받도록 합니다.

또한, 부모의 일관된 양육 태도가 중요합니다. 엄마는 과도한 스킨십이 걱정인데 아빠는 그럴 수도 있다는 식으로 아이에게 다른 메시지를 전달하면 아이는 혼란스럽습니다. 아이와 대화하기 이전에, 부모가 먼저 서로 의견을 나눠보도록 합니다.

커갈수록 말을 잘 듣지 않고 반항해요. 어떻게 하죠?

부모의 말을 잘 듣지 않고 반항하는 아이와 부모 말만 듣고 혼자 아무것도 결정할 수 없는 아이, 누가 더 건강한 걸까요? 전자의 아이가 더 건강할 가능성이 높다고 말씀드리고 싶습니다. 엄마에게 "싫어!"라는 말도 못한 채 성장한 아이는 세상에 대해서도 마찬가지일 것입니다.

유대인 부모들은 "자녀가 말을 잘 듣네요"라는 말을 거의 욕에 가까운 것으로 생각합니다. 말을 듣지 않고 반항한다면 "얘가 왜 이러지?" 하고 당황하기보다는 "자기 생각이 생기고 있고, 그걸 표현할 줄 알아 다행이네."라는 시선으로 바라봐주세요. 아이들은 아직 생각을 표현하는 방법적인 측면에서 세련되게 다듬어지지 않아 반항하는 것처럼 보이기 쉽습니다. 그러나 자기 생각을 타인이 받아들일 수 있게 표현하는 방법에 익숙하지 않은 것일 뿐입니다.

가정의 분위기가 중요해

텍사스주립대학교(University of Texas)의 심리학 교수인 캐서린 쿠퍼(Catherine Cooper)의 연구에 따르면, '가정의 분위기'는 개별성(Individuality)과 연결성(Connectedness)에 영향을 미친다고 합니다. 개별성이란 자신만의 시각으로 소통할 수 있는 능력을 말하며, 연결성은 다른 사람의 관점을 존중하는 능력을 말합니다. '가정의 분위기'라 함은, 쉽게 말해 아이를 대하는 부모의 태도와 자세로 생각하면 되겠습니다. 아이의 의견이 존중되는 민주적인 분위기의 가정에서 자란 아이는 개별성과 연결성의 구조가 탄탄하여 자아정체성 확립도 건강하게 이루어집니다. 반면, 아이의 행동을 통제하고 의견을 표출할 기회를 주지 않거나 의견을 무시하는 분위기에서 자란 아이는 자아정체성 성취가 어렵습니다.

반항으로 보이는 아이의 모습을 보며 다음과 같이 생각해보면 어떨까요? '우리 아이가 자아정체성이라는 집을 짓기 위해 두 개의 튼튼한 기둥(개별성과 연결성)을 올리고 있구나. 나와 아이의 대화 속에서 기둥의 벽돌이 하나하나 만들어지니까 아이를 존중하는 태도로 대화를 해야겠구나.'라고 말입니다.

그러나 이 모든 것을 잘 알고 있어도 때때로 아이에게 명령조로 말하고 억압하게 됩니다. 그럴 때는 바로 아이에게 나 전달법으로 솔직하게 고백하세요. "○○야, 엄마가 지금 말을 좀 예쁘게 못한 것 같아. 네가 엄마 말로 기분이 안 좋을 수 있겠다. 엄마가 걱정돼서 그랬어. 다음에는 좀 더 존중하는 태도로 말할게. 엄마도 지금 연습 중이야." 아이를 존중하려고 애쓰는 부모의 모습만으로도 아이는 '내가 존중받고 있구나. 남도 존중해야 하는구나. 우리 엄마도 노력하고 있구나. 나를 사랑하고 있구나.'라고 느낍니다.

부모도 자신을 인정하세요. 부모는 사춘기 아이 키우기 박사님이 아닙니다. 아이가 사춘기를 처음 겪어내느라 힘들듯이 엄마, 아빠도 사춘기 아이를 키우는 경험이 처음이라 힘들 수 있습니다. 그렇게 노력해가는 과정에서 아이도, 부모도 성장합니다.

가슴이 나오기 시작하는 딸아이, 어떻게 관리해줘야 할까요?

가슴이 나오기 시작하는 것은 2차 성징이 시작되고 있다는 단서입니다. 곧 사춘기가 시작될 것이라는 신호이지요. 여아의 2차 성징은 유방 발달, 초경, 음모 발달 순서로 진행됩니다. 가슴이 나오기 시작해서 초경이 시작되기 전까지 키가 급성장합니다. 1년에 6~8cm, 최대 10cm까지도 자랍니다.

가슴이 나오기 시작하는 현상이 또래보다 일찍 시작된 여학생들이 자신의 몸을 부끄러워하여 어깨를 쪼그리고 다니는 모습을 종종 봅니다. 그러나 이때는 키 성장이 폭발적으로 이루어지는 시기이므로 올바른 자세가 매우 중요합니다. 또한, 어깨를 웅크리고 있으면 호르몬 분비와 흐름이 나빠져 가슴 발달에 영향을 줄 수 있으므로 아이의 자세를 신경 써서 봐주세요. 어깨와 팔이 한쪽으로 치우치지 않도록 평소 바르고 곧은 자세를 유지하는 것이 예쁜 모양의 가슴을 만드는 데 도움이 됩니다. 허리를 일으켜 근육이 펴지면 위축되었던 가슴이 도드라져 모양도 바로잡힙니다.

2차 성징 시기에 가슴 관리를 어떻게 하느냐에 따라 성인이 되었을 때 가슴의 모양이나 크기가 달라질 수 있습니다. 본인의 사이즈와 맞지 않는 속옷을 입게 될 경우 정상적인 가슴 발육이 힘들고 모양도 나빠지게 됩니다. 2차 성징이 이뤄질 때 예쁜 가슴 모양을 만들기 위해서는 본인 사이즈에 알맞은 속옷을 착용하는 것이 중요합니다. 작은 속옷은 가슴을 고정시켜 가슴의 움직임을 적게 하고, 이는 가슴에 전달되는 자극을 줄이고 성호르몬의 분비를 감소시켜 가슴 발육을 저해합니다. 또한, 혈액순환 장애를 유발하여 건강에도 좋지 않습니다. 반대로 큰 속옷은 가슴을 지지해주는 역할이 미비해 가슴이 처지거나 양쪽으로 벌어지게 할 수 있습니다.

아이의 가슴이 나오기 시작하는 것이 보이면 아이와 데이트할 기회가 찾아 왔다는 신호로 생각해 주세요. 아이와 함께 속옷을 사러 나서며 이렇게 말해주세요. “네가 어른이 되어가는 준비를 이제 막 시작하나 봐. 그래서 엄마는 참 설렌다. 너도 그렇지?”라고 말입니다.

키 크고 살집 있는 아이, 성조숙증 검사해봐야 할까요?

성조숙증이란, 여아의 경우 8세 미만, 남아의 경우 9세 미만의 시기에 2차 성징이 나타나는 것을 말합니다. 2차 성징이 나타나면 여아는 유방이 발달하고, 남아는 고환의 부피가 4밀리리터 이상으로 커지며 음모가 생깁니다. 성조숙증의 경우, 2차 성징이 일찍 시작되는 것과 함께 뼈 성장도 빠르게 진행됩니다. 뼈 성장이 조기 완료되면 성인이 되었을 때의 최종 신장(키)이 작아지게 됩니다.

소아에서 사춘기 시작 시기가 빨라지는 것은 전 세계적인 추세로, 최근 우리나라에서도 소아청소년기 성조숙증이 급격히 증가하고 있습니다. 건강보험 심사평가원의 통계에 따르면, 성조숙증 진료 인원은 2006년 약 6천 4백 명에서 2016년 약 8만 6천 3백

명으로 10년 만에 약 13배 증가한 것으로 나타났다고 합니다.

성조숙증 진료

성조숙증은 적절한 시기에 진단하고 빨리 치료해야만 좋은 예후를 기대할 수 있습니다. 치료시기를 놓치지 않는 것이 매우 중요합니다. 하지만 단순히 2차 성징이 빨리 나타났다거나, 아이의 키가 걱정된다고 성급하게 치료를 시작했다가는 아이에게 불필요한 약을 투여할 가능성도 있으니 유의해야 합니다. 키가 크고 살집이 있는 아이라면, 8, 9세 전후로 소아청소년과 진료를 받아보기를 권합니다. 진료 시에는 성조숙증의 진단과 진행 정도를 파악하기 위해서 문진, 진찰, 골연령 검사 및 성호르몬 검사를 실시하고 있습니다.

〈성조숙증 자가 테스트〉

- ☐ 여아 만 8세 이전인데 가슴에 멍울이 생겼다.
- ☐ 남아 만 9세 이전임에도 고환이 호두알 크기만큼 커졌다.
- ☐ 최근 들어 갑자기 키가 빨리 자란다.(6개월에 4cm 이상)
- ☐ 아이의 피부나 머리카락에 유분이 많아지고 냄새가 난다.
- ☐ 엄마나 아빠, 부모의 형제 중 성장이 빨리 멈춘 사람이 있다.
- ☐ 엄마가 초경을 또래 보다 일찍 시작했다.

1~2개: 성조숙증 의심, 3개 이상: 성조숙증 초기 증상

※출처: 《성조숙증과 바른 성장》, 윤정선, 처음

초경이 시작되면 어떻게 해줘야 할까요?

초등 고학년에 접어들면서 여학생들은 사춘기가 시작됩니다. 몸에도 많은 변화가 일어나지요. 여성호르몬이 분비되면서 가슴이 나오고 엉덩이가 커지고 음모도 나기 시작합니다. 몸속에서는 난소가 난자를 만들어 자궁으로 보냅니다. 이때 자궁은 임신을 위해 자궁벽(보호막)을 두껍게 만듭니다. 하지만 임신이 되지 않으면 보호막이 피와 함께 몸 밖으로 배출됩니다. 처음 배출되는 것을 초경(初經)이라고 합니다.

초경이란, 처음 월경이 나타나는 것을 말합니다. 초경 시작 시기는 신체의 발육, 영양상태, 환경, 지리적 관계, 인종 등에 따라서 다른데, 2014년 서울시 연구에 따르면 초경을 시작하는 우리나라 평균 나이는 11.7세입니다. 따라서 초경을 하리라고 예상되는 시기 이전쯤에 초경이 무엇인지, 그리고 시작하면 어떻게 대처해야 하는지 알려주어야 합니다. 초경은 우리 아이가 여성으로 자라날 준비가 되었다는 건강한 신호이며, 성인이 되는 첫발이라고 생각할 수 있도록 안내해줍니다.

초경으로 인한 몸의 변화를 두려움이 아니라 반가움으로 받아들일 수 있도록 긍정적인 태도를 강조해주세요. 주변의 성인 여성들, 엄마, 이모, 고모, 선생님도 생리를 하고 있다는 것을 알려주어 안도감을 줍니다. 생리는 여성의 건강지표이기도 하며, 건강한 여성은 매월 규칙적으로 생리하고 있음을 설명해주세요. 그리고 생리의 시작으로 임신할 수 있는 생식기능도 갖게 되었다는 것을 반드시 설명해줍니다.

월경이 시작되었다는 것은 아이가 건강하게 잘 성장하고 있다는 뜻입니다. 부모는 아이가 부끄러워하거나 숨기지 않도록 사전에 이야기해주세요. 초경을 하기 전에 팬티에 냉이 묻어나옵니다. 곧 생리를 하게 된다는 신호입니다. 바로 이때가 교육의 적기입니다. 아이에게 왜 월경이 일어나는지, 의미가 무엇인지 이야기해주세요.

여학생들이 학교생활에서 겪을 수 있는 여러 가지 것 중에서 초경은 가장 걱정되고 민감한 부분 중 하나입니다. 특히, 초경이 학교에서 시작되었을 때 아이들은 어떻게 해야 할지 몰라 많이 당황스러워합니다. 성장 발육이 좋아서 갈수록 초경이 시작되는 나이가 어려지고 있습니다. 집에서 엄마와 함께 있을 때 초경을 경험하면 다행이지만 언제 어디서 우리 아이의 초경이 시작될지 모릅니다. 아이에게 다음과 같은 사항을 미리 알려주세요.

초경 전 준비

요즘에는 올바른 성 지식을 쉽게 알려주는 만화책, 동화책이 많이 나와 있습니다. 여학생들이 초경을 하기 전에 알아야 할 부분에 대해서 부모가 책을 통해서 알려주면 좋습니다. 정말 빨리 초경을 하는 경우 극히 드물지만 초등학교 1학년 때 하기도 합니다. 자녀가 6, 7세일 때부터 부모가 미리 책이나 강연을 보고 준비했다가 자녀의 성장 속도를 보고 초경 준비를 할 수 있도록 도와주세요.

초경을 하게 되면 피와 비슷한 색깔을 본 아이는 크게 놀랄 수 있습니다. 초경을 접하게 되었을 때 아이의 마음이 놀라지 않도록 생리의 색깔, 양, 냄새 등에 대해 미리 알려줍니다. 팬티에 생리대를 착용하는 법을 엄마와 함께 연습해보고, 생리대를 떼어서 정리하는 방법도 여러 번 연습할 수 있도록 도와줍니다.

가슴 몽우리가 생기고 보통 1년 후에 초경을 한다고 합니다. 가슴 몽우리가 생긴 후 분비물이 나오기 시작하면 예쁜 파우치에 생리대와 팬티, 위생봉지, 화장지를 넣어서 가방 속에 넣어줍니다. 집 밖에서 초경이 시작되었는데 팬티에 생리가 많이 묻었을 경우 새 팬티로 갈아입고 생리가 묻은 팬티를 위생봉지에 넣도록 알려줍니다.

초경이 시작된다면

초경은 성인이 되었을 때 엄마가 될 수 있다는 표시이므로 축하받을 일입니다. 온 가족이 함께 축하해줍니다. 축하편지를 써주어도 좋고, 꽃다발이나 케이크로 생일파티를 할 때처럼 초경 축하 파티를 해주어도 좋습니다. 가족 중 오빠나 남동생이 있는 경우에도 자연스럽게 초경에 대해서 알게 하고 함께 축하해주도록 합니다. 생리하는 것은 부끄럽고 숨길 일이 아니라 당당히 축하받을 일이라고 느껴 생리에 대해 긍정적인 마음이 생길 수 있도록 합니다.

우리 아이의 초경 시기가 또래보다 빠른 경우 아이가 초경으로 위축되지 않도록 좀 더 주의를 기울여야 합니다. 초경을 하고 한동안은 생리주기가 규칙적이지 않을 수 있으니 평상시 파우치에 생리대와 팬티, 위생봉지, 화장지를 넣어서 가방 속에 가지고 다니도록 알려주세요.

생리대는 학교 보건실, 편의점이나 약국, 공중화장실의 자판기에서 구할 수 있습니다. 만약 생리대를 구하지 못하는 경우라면 휴지를 두껍게 접어서 임시로 사용할 수 있습니다. 월경혈이 옷에 묻었을 때는 겉옷을 허리에 묶어서 가릴 수 있다는 것도 알려주세요.

생리통에 대한 대처도 중요합니다. 생리통으로 인한 불편감 때문에 생리에 부정적이게 되지 않도록 합니다. 필요한 경우에는 진통제를 복용하거나 온찜질로 생리통으로 인한 불편감을 완화해 주세요.

혹시 수업시간에 이상한 느낌이 든다면 선생님께 손을 들고 배가 아프다고 보건실에 가고 싶다고 합니다. 화장실에 가본 후 정말로 초경이 시작된 거라면 화장지로 일단 변을 보았을 때 닦는 것처럼 닦고(방향은 앞에서 뒤로) 보건실에 가서 보건선생님께 생리대를 받아서 다시 화장실에 가서 착용합니다. 초경은 생리혈이 엄청나게 많이 나오는 경우가 드물지만 혹시 생각보다 많은 양이 나와서 팬티가 많이 젖고 바지에 묻었다면 보건선생님께 부탁드려서 부모님께 연락드리도록 합니다.

가정에서 시작해서 학교에 등교했는데 체육시간 등 신체활동이 많아서 불편할 경우 선생님께 배가 아파서 활동이 어렵다고 말씀드립니다. 생리 때문이라고 이야기하지 않아도 됩니다. 많이 아플 경우에는 보건실에 가서 따뜻한 찜질팩을 하면서 휴식을 취하도록 합니다. 등교가 어려울 정도로 너무 아플 경우 생리로 인한 결석은 월 1회 인정되므로 담임선생님께 연락을 드리고 가정에서 쉬어도 좋습니다. 결석으로 학교에 제출해야 할 서류는 없습니다.

키가 너무 작은 아이, 더 클 수 있을까요?

키는 생후 2년에 가장 많이 크고, 사춘기에 다시 한 번 급성장합니다. 우선, 자녀의 키가 또래의 평균 신장과 비교하여 어느 정도인지 확인해보세요.

같은 성별, 같은 연령의 아이를 키 순서로 세웠을 때, 100명 중에 앞에서 세 번째까지를 저신장증(Short Stature)으로 진단합니다. 저신장증에 해당된다면 병원의 진료를 받아보기를 권합니다. 혹여, 키가 너무 작은 것이 호르몬 장애(갑상선기능저하증, 성장호르몬 결핍증, 부신피질 호르몬 과다 등), 골격계 이상(연골무형성증), 염색체 이상(터너증후군, 프레더-윌리증후군, 다운증후군)의 초기 증상이 아닌지 확인하는 차원이라고 생각하면 됩니다.

더 크고 싶어요

의학적인 문제가 없다면 일상생활에서 충분한 영양, 규칙적인 운동, 충분한 수면, 이 3가지를 실천하는 것만으로도 효과를 볼 수 있습니다.

편식하지 않고 무슨 음식이나 골고루 먹어야 하며, 식사를 거르지 않고 제때에 규칙적으로 해야 합니다. 모든 영양소를 균형 있게 섭취해야 하지만 그중에서도 단백질과 칼슘이 성장에 중요한 역할을 합니다. 단백질은 육류나 생선, 콩, 두부 같은 음식에 많이 있고, 칼슘은 우유나 멸치 등에 많이 들어 있습니다.

운동은 성장호르몬 분비를 촉진하고 뼈와 관절을 튼튼히 하므로 성장에 도움이 됩니다. 혼자 할 수 있는 운동으로는 수영, 자전거 타기, 줄넘기가 좋고, 단체로 하는 농구, 배구, 축구와 같은 운동을 땀이 날 정도로 하루 30분 이상, 일주일에 5번 이상 하는 것이 좋습니다. 손쉽게 할 수 있는 스트레칭 체조는 아침과 저녁에 두 번에 걸쳐 실시하는 것이 효과적입니다. 무리한 자세교정은 척추나 관절 주위의 인대에 손상을 줄 수 있고 지나친 운동은 성장에 필요한 에너지까지 소모해버릴 수 있습니다. 너무 힘들게 오랜 시간 지속하는 운동은 오히려 키 크는 데 도움이 되지 않습니다. 아이가 좋아하는 운동을 적당한 강도와 규칙적인 간격으로 지속하는 것이 중요합니다.

밤에 자는 동안 성장호르몬이 많이 분비되므로 초등학생, 중학생 때는 과도한 학습이나 컴퓨터 이용을 피하고 최소 8시간 이상의 충분한 수면을 취하는 것이 좋습니다.

스트레스는 아이의 성장호르몬 분비를 저해하므로 스트레스 상황을 최대한 줄여주도록 합니다. 초등학생이라 할지라도 스트레스 없이 살아갈 수 없는 것이 현실입니다. 아이와 함께 스트레스를 건강하게 풀어내는 방법을 얘기해보세요.

치아 관리 어떻게 해주면 좋을까요?

'세 살 버릇 여든 간다'는 말이 있습니다. 이때 '버릇'은 모든 생활습관을 뜻합니다. 치아 관리를 포함한 건강 습관도 마찬가지입니다. 유치가 나기 시작하는 영유아기부터 치아 관리는 이루어져야 하며, 특히 초등학교 시기의 치아관리는 매우 중요합니다. 유치가 빠지고 영구치가 나는 시기이며, 턱 성장이 이루어지기 때문입니다. 유치와 영구치의 관리, 턱 성장과 관련하여 부정교합 발생 등을 확인해야 합니다.

또한, 아이가 혼자서 칫솔질이 가능한 7세 정도부터 12세 사이에 부모들의 관심이 멀어지는 탓에 치아문제가 발생하는 경우가 많습니다. 영구치가 나와서 정착하기 시작하는 시기이므로 3~6

개월 간격으로 치과 정기검진을 권장합니다.

영구치 관리하기

초등학생 치아 관리에 있어서 굉장히 중요한 치아가 있습니다. 6~7세경에 나는 영구치 어금니입니다. '6세 구치'라고 하며, 유치로 착각하기 쉽습니다. 영구치 중에서 제일 먼저 나오는 치아입니다. 음식을 씹는 면이 울퉁불퉁하여 음식물이 끼기 쉬우며, 입 안의 가장 안에 위치하여 칫솔질도 어려워서 다른 치아보다 충치가 생기기 쉽습니다. 이 치아는 6세에 처음 맹출하여 평생 씹는 역할의 70퍼센트를 담당할 정도로 중요한 버팀목 역할을 합니다. 우리 아이의 '6세 구치'(367쪽 그림 참고)를 건강하게 관리하는 것이 평생 치아 건강에 있어 매우 중요하다고 할 수 있습니다. 이를 위해서는 정기검진과 함께 반드시 올바른 칫솔질이 필요합니다.

바른 칫솔질 요령

칫솔질은 하루 3번, 식후 3분 이내, 3분 동안 닦습니다. 충치의 원인이 되는 음식물 찌꺼기와 치아 표면의 세균막을 제거하기 위해 3분 동안 충분히 닦아줍니다. 너무 세게 닦으면 치아가 닳거나 치아와 잇몸의 경계 부위가 패일 수 있으므로 적당한 강도로 칫솔질합니다. 칫솔을 이와 잇몸의 경계선에 댄 상태에서 윗니는 위에서 아래로, 아랫니는 아래에서 위로 쓸어 올리듯이 닦습니다. 앞니의 안쪽은 칫솔을 세워 회전하면서 닦고, 어금니 씹는 면은 앞뒤로 왕복해서 닦습니다.

그리고 마무리는 반드시 부모가 도와주어야 합니다. 초등학교 시기에는 유치가 빠지고 크기가 큰 영구치가 새롭게 올라오다 보니 치아가 나올 공간이 부족해 치아가 겹치기 쉽고 그 탓에 치아 사이에 플라그가 생기기 쉽습니다. 적어도 초등학교 5학년 이전까지는 잠자리 들기 전의 칫솔질을 부모가 확인해주어야 합니다. 또한, 칫솔로 잘 닦이지 않는 맨 안쪽 어금니 뒷부분과 어금니 사이의 틈새를 치실로 관리해주세요.

유치 빠진 지 한참 됐는데 영구치가 안 올라오면 어쩌죠?

유치는 초등학교 1학년 전후로 아래, 위 앞니 8개가 교체되기 시작합니다. 초등학교 3, 4학년이 되면, 유치 어금니와 송곳니 교체가 시작되어 초등학교 5학년 정도가 되면 모든 영구치가 자리 잡게 됩니다. 유치가 빠지고 영구치가 올라오기까지는 보통 3~4개월이 걸리는데, 개인에 따라 차이가 있을 수 있습니다. 길게는 1년 후에 정상적으로 올라오기 합니다.

그러나 영구치가 올라오지 않는다고 느껴질 때는, 치과 진료를 해보세요. X-ray 촬영을 하면 영구치의 성장 정도를 확인할 수 있습니다. 간혹, 영구치가 다른 치아에 막혀서 못 올라오기도 하고, 있어야 할 위치에 없거나 아예 없는 경우도 있습니다.

〈영구치 나오는 순서 및 시기〉

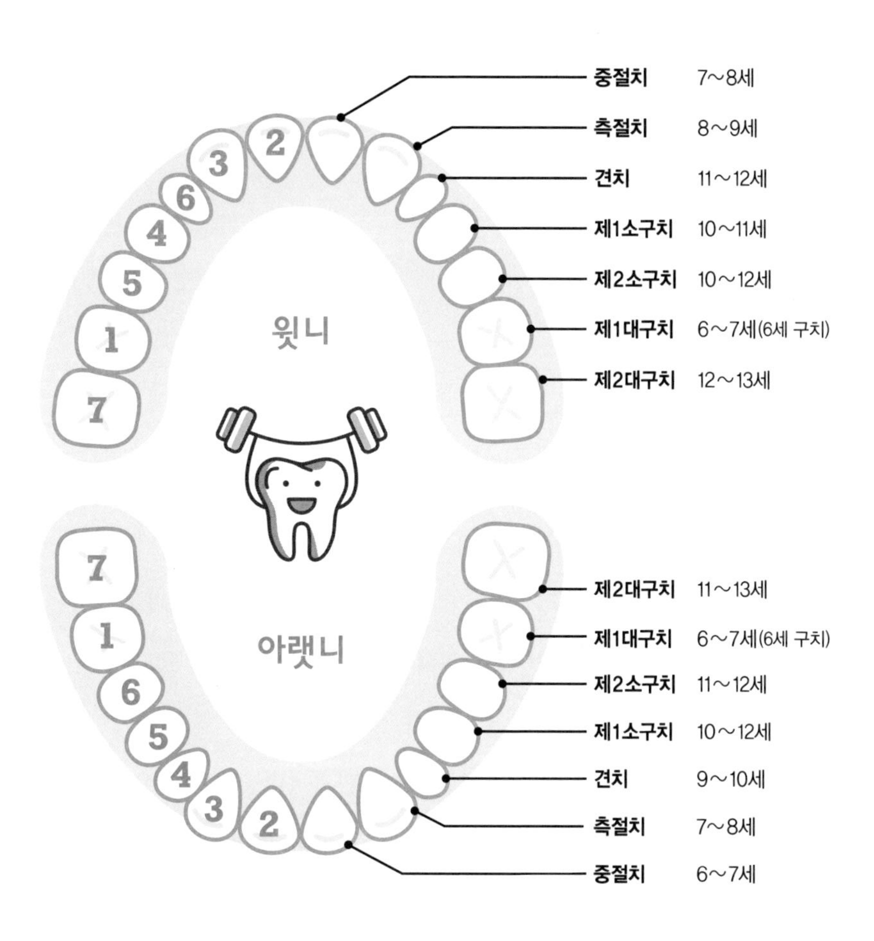

치아교정, 언제 어떻게 시작해야 하나요?

새롭게 자라는 영구치가 삐뚤게 자라나거나 입이 돌출돼 보이는 증상이 나타나면서부터 부모의 고민은 시작됩니다. 치아교정은 원인에 따라 적기가 조금씩 다르므로 대한치과교정학회는 만 10세 이후 교정전문의와 충분한 상담을 통해 교정 시기를 결정할 것을 권고하고 있습니다.

일반적으로 매년 4, 5월 즈음에 1학년과 4학년을 대상으로 학생건강검사 안내장이 나갑니다. 그때 가까운 병원과 치과(학교운영위원회 심의를 거쳐 선정된 검진기관)에 가서 건강검사과 치아 검진을 받아야 합니다. 그때 의사선생님과 의논하여 교정할 이가 있는지 꼼꼼하게 살펴본 다음 교정이 필요한 경우 상담을 받아야 합니다.

과거에는 교정장치가 너무 티가 나서 방학을 이용해서 하는 경우가 많았으나 최근에는 투명한 교정장치나 치아 색과 유사한 교정장치가 대중화되어 외적으로 교정기가 보이는 것을 꺼리는 아이들도 큰 불편함 없이 치료할 수 있습니다. 학생의 치아교정 나이는 언제가 좋다고 구분 짓기보다는 증상에 따라 필요성을 느끼는 즉시 치료를 시작하는 것이 가장 좋다고 권고합니다.

소아나 청소년기에 치아교정을 해야 하는 이유는 성장과 발육을 이용하여 골격적인 부조화를 해결해줄 수 있기 때문입니다. 부족한 영구치의 공간을 만들어주거나 나쁜 습관(손가락 빨기, 혀 내밀기)에 의해 발생되는 부정교합을 치료할 수 있습니다. 아이의 유치, 영구치가 바뀌는 시기에 검사와 상담을 받는 것이 가장 좋습니다. 성장이 완료된 후에는 수술로 해결해야 하는 어려운 골격적인 부조화를 바로잡아 좋은 치료결과를 얻을 수 있습니다.

치아교정이 필요한 경우

① 치아가 겹치면서 배열이 좋지 않다.

② 앞니는 잘 맞지만 어금니가 잘 안 맞는다.

③ 위아래 앞니의 중앙선이 맞지 않는다.

④ 아래 앞니가 위의 앞니를 덮고 있다.

⑤ 돌출입, 덧니, 주걱턱 등의 모습이 보인다.

⑥ 식사를 하거나 말할 때 턱이 아프다고 한다.

최근에는 사춘기 시작 연령이 낮아지고 있으며, 초등 고학년만 되어도 외모에 민감한 반응을 보입니다. 치아가 고르게 배열되지 못한 경우, 심리적인 우울감을 느끼거나 자신감 결여로 이어질 수 있습니다. 따라서 아이에게 적절한 시기를 찾아 적합한 치료해주는 것은 매우 중요합니다.

치열 교정의 경우, 유치가 빠지고 영구치가 거의 나는 시기인 만 9세에서 14세까지 성장기에 받는 것이 효과적인 것으로 알려져 있습니다. 일반적으로 여자 어린이의 경우 11세, 남자 어린이의 경우 12세 정도를 추천합니다. 이 시기에는 성인처럼 영구치가 형성돼 있지만 잇몸뼈의 골밀도가 높지 않아 치아이동 속도가 성인보다 2배 정도 빠르다고 합니다. 주걱턱이나 무턱 등의 골격적인 문제가 발견될 경우 빠른 교정이 필요할 수 있습니다. 경우에 따라 어릴 적에 치아교정을 해도 성인이 된 후 재교정이 불가피할 수 있기 때문입니다. 대한치과교정학회는 골격적인 문제가 있는 경우에는 만 6세 이후 교정전문의와 충분한 상담을 통해 교정 시기를 결정할 것을 권고하고 있습니다.

흔들리는 유치, 집에서 빼줘도 되나요?

처음 치아가 흔들릴 때는 치과를 찾는 경우가 많지만, 몇 차례 유치를 갈다 보면 집에서 빼거나 자연스럽게 빠지기도 합니다. 그러나 흔들리는 유치를 뽑은 이후 정작 영구치가 오랫동안 나오지 않아 결국 치과를 찾는 경우가 있습니다.

유치는 영구치가 나오는 자리를 유지해주는 역할을 합니다. '6세 구치'를 중심으로 보자면, '6세 구치'라고 불리는 어금니 앞쪽의 유치들이 영구치로 바뀌게 되는데, 유치들이 그 영구치의 자리를 차지하고 있는 것입니다. 따라서 유치가 빠져야 하는 시기보다 빠르게 빠지면, 영구치가 제대로 자리 잡지 못하는 문제가 생길 수 있습니다. 영구치가 제대로 자리를 잡지 못하면 부정교합과 같은 문제가 생기게 됩니다. 또한, 유치를 뽑고 난 뒤 뿌리가 남아 있게 되면, 영구치에 손상을 주기도 합니다. 흔들리는 치아를 집에서 빼는 것은 크게 문제 될 것 없으나, 영구치가 나오는 시기나 순서, 영구치 결손 등 확인은 필수적입니다. 유치를 빼는 시기에는 주기적으로 치과 정기검진을 꼭 받도록 하세요.

아이들에게 꼭 필요한 영양제는 무엇일까요?

아이들에게 꼭 필요한 것은 영양제 섭취에 앞서 규칙적인 운동, 충분한 수면, 고른 영양 섭취입니다. 우리가 흔히 말하는 영양제는 '식이보충제' 혹은 '건강기능식품'이라고 보면 됩니다. 일상적인 식생활을 통해 부족하기 쉬운 영양소나 기능성 물질을 보충해주는 것입니다.

2016년 국민건강통계에 따르면 우리나라 전체 식이보충제 복용 경험률은 46퍼센트이며, 1~2세 65.9퍼센트, 3~5세 63.7퍼센트, 6~11세 52.5퍼센트로 어린이들의 섭취 비율이 비교적 높은 편이라고 볼 수 있습니다. 유아, 아동기가 신체의 성장과 발달이 왕성하고 뇌와 같은 주요 장기가 완성되어가는 중요한 시기이다 보니 부모님들이 영양제를 많이 챙기고 있다는 것을 알 수 있습니다. 흔히 또래보다 키가 작은 아이는 칼슘을, 감기나 잔병치레가 많은 아이는 비타민이나 홍삼을, 변비가 있는 아이는 유산균을 먹는 경우가 많습니다. 그러나 영양제 섭취는 부작용이 있는 경우도 있으므로 주의를 기울여야 합니다.

아이의 연령이나 체중에 맞지 않게 과한 용량을 복용하거나 장기적으로 복용하는 경우 간이나 신장에 손상을 줄 수 있습니다. 따라서 영양제 복용 이전에 아이의 영양 상태를 파악하는 것이 우선되어야 합니다. 영양제를 복용하더라도 적어도 1년에 한 번은 소아청소년과 전문의의 진찰과 간단한 혈액검사를 통해 영양 상태를 확인해보기를 권합니다.

영양제 복용 시 주의할 점

첫째, 아이에게 맞는 영양제인지 확인하세요. 전문의의 진료를 통해 아이의 건강상태를 확인하고 필요한 영양소를 찾는 것이 가장 중요합니다. 편식하는 아이라면 영양적으로 불균형이 있을 수 있으므로 종합비타민을 선택하고, 감기에 자주 걸리거나 면역력이 약한 경우 비타민C나 초유 성분이 도움이 됩니다. 아이에게 바깥 활동이 부족하다면 비타민D를 섭취하고, 머리 좋은 아이로 키우고 싶다면 DHA가 풍부한 오메가3가 도움이 된다고 알려져 있습니다.

둘째, 알레르기 성분에 주의해야 합니다. 영양제 추출 성분에 알레르기를 유발하는 성분이 없는지 확인합니다.

셋째, 식품의약품안정처의 인증마크를 확인합니다.

넷째, 아이들이 즐겨 먹는 패스트푸드와 탄산음료 안에 든 인산염은 비타민과 칼슘 등의 체내 흡수를 방해한다고 합니다. 따라서 패스트푸드, 탄산음료의 섭취는 자제하는 것이 좋습니다.

자궁경부암 예방접종, 어릴 때 꼭 맞춰야 하나요?

자궁경부암은 자궁경부에 발생하는 여성 생식기 암입니다. 국가암정보센터의 조사에 따르면, 2015년 우리나라 여성에게 발생하는 암 중에서 7위를 차지하였습니다. 자궁경부암 발생의 가장 핵심적인 역할을 하는 것으로 사람유두종바이러스(Human Papilloma Virus, HPV)의 감염이 알려져 있습니다. 자궁경부암 환자의 대부분에서 HPV가 발견되었으며, HPV가 발견되면 자궁경부암 발생 위험도가 10배 이상 증가한다고 합니다.

HPV는 성관계를 통해 전파되며, 성생활을 시작하면 대부분 평생 한 번 이상 감염될 수 있습니다. 역학적인 연구에 의하면 어린 나이에 성생활을 시작할수록, 본인 또는 배우자의 성 상대자가 많을수록 HPV에 감염될 위험이 증가합니다. 그래서 자궁경부암을 조기 발견, 치료하는 것보다 HPV 예방 백신을 접종하여 바이러스 감염 자체를 막는 것이 더 효과적이라고 합니다.

이 백신은 9세 이상부터 접종이 가능하며, 25~26세까지 접종 허가를 받았습니다. HPV 백신의 접종 권고지침은 국가마다 차이가 있는데, 우리나라의 경우 평균 성 경험 시작 연령, 백신 면역원성, 예방접종 비용과 효과, 접종 용이성 등을 고려해 만 12세에 접종할 것을 권장하고 있습니다.

HPV 백신은 2016년부터 국가예방접종으로 도입되어 '건강여성첫걸음클리닉사업'으로 무료접종(2가 및 4가 백신, 6개월 간격, 2회)을 제공하고 있습니다. 현재 시판되고 있는 HPV 예방접종은 유전자 재조합으로 생산한 바이러스 단백질을 주사하여 감염을 예방할 수 있게 합니다. 따라서 백신에는 바이러스 DNA가 포함되지 않기 때문에 백신 투여로 바이러스에 감염될 위험은 없습니다.

자궁경부암 예방 백신의 안전성에 대한 논란이 있었기에 백신의 부작용을 우려하는 부모들이 있을 수 있습니다. 일본은 한국보다 3년 앞선 2013년 4월부터 무료접종을 시작했습니다. 하지만 백신 접종 후 통증, 경련, 마비, 보행 곤란 같은 부작용 사례가 속출했고, 2013년 일본산부인과학회는 "자궁경부암 예방백신 접종을 권장하지 않는다. 접종의 유효성과 위험을 이해한 후 접종받게 하라"고 발표하기도 했습니다. 그러나 일본을 포함해 미국, 유럽연합 국가 가운데 자궁경부암 백신의 위험성 논란으로 사용을 중단한 나라는 없으며, 우리나라 식약처의 공식통계에도 자궁경부암 예방백신으로 발생한 부작용을 입증한 사례는 아직 없다고 합니다.

전문가들은 '백신은 실보다 득이 많다'고 강조합니다. 모든 백신에는 부작용이 있을 수 있지만, 부작용보다 질병예방 효과가 훨씬 크다고 보고 있습니다. 최원석 고려대 안산병원 감염내과 교수는 "일부 부작용 사례 때문에 백신에 대한 환자들의 불안이 지나치게 확산하고 있다. 자궁경부암 백신 접종은 세계적 추세이고 대체로 안전하다고 보고되고 있기 때문에 접종할 것을 권한다."(주간동아, 2016. 5. 3)고 말했습니다.

아이들 독감 예방접종 꼭 해야 할까요?

2018년부터 독감 무료접종 대상에 6~12세의 아이들이 새롭게 포함되었습니다. 2017년까지는 6세 이전의 아이와 65세 이상 노인까지만 무료접종 대상자였습니다. 독감 무료접종 사업을 확대하는 것만 봐도 독감 예방접종을 하는 것이 효과적임을 유추할 수 있습니다.

예방접종이란, 우리 몸에 항원을 투여하여 항체를 생기게 함으로써 우리 몸이 전염병에 대한 방어능력을 갖게 하는 것을 말합니다. 예방접종의 의의를 알기 위해서는 '집단면역(Herd Immunity)'의 개념에 대한 이해가 필요합니다. 집단면역은 집단으로서의 면역 정도를 높이는 것을 의미합니다. 예를 들어 A학교는 학생의 100퍼센트가 예방접종을 했고, B학교는 학생의 50퍼센트만 했다고 가정해보겠습니다. 전학을 온 학생이 어느 학교에 배정받을 때 독감에 더 잘 걸릴까요? B학교에 배정받을 경우, 독감에 걸릴 가능성이 더 높습니다. 이유는 전원이 예방접종을 한 A학교에 비해, 50퍼센트의 구성원만 접종했기 때문입니다. 다시 말하면, 집단 구성원 모두가 항체를 가지고 있을 때, 더 효과적으로 예방할 수 있습니다.

독감은 일반적인 감기와 다릅니다. 독감은 인플루엔자 바이러스(A형, B형, C형)가 호흡기(코, 인후, 기관지, 폐 등)를 통해 감염되어 생기는 병으로 생명에 위험한 합병증(폐렴 등)을 유발할 수 있습니다. 2009년에 새롭게 발생한 신종 인플루엔자는 214개국 이상에서 확진되었고, 2009년 4월부터 대유행(Pandemic)이 종료된 2010년 8월까지 전 세계적으로 18,500명의 사망자를 발생시켰습니다.

독감 백신의 효과는 접종한 다음 해에 감소하며, 유행주 항원성의 변화를 맞추기 위해 유행이 예측되는 바이러스 주를 포함한 인플루엔자 백신을 매년 접종하여야 합니다. 12세 이하의 어린이와 65세 노인은 독감 바이러스와 싸워 이길 면역력이 성인에 비해 약하다고 판단되며, 그러한 이유로 접종을 무료로 실시한다고 생각하면 됩니다. 또한, 앞서 말한 '집단면역'의 개념을 이해한다면, 우리 아이 독감 접종은 하는 것이 적절하다고 판단할 수 있을 것입니다.

초등 · 6년이
아이의 · 인생을 · 결정한다

CHAPTER 6

자립심 강한 아이로 키우는 일상생활

초등학생에게 스마트폰을 사줘도 될까요?

어른들뿐 아니라 요새 아이들은 스마트폰을 몸의 일부처럼 느끼고 있습니다. 아이들이 스마트폰을 사용하면 편리한 점도 있지만 걱정이 더 많은 것이 사실입니다. 국가적으로 성인이 되기 전까지 스마트폰 사용을 금지해 달라는 청와대 국민청원까지 올라온 것을 보면 어른들의 걱정의 크기를 짐작해볼 수 있습니다.

스마트폰을 사주는 부모는 크게 두 가지 이유를 말씀하십니다. 하나는 안전을 위해, 또 다른 하나는 우리 아이만 기죽일 수 없어서입니다. 어린이집, 유치원 등 한정된 공간에서 지내다가 좀 더 큰 학교라는 사회에 들어가게 되면 혹시 겪게 될지 모르는 안전사고, 학교폭력 등이 염려되고 등하교 시 불의의 사고에 대한 걱정이 생기는 것이 사실입니다. 그러다 보니 초등학생이 되면 손목형이나 목걸이형 휴대전화로 시작했다가 고학년이 되면 스마트폰으로 옮겨가는 경우가 많습니다. 또, 자녀가 다른 친구들은 스마트폰을 사용하는데 혼자만 없다고 투덜거리거나, 스마트폰으로 게임하는 친구들 옆에서 기웃거리며 빌려달라고 부탁하는 모습을 보면 측은한 마음이 들어서 사주게 됩니다.

자녀의 안전을 위해

등하교 시 스마트폰이 있으면 걷는 데 방해가 됩니다. 커다란 가방을 메고 한 손에는 실내화 가방을, 다른 한 손에는 스마트폰을 들고 통화하는 모습을 보면 위태로울 때가 많습니다.

하교하면서, 계단을 내려오면서, 학원버스를 기다리면서 아이가 부모에게 전화해주기를 바라기보다는 자녀가 집으로 올 때까지 조금 기다려주세요. 학원이나 방과후 수업을 하는 경우에는 학생의 참석 여부를 부모님께 문자메시지로 보내주는 경우가 많습니다. 그렇지 않은 학원이라면 학원에 살짝 부탁하면 됩니다.

초등 저학년의 경우 아이가 친구네 집에 놀러 가거나 놀이터에 갔다가 연락이 되지 않아 걱정하는 경우가 종종 있습니다. 부모와 동행하지 않고 다른 곳에 갈 경우 적어도 하루 전에 미리 허락받도록 합니다. 몇 시까지, 어디에서, 누구와 놀 것인지 명확하게 알리도록 합니다. 혹시 모를 상황에 대비하기 위해 친구 부모의 연락처를 알아오도록 합니다. 집에 돌아오기로 한 시간에 부모가 집에 있을 수 없다면 집전화로 확인 전화를 하도록 합니다.

자녀의 사회적 위치를 고려해서

초등 고학년이 되면 아이들은 SNS나 게임을 통해 교류하기도 합니다. 이때 우리 아이만 휴대전화가 없어서 친구들 사이에서 힘들어하는 모습을 보면 걱정이 됩니다.

그럴 때는 부모가 SNS의 허상에 대해 지속적으로 이야기해주면 좋습니다. 그리고 부작용에 관한 이야기도 어릴 때부터 해주세요. 주변에 과학고에 진학한 아이가 있는데 그 아이는 중학생 때 스스로 스마트폰을 부모께 반납했다고 하는 믿기 힘든 전설이 전해져 옵니다. 이런 미담을 접하게 해주세요.

SNS나 게임을 통해 친구와 교류하기보다는 좋아하는 취미, 운동 등을 하도록 도와주세요. 보통 초등 고학년이 되면 그동안 배우던 예체능 관련 취미 대신 학업 성적 향상에 도움이 되는 학원에 갑니다. 조금 횟수를 줄이더라도 좋아하는 취미나 운동을 하면 스트레스도 날아가고 공부에 더 집중할 수 있습니다. 취미생활을 하다 보면 주변 친구들과도 자연스레 친해집니다. 미술에 관심이 있는 아이는 디자인, 데생 등 좀 더 전문화된 것을, 음악에 관심이 있는 아이는 작곡, 기타, 드럼, 플룻, 클라리넷 등이 좋습니다. 활동적인 아이는 농구, 탁구, 배드민턴, 복싱, 무에타이, 검도 등이 좋습니다.

SNS가 꼭 필요한 경우에는 부모의 계정을 이용하도록 하는 것도 한 가지 방법입니다. 특히 중학생이 되면 팀별 과제가 많아서 SNS를 통해 과제에 관해 이야기를 나눠야 합니다. 부모의 계정을 사용하면 나의 아이도, 친구들도 서로 조심해서 대화를 나누게 됩니다.

휴대전화를 이용한 게임을 하고 싶어하는 경우에는 가끔 부모의 휴대전화를 빌려줍니다. 이때 늘 부모와 같은 공간에 있는 것이 좋습니다. 이용 전에 이용 시간을 정하고 약속을 지키도록 합니다.

초등맘카페 회원 사례 모음

하숙생님 5학년이면 늦은 편인지는 잘 모르겠지만 입학하면서 폴더폰을 쓰다가 스마트폰이 필요한 이유를 얘기하길래 아빠가 고민 끝에 바꿔줬어요. 일단 아이는 사진을 많이 찍고 음악을 들었으면 하더라고요. 시간 약속을 잘 지키고 있고 페북이나 인스타, 카톡은 하지 않아요. 걸어 다니면서 스마트폰을 한다거나 음악을 듣지는 않아요.

꽃님이 6학년인데 공신폰을 사줬습니다. 모양은 스마트폰, 기능은 일반폰이에요. 카톡은 집에서만 쓸 수 있도록 제가 쓰던 옛날 스마트폰에 설치해주었습니다. 내년에 중학교에 가더라도 사줄 생각 없습니다.

오후 아이가 4학년인데 스마트폰을 사주니 게임 때문에 거짓말을 하더군요. 스마트폰을 덜컥 사준 부모 탓도 있다고 생각해서 봐주다가 거짓말이 세 번 걸렸을 때 한 달 동안 스마트폰 사용을 금지했습니다. 스마트폰을 일찍 사주고 늦게 사주고의 문제가 아니라 스마트폰의 올바른 사용법을 아이에게 잘 알려주는 게 중요한 것 같습니다. 한 달 사용금지 후에는 알아서 조절해서 잘 사용하고 있어요.

오레오 4학년인데 아직 스마트폰은 없어요. 늦게 사주자는 생각이라 좀 더 있다가 사줄 예정이에요. 다만 태블릿이 있어서 유튜브 같은 건 보게 해주는데 주말에만 1시간씩 보게 해줘요. 친구들이 거의 스마트폰이 있어서 아이도 한 번씩 친구들과 카톡을 하고 싶어 하는데 막상 스마트폰이 생기면 카톡 말고는 할 게 없을 것 같다고 생각하더라구요. 그래서 아이도 아직 사 달라고는 안 하네요. 아직 불편함 없이 지내고 있어요. 요즘 아이들이 어릴 때부터 스마트폰에 중독되는 현실이 씁쓸하네요. 아무쪼록 늦게 사주는 게 최선인 것 같아요.

셋맘 초등학교 5학년 때부터 모둠 숙제도 있고 연락도 있고 해서 큰애는 그때 해주었어요. 그런데 우리 큰애가 자신이 중독인 것 같다고 폴더폰으로 교체하더라고요. 우리 막내는 더 늦게 사주려고요. 늦게 해주는 게 좋아요.

리니맘 5학년인 우리 아이는 사용했던 2G폰을 쓰고 있어요. 학교에서 게임할까 봐 폰 개통은 안 하고 제가 썼던 스마트폰으로 집에서 와이파이로 게임할 수 있게 해줬더니 큰 불만 없이 지냈어요. 그런데 최근에 반에서 유튜브 영상을 제작하는데 친구들하고 소통이 어렵다고 해서 고민 중이에요.

튼튼이맘 5학년입니다. 규모가 작은 학교에서는 안 사줬는데 큰 학교로 전학 왔더니 저희 아이만 없어서 사줬어요. 아직은 조절해서 사용하네요. 원래 계획은 중학교 들어가면서 사주기로 했었어요.

건우맘 4학년입니다. 2년째 폴더폰을 쓰고 있는데 폴더폰이라고 놀리는 친구가 있었나 봐요. 그래도 스마트폰은 안 될 것 같아 이번에 스마트 기능이 없는 터치폰으로 교체하였습니다. 생긴 게 스마트폰 같다고 그것도 엄청나게 좋아하네요. 사전, 카메라, 동영상, 라디오 기능을 쓰고 있고요. 컴퓨터로 연결해서 음악 다운받아주고, 교육영상 같은 것은 선별해서 넣어주면 될 것 같아요. 인터넷이 필요한 검색이나 교육적인 영상은 오픈된 거실에 노트북을 두고 쓰고 있어요.

공주 5학년인데 아직 안 사줬어요. 폴더폰을 사용하고 있어요. 5학년이 되면서 남편과 의논해보았는데, 미디어에 빠지기 쉬운 남자아이라 좀 더 늦게 사주기로 합의했어요. 다음 달부터 학교에서 5, 6학년을 대상으로 18주 과정 스마트폰 교육을 시작하더라구요. 신청자만 받는데, 그거 다 이수하면 6학년 때 사주마 약속했어요. 친구관계는 불편한 거 없지만 아이가 소유하지 못해서 생기는 집착이 심한 듯하여 내년엔 사주려 합니다. 각종 과제도 스마트폰이 있으면 수월하긴 해서요. 중학교 입학해서 사주는 건 6학년 때 사주는 것보다 더 위험해 보이기도 하고요.

꾸러기 ▶ 4학년 아들맘입니다. 맞벌이다 보니 1학년 때는 학교가 일찍 마쳐서 학원에 다녀와도 엄마 퇴근 전까지 시간이 남아 연락이 필요하더라구요. 1, 2학년 때는 휴대폰을 사용하고 2년 약정 끝난 후 3학년부터는 휴대폰 없이 지냅니다. 오히려 좀 크니 동선도 정해져 있고, 다니는 공부방과 미술학원도 아파트 단지 내에 있어서 대신 집전화를 설치했어요. 반에서 스마트폰 없는 사람이 자기뿐이라는데 전 중학교 갈 때쯤 사줄 생각입니다. EBS와 영어 교육을 위한 탭이 있는데 집에서만 사용하고 모바일 펜스 어플로 관리하고 대부분 부모가 있는 시간에 이용하고 있습니다.

유튜버가 되겠다는 아이, 이대로 둬도 괜찮을까요?

요즘 아이들 장래 꿈 1위가 공무원에서 1인 크리에이터로 바뀌었죠. 그만큼 아이들이 유튜브라는 미디어에 빠져 있다고 할 수 있습니다. 아마도 우리 부모들은 아이가 크리에이터가 되겠다고 하면 걱정될 수 있습니다. 불특정 다수를 대상으로 하는 유튜브에 아이들 얼굴이 노출되는 것이 위험해 보이기도 하고, 아이가 쉽게 생각하고 계획 없이 뛰어들었다가 시간만 낭비하는 건 아닌지 걱정되기도 할 것입니다. 특히 남자아이들의 경우 공부는 필요 없고 게임만 잘하면 된다고 생각하거나, 여자아이들의 경우 새로 나오는 인형이나 값비싼 장난감 등을 유튜브 진행을 위해 계속 사달라고 할 수 있습니다.

아이들이 유튜브만 보는 건 문제가 될 수 있지만 제작을 경험해보고 창의적인 사고를 통해 방송을 해나가는 것은 매우 좋은 일이라고 볼 수 있습니다. 그러나 아무리 좋은 것도 목표가 없거나 목표를 잘못 정하게 되면 큰 낭패를 볼 수 있습니다. 그래서 1인 크리에이터를 꿈꾸는 아이들이 꿈을 향해 나아가기 위해서는 먼저 알아야 하는 것들이 있습니다.

아이의 말을 끝까지 들어주세요

크리에이터가 되겠다는 아이의 말을 경청해주면 아이는 당황하거나 감동할 것입니다. 이때 아이의 반응에 주목하세요. 유튜버가 되겠다는 꿈을 응원해주겠다는데 당황하는 아이일수록 더 집요하게 구체적인 계획을 물어보고 응원해주세요. 그런 아이들은 대부분 공부가 하기 싫어 게임 유튜버가 되겠다고 하는 것인데, 오히려 부모가 응원해주면 부모의 관심에 부담을 느껴 쉽게 꿈을 포기하기도 합니다.

그런데 만약 후자의 경우라면 아이의 게임 실력이나 게임 영상을 만드는 편집능력, 그리고 무엇보다 유튜버들에게 가장 중요한 기획 능력과 끈기가 있는지 확인해보아야 합니다. 요즘 아이들에게 인기 있는 대표적인 유튜버는 저학년들에게는 '도티', 고학년에게는 '대도서관'이 있는데, 부모가 이런 유튜버들의 영상을 보고 우리 아이가 도전할 만한 능력이 되는지 확인해보는 것도 좋은 방법입니다.

게임 유튜브 영상을 만들어 올리는 것은 누구나 할 수 있고, 프로게이머가 되는 것처럼 치열한 경쟁을 거치는 것도 아니므로 도전하는 사람이 많습니다. 다만 엄청난 레드오션이라 영상을 올려도 봐주는 구독자가 없는 경우가 대부분입니다. 그런 점을 활용하여 아이에게 직접 영상을 만들어서 올려보라고 응원해주세요. 그렇게 약 6개월만 해보면 아이에게 재능이 있는지가 판가름 날 것입니다.

요즘 아이들, 특히 남학생들은 초등학교 때부터 게임으로 친구를 사귀고 게임을 잘해야 친구들 사이에서 인정받는 것이 현실입니다. 그러다 초등학교 고학년이 되면서 학업 스트레스가 쌓이게 되면 가장 스트레스를 풀기 쉬운 게임에 중독되게 되고, 게임 영상을 보는 것이 너무 재미있어 공부를 아예 접고 프로게이머가 되겠다거나 유튜버가 되겠다고 하는 아이들이 많아집니다. 한창 사랑이 싹트는 커플의 사랑은 그 누구도 말릴 수가 없는 것처럼 한창 게임과 사랑에 빠진 아이에게 게임의 유해성을 백날 이야기해봤자 부모와 갈등의 골만 깊어집니다. 잔소리 대신 아이가 어떤 게임을 좋아하고 어느 정도 실력이 되는지 관심을 가져주세요. 부모의 적극적인 관심하에 게임을 '양성화'할 필요가 있습니다. 그런 과정을 통해 아이 스스로 자신의 부족한 실력을 인정하게 되거나 뜻밖의 재능을 발견하게 될 수 있습니다.

게임 유튜버는 아니지만 초등학생들이 많이 보는 〈말이야와 친구들〉이라는 유튜브 채널이 있습니다. 어른들이 보기에는 철없는 삼촌이 조카들 데리고 별걸 다 하네 싶은 채널인데 이 채널 구독자가 무려 백만이 넘고 우리가 상상할 수도 없는 돈을 그 영상으로 벌어들입니다. 그 채널 중에 최근에 완성된 자신의 집을 소개하는 영상이 있는데, 유튜브 영상으로 멋진 집을 짓고 가족들과 행복하게 사는 모습을 소개하는 그를 보며 기성세대가 생각하는 직업의 범위가 얼마나 협소했나 반성하게 되었습니다.

우리가 살아온 모습과는 다른 모습으로 변모해가는 세상을 부모가 먼저 깨닫고 움직여야 합니다. 아이가 공부를 회피하기 위해 유튜버가 되려고 하는지, 정말 게임영상 제작에 관심과 재능이 있는지를 중립적인 시각으로 살피되 열린 마음으로 판단해보아야 합니다.

성공적인 크리에이터에 필요한 요소

방송한다고 해서 누구나 성공하는 크리에이터가 되는 것은 아닙니다. 목표로 하는 콘셉트의 어떤 영상을 찍을지를 고민하고 그걸 오랫동안(몇 년) 즐길 줄 아는 어린이가 될 각오가 되어 있어야 크리에이터라는 직업에 도전할 수 있습니다. 크리에이터는 방송을 진행하고 제작을 컨트롤할 수 있는 '감독'으로서의 자질이 있어야 하므로 녹화와 송출, 영상 편집, 채널 운영과 마케팅 및 만들려고 하는 주제에 대한 기본적인 지식이 있어야 합니다.

또 아이들은 1인 방송 크리에이터는 뭐든 마음대로 해도 된다고 생각하는 경우가 많은데, 절대 그렇지 않습니다. 인기 있는 게임이라 하더라도 다각도로 접근하여 본인이 공부한 내용과 창의적 사고를 바탕으로 영상을 제작해야 하며, 늘 약속된 시간에 영상을 업로드해야만 고정팬이 생기고 점차 채널을 키워나갈 수 있습니다. 갑자기 다른 일정으로 약속된 시간을 무시해서는 안 되기 때문에 개인생활의 일부분을 포기해야 하는 경우도 많다는 것입니다. 예를 들어 그 시간에 친구의 생일파티가 있다면 개인적인 약속보다 채널에서 영상이 올라오기를 기다리는 팬들을 먼저 생각하고 나 자신의 다른 행복을 포기해야 한다는 것입니다.

아울러 개성을 담은 영상을 제작하려면 꾸준히 모니터링을 해야 합니다. 단점을 보완해나가면서 개성이 담긴 나만의 콘텐츠를 만들어나가기 위해서는 단순 반복적으로 풀어나가는 계산력 수학 문제처럼 그렇게 내 영상을 계속 모니터링 해야 한다는 것입니다.

이 조건들을 성실히 해나갈 마음의 각오가 되어 있다 하더라도 성공하는 크리에이터가 되기 위해서는 멘탈이 약해서는 안 됩니다. 크리에이터는 악플이 달릴 때도 의연하게 대처해야 합니다. 쉽게 마음의 상처를 받을 수 있는 아이라면 크리에이터는 맞지 않는 직업일 수 있습니다. 그럼에도 되고 싶어 하고 도전해보고 싶어 한다면 기회를 주는 것도 나쁘지 않습니다. 부모들도 겪어봐서 알겠지만 스스로 해보고 결정하는 것만 한 최고의 답은 없기 때문입니다.

하지만 아이에게 어떤 설명을 해도 부모의 말은 하지 말라는 말로만 들릴지 모릅니다. 평소에 아이와 공감대를 형성하고 소통한 부모가 아니라면 말이죠. 그러므로 평소 식사 시간에 아이가 관심 있어 하는 크리에이터에 대해 물어보면서 소통을 통해 유대감과 공감대를 형성해야 합니다. 아이와 함께 크리에이터 관련 책자도 읽어보면서 단순히 게임만 해서는 성공하는 크리에이터가 될 수 없다는 것을 인지시키는 게 좋습니다. 많은 분야의 독서도, 그리고 영어와 같은 외국어 공부도 성공하는 1인 크리에이터에게 절대적으로 필요한 요소라는 것을 아이들에게 전해주면 좋을 것 같습니다.

아이 용돈은 언제부터 얼마를 줘야 할까요?

아이들은 용돈을 스스로 계획하고 쓰는 기회를 통해 중요한 가치를 배우고 익힙니다. 용돈 교육의 기본 원칙은 자율성에 기초한 책임입니다. 아이들은 용돈을 받으면서 처음으로 경제생활을 시작하는 셈입니다. 용돈관리를 통해 단순히 돈을 쓰고 모으는 법을 배우는 차원을 넘어서서 선택에 책임지는 법을 배우게 되고 올바른 판단 훈련을 하게 됩니다.

용돈을 주는 방법

천 원과 만 원으로 살 수 있는 물건이 다르다는 것을 아는 때부터 용돈을 주는 것이 좋습니다. 만 원을 가지고 마트에 가서 가지고 싶은 물건이나 음식을 어느 정도 살 수 있는지 대충은 알 정도가 되어야 용돈을 관리할 수 있습니다.

요즘 어린이들은 일찍부터 돈에 관심이 많습니다. 초등학교 저학년이면 이미 내가 원하는 것을 돈만 있으면 가질 수 있다고 생각합니다. 주의할 것은 아이가 결정하고 사용할 수 있는 능력에 따라 금액이나 주는 시기를 잘 조절해야 한다는 것입니다. 아빠, 엄마도 힘들게 돈을 벌어서 꼭 필요한 것에 사용하고 있다는 것을 가르쳐주고, 자녀들이 용돈을 사용할 때 정해진 금액에서 꼭 사고 싶은 곳에 쓸 수 있도록 코치해주세요.

용돈을 스스로 관리할 수 있는 능력이 생길수록 주기를 늘려가는 것이 좋습니다. 처음에는 3일에 한 번, 그다음엔 일주일에 한 번, 마지막으로 한 달에 한 번씩으로 단계를 두고 늘려가면 기간에 맞게 돈을 계획하고 사용하는 능력도 같이 키울 수 있습니다. 이때 주의할 점은 아이와 약속한 용돈 주기를 꼭 지켜야 한다는 것입니다.

용돈 금액은 부모가 단독으로 결정하기보다 아이와 협의 후 결정해야 합니다. 얼마가 필요한지 물어보고, 간식, 학용품, 장난감, 저축 등 사용처를 엄마와 함께 살펴본 후 필요한 금액보다 조금 부족한 금액으로 정합니다.

또래 친구들보다 용돈이 많으면 친구들이 자꾸 뭘 사달라고 하는 일도 생기고, 아이도 돈으로 친구의 환심을 사려고 할 수 있습니다. 반대로 용돈이 없어 갖고 싶은 물건을 살 방법이 없으면 훔치고 싶은 유혹에 쉽게 노출되기도 합니다. 따라서 동네 아이들이 자주 가는 분식점, 편의점, 문구점 등에 들려서 아이가 좋아하는 음식을 같이 사 먹어보며 분위기를 알아두는 것이 좋습니다.

돈이 남는다면 저축할 수 있습니다. 이때 목적을 분명히 하고, 성취감과 만족감을 느낄 수 있도록 구체적인 방법을 알려주는 것이 좋습니다. 사고 싶은 물건과 모아야 할 금액을 명시한 통장이나 저금통을 만들어주세요. 부족한 돈은 홈알바를 통해 벌 수 있도록 합니다. 홈알바는 아이와 미리 정한 항목과 가격으로 해야 합니다. 돈이 필요하다고 바로 홈알바 일거리를 만들어주거나 돈으로 아이를 통제하려 해서는 안 됩니다. 또한, 당연히 해야 하는 숙제, 방 청소 등은 홈알바 메뉴에 넣지 않도록 해야 합니다.

용돈 기입장 사용법

3, 4학년부터는 용돈 기입장 쓰기를 추천합니다. 사실 용돈 기입장의 목적은 따로 있습니다. 용돈 기입장으로 용돈을 정확히 계산하거나 남은 용돈을 잘 사용하게 된다면 더없이 좋겠지만, 사실

그건 중학생 친구들에게나 기대하는 게 맞습니다. 여기서 말하는 용돈 기입장의 목적은 자유롭게 용돈을 쓰게 하기 위한 것입니다.

아이에게 용돈을 주었다면 어느 정도 자율성을 보장해주세요. 부모가 보기에 쓸데없어 보이는 걸 산다고 하면 바로 제재에 들어가고 싶은 마음이 들지요. 하지만 일단 용돈을 주기 전에 미리 용돈으로 사선 안 되는 것에 대해 이야기를 나누었다면 위험하거나 해가 되지 않는 한 본인이 사고 싶은 것을 사보고 후회도 해보는 과정을 거치게 해주세요. 다만 아이가 어떤 곳에 용돈을 쓰는지 체크할 필요는 있습니다. 그때 필요한 것이 용돈 기입장입니다. 아이가 원하는 곳에 사용하되 어디에 썼는지 적도록 하세요. 용돈 기입장은 용돈을 사용하는 곳이 다양해지고 글쓰기가 자유롭게 가능한 초등 중학년부터 쓰는 것을 권장합니다.

친척 어른들께 받은 용돈 관리

명절 세뱃돈이나 친척이나 부모의 지인들을 만났을 때 자녀들이 얼마간의 용돈을 받는 경우가 종종 있습니다. 오랜만에 만난 어른들이 주는 용돈이니 아이 입장에서 보면 상당히 큰 액수입니다. 필요한 데 쓰라고 주셨으니까 자기 돈이라며 마음대로 쓰겠다는 아이들도 있을 것입니다. 그러므로 자녀가 돈에 대한 개념이 생겨 욕심을 내기 전인 아주 어릴 때부터 이런 돈을 어떻게 사용할지 교육하는 것이 좋습니다.

평소에 일정하게 용돈을 주는 조건으로 그 외에 받은 돈은 저금통에 넣어 두었다가 기회가 되는 대로 같이 은행에 가서 자녀의 이름으로 통장을 개설하여 입금해주세요. 아이가 받은 돈이 차곡차곡 잘 모아지고 있다는 걸 보여주는 거죠. 게다가 이자도 조금이나마 붙어 늘어나고요. 자연스럽게 경제교육이 이뤄집니다. 따라서 아이와 함께 쉽게 갈 수 있는 가까운 은행을 이용하세요.

자녀 이름으로 통장을 개설하기 위해서는 여러 가지 제반 서류가 필요하므로 미리 서류를 확인하고 은행을 방문해주세요. 생각보다 서류 준비가 까다로우므로 시간 여유가 있을 때 미리 준비해두면 더욱 좋겠죠?

이건 지켜주세요

스스로 해야 하는 일, 예컨대 자기 책상을 정리하고 숙제하고 밥을 잘 먹는 등의 일에 대한 보상으로 용돈을 지급해서는 안 됩니다. 물론 칭찬과 격려로 습관을 잘 세울 수 있도록 하는 것은 좋습니다. 또한, 용돈은 일정 기간에 예외 없이 지급해주어야 합니다. 만약 일주일에 천 원을 주기로 했으면 특별한 선물을 받는 등의 일이 생기더라도 꾸준히 받아서 저축하든 사용하든 자녀가 결정하게 해주세요. 고학년이 되면 친구들과 어느 정도 균형을 맞춰주세요. 너무 부족하지도, 너무 과하지도 않게 아이와 적절한 금액을 결정하는 과정이 필요합니다.

무엇보다 아이가 올바른 경제관념을 갖게 하는 최고의 방법은 부모가 본을 보이는 것입니다. 부모가 규모 있는 경제생활을 하는 것이 최고의 경제교육임을 기억하세요.

방학 중 해두면 좋을 만한 것은 뭐가 있을까요?

주말이 좋고 기다려지는 이유는 주중에 못했던 '내가 하고 싶은 것'들을 할 수 있다는 기쁨 때문입니다. 휴식, 가족과 함께 시간 보내기(가족행사, 나들이, 캠핑 등), 운동과 놀이, 다양한 체험들을 할 수 있지요.

방학은 어떨까요? 방학이 끝나갈 때의 엄마들 표정을 아이들은 방학 시작할 때 보여줍니다. 밤잠 설쳐가며 방학을 손꼽아 기다려온 우리 아이들이 행복하고 유익하게 방학을 보내려면 어떤 것들을 해야 할까요?

'방학 버킷리스트' 작성해두기

실제 방학 전후로 한 달 정도를 더 방학기간으로 잡고 준비와 실행, 정리 시기로 계획합니다. 이때 나침반 역할을 해주는 좋은 활동으로 버킷리스트 작성이 있습니다.

방학 전에 가장 먼저 할 일은 우리 아이의 흥미와 필요를 파악하는 것입니다. 방학의 주인은 엄마가 아니고 아이입니다. 일단, 아이와 대화를 나누어보는 것부터 시작합니다. 아이가 놀고 싶은 것들만 나열한다고 슬퍼하거나 분노하지 마세요. 혹시 학교가 쉬듯 학원도 쉬고 싶다고 말하더라도 놀라지 말고 잘 들어주기만 하면 됩니다. 꼭 아이가 원하는 대로 다 하게 해주어야만 좋은 엄마인 것은 아닙니다.

하고 싶은 것을 실컷 쏟아내며 상상만으로도 행복해했다면 이제 아이에게 '해야 할 것'도 있다는 것을 알려주고 무엇을 해야 할지 찾아 선택할 수 있도록 함께 고민해주세요. 아이가 잘 모른다면, 평소 밥 먹듯 꾸준히 해왔던 숙제가 답이라고 힌트를 주면 됩니다. 가령, 독서, 운동, 글쓰기 연습, 가사 일 돕기 등입니다.

아이가 하고 싶은 일, 부모와 상의하여 해야 할 일들을 정리했다면 학교 선생님이 주신 방학과제도 고려해서 버킷리스트를 완성합니다. 버킷리스트 활용은 비현실적인 일일생활계획표보다

방학을 계획하고 실천하여 성취감을 맛보게 해주는 데 더 효과적입니다.

방학 중 실천력 높이기

평소 하고 싶은 활동과 공부를 자유롭게 선택했다면, 방학 중에는 나의 필요와 능력에 맞는 적절한 양을 꾸준히 해결함으로써 실천력을 높이는 생활습관을 기르도록 합니다. 학기 중 바쁜 일정 때문에 하지 못했던 활동들을 체험해보고, 부족한 과목을 보충하고 좋아하는 과목을 심화합니다. 이렇게 스스로 선택한 살아 있는 배움과 성장을 맛보기 위해 방학이 있는 것이지요. 여행이나 체험 활동 등 특별한 일을 계획했다면, 준비와 정리뿐만 아니라 충분한 휴식마저도 계획에 포함하여 실천해보게 합니다.

방학에도 주중이 있고 주말이 있습니다. 아이가 꾸준히 실천할 것 말고도 특별한 날 참여할 것을 구분하여 강약을 조절하여 부모가 도움을 주어야 합니다. 특히, 내 아이의 흥미와 적성에 맞는 주제의 캠프(우주과학, 발명, 코딩, 영어 등)나 가족여행을 위한 숙소, 도서관과 박물관에서 진행하는 전문적인 특별 프로그램 등은 적게는 한 달에서 몇 달 전에 사전 예약해야 하는 것들도 있으므로 관련 정보를 수집하고 해당 홈페이지에 회원가입을 미리 해두어서 신청 시기를 놓치지 않게 주의해야 합니다.

〈 초등학생이 할 수 있는 과제의 예 〉

과제종류		과제의 예
학력 보충 심화		독서, 부족한 과목 보충, 수학, 한자공부, 영어회화, 글짓기, EBS 교육 방송 청취, 꿀맛닷컴 활용 등
바른 심성 함양		생활일기 쓰기, 효도 실천, 시골 친척집 방문하여 생활하기, 공공시설물 애호 활동 등
특기 · 취미 · 소질 계발		바둑, 서예, 우표수집, 식물 가꾸기, 동물 키우기, 미술 활동, 악기 연습, 동요 · 민요 배우기, 무용 배우기 등
체험활동	우리 경제 살리기	용돈 기입장 쓰기, 재(새)활용 작품 만들기, 과소비 조사, 내가 실천한 근검절약 사례 써보기, 근검절약 사례 수집하기, 한 등 끄기 실천, 우리 농산물과 국산품 사용 실태 조사 등
	가족이 함께 하기	가족과 집안 대청소, 가족회의, 가족 노래자랑, 가족과 놀이나 게임하기, 서로 안아주기, 하고 싶었던 이야기나 소원 이야기하기, 사랑의 편지 쓰기, 가족 자랑 찾기, 닮은 점과 안 닮은 점 찾기, 집안 어르신 찾아뵙기, 가족신문 만들기 등
	창의성 · 사고력 신장	상상의 세계 표현, 동시 쓰기, 그림동화 작가 도전, 생활과학 작품 만들기, 발명품 아이디어 찾기, 궁금증 해결하기 등
	견학 · 탐구 · 조사	현장 견학(과학관, 박물관, 고궁, 각종 전시장 등), 과학탐구 보고서 작성법 알아보고 보고서 쓰기, 각종 조사 활동 등
	건강 및 체력 증진	계절스포츠 도전(수영, 스케이트, 스키 등), 줄넘기, 조깅, 아침 체조하기, 배드민턴, 탁구 배우기, 등산 등
	봉사활동	가정과 이웃에서 봉사활동 하기, 분리수거, 불우이웃 돕기 등
	그 밖의 체험활동	교육적인 다양한 체험(영어 및 과학캠프, 종교캠프, 도서관과 과학관에서 실시하는 사전신청 특별 프로그램 참여 등)하기

방학 중 계획적인 게임, 인터넷, 스마트폰 사용을 허락해도 될까요란 질문을 많이 받습니다. 안타깝지만 기본 생활습관을 만들기 위한 노력에는 수개월, 수년이 필요하지만, 자극적인 활동에는 쉽게 중독됩니다. 방학 동안 게임이나 TV에 빠져 있다가 개학 이후 강박과 중독 증세를 보이는 학생들이 많습니다. 팝콘 브레인(Popcorn Brain, 첨단 디지털기기에 익숙해져 뇌가 현실에 무감각해지는 현상)이 되어 게임, 인터넷, 스마트폰 외에 모든 것이 귀찮고 그냥 보고 듣는 일조차도 집중할 수 없게 만드는 습관을 굳이 아이의 일생에 몇 번 없을 소중한 방학에 만들어줄 필요는 없습니다.

정리교육은 어떻게 해야 하나요?

아이가 지나가는 자리는 폭탄 맞은 것처럼 10초 안에 초토화돼버립니다. 엄마가 애써 정리하고 돌아서면 언제 그랬냐는 듯이 난장판이 돼버리는 풍경! 아이가 어릴 때는 '어리니까 조금만 참자. 크면 괜찮아지겠지.'라며 치워줍니다. 그러다 초등학교에 입학하고부터는 정리교육이 절실해지는 게 엄마 마음입니다. 때로는 잔소리로, 때로는 살살 달래며 이야기해봐도 잘 해결되지 않는 정리교육, 어떻게 하면 좋을까요?

정리교육, 언제부터 시작하나요?

자녀가 태어나서 뒤집고 기어 다니다가 걷기 시작하면 정리 교육을 시작하면 좋습니다. 즉, 두 손을 사용할 수 있을 때 시작해야 합니다. 손가락을 마음대로 사용할 수 있는 소근육이 발달하는 단계가 아니어도 정리를 할 수 있습니다.

발달단계에 맞는 정리교육 방법을 알아보겠습니다.

이유식을 먹고 난 후에 숟가락을 가지런히 놓는 연습, 놀잇감을 가지고 논 후에 지정된 자리로 놓는 연습부터 시작합니다. 이때는 부모가 함께 정리하며 놀이처럼 즐기도록 하면 좋습니다. 아직 어려서 줄이 딱 맞게, 보기 좋게 정리하는 것이 서툴더라도 탓하지 말고 칭찬과 격려해주세요.

점차 소근육이 발달하기 시작하면 조금 더 업그레이드된 정리교육이 필요합니다. 놀잇감을 정리함에 넣기만 하는 것이 아니라 보기 좋고 다음에 꺼내기 좋게 가지런히 정리하도록 해주세요. 정리가 잘 되면 다음에 놀잇감을 찾기도 쉽고 꺼내기도 좋음을 아이가 느끼도록 해줍니다. 스스로 만족감을 느끼는 것이 중요합니다.

놀잇감뿐 아니라 자기 속옷은 어른들과 함께 개고 정리하면 좋습니다. 속옷 접는 것이 서툴러서 구김이 많더라도 여유를 갖고 놀이처럼 합니다. 함께 갠 속옷은 바구니에 담아서 속옷 서랍에 넣도록 합니다. 가능하면 다른 가족의 속옷도 서랍에 정리하도록 지도하면 좋습니다.

조금 더 크면 놀잇감뿐 아니라 책, 학용품 등을 정리하도록 합니다. 책 정리를 쉽게 하기 위해 지금 보고 있는 책은 거실 한켠에 정리할 수 있도록 작은 책장을 마련해줍니다. 책장 안에 북스탠드, A4 크기의 오픈형 파일박스를 두면 책이 한쪽으로 기울거나 넘어지지 않아 정리하기 쉽습니다. 파일박스는 앞면이 열리는 개폐막을 떼어내고 사용하면 편합니다.

가방이 생기면 넓고 평편한 것은 등 쪽으로, 작은 것은 앞쪽으로 정리하도록 도와줍니다. 연습을 여러 차례 반복하다 보면 책가방도 잘 정리할 수 있습니다.

책상 정리를 위해 책상 서랍에 넣을 수 있는 작은 바구니, 종이상자 등을 마련하여 정리를 도와줍니다. 학교에서도 잘 정리할 수 있도록 학교 책상 서랍 왼쪽에는 책과 공책 등을 넣고 오른쪽에는 각종 준비물과 필통 등을 넣도록 일러둡니다.

정리정돈의 필요성에 대해 이야기하며 해결 방법을 생각하기

"○○야, 이제 너도 초등학생이 되었으니 자기 일은 스스로 하는 노력이 필요할 것 같아. 지금까지는 네가 어리니까 엄마가 대신해주었는데 이제 스스로 정리정돈해야 할 때가 된 것 같아. 어떻게 하면 좋을지 우리 같이 이야기해보자."

아이들과 이야기해보면 자기들도 어질러진 게 싫은데 정리하기 귀찮기도 하고 정리하는 걸 잊어버려서 잘 안 된다고 말하곤 합니다. 어른들도 정리정돈을 잘하려면 시간을 정해놓고 습관적으로 해야 하는 것처럼 아이들도 똑같습니다. 엄마를 힘들게 하고 싶어서 정리를 안 하는 게 아니라 단지 치워야 한다는 생각을 못하고 필요성을 못 느끼는 것입니다. 따라서 왜 정리를 해야 하며 정리하면 무엇이 좋은지 알려주고, 정리를 잘하는 방법에 대해 충분히 얘기하고 협의하는 시간이 필요합니다.

정리정돈 습관화

하루 10분이라도 습관적으로 정리하다 보면 주변이 깨끗해지는 기적을 체험할 수 있습니다. 아이와 합의해 청소 시간 타이머를 일정한 시간에 울리도록 설정하고 규칙적으로 10분씩 정리정돈하는 시간을 갖습니다. 이때 아이가 좋아하는 음악을 두 곡 정도 틀어주고 노래가 다 끝나기 전까지 모든 정리를 끝낼 수 있도록 약속합니다. 정해진 시간 내에 청소를 끝내면 자유시간 주기,

친구를 집으로 초대할 이용권 주기, 일주일간 잘 정리하면 먹고 싶은 음식 해주기 등과 같은 즐거운 규칙도 정합니다.

정리하기 쉬운 환경 만들어주기

아이가 자기 방 청소를 시작할 때 재활용 봉지와 일반 쓰레기 봉지를 같이 줘서 시간과 동선을 줄일 수 있도록 만들어줍니다. 1, 2년 동안 안 썼던 물건은 과감히 버릴 수 있도록 가르쳐주고, 정리 공간이 잘 나올 수 있도록 처음 시작할 때 도와줍니다. 옷이나 놀잇감을 정리하다 보면 간혹 놓을 자리가 없는 놀잇감이 생길 수 있습니다. 자리가 없는 물건들이 있을 때는 빈공간에 넣을 수 있도록 수납함을 만들어주세요. 그리고 개수가 많은 장난감은 한 칸 더 여유롭게 만들어놓아 아이가 넣고 빼기 쉽도록 해주세요.

주의할 사항

• 정리를 시작하는 단계에서 놀이처럼 즐겁게 접할 수 있도록 합니다.

• 부모가 정리하는 것이 시간도 적게 걸리고 정리된 모습도 좋다는 이유로 자녀가 보는 앞에서 부모가 정리해버리면 안 됩니다. 교육은 하루아침에 이루어지지 않습니다. 여유를 가지고 아

이가 정리 방법을 익힐 때까지 옆에서 도와주세요.

• 적절한 칭찬과 격려를 해줍니다.

• 정리해야 할 놀잇감과 교구가 너무 많으면 아이 스스로 정리하기 힘들 수 있습니다. 필요 이상의 놀잇감, 교구를 구비해놓기보다는 자녀의 발달 단계에 맞는 것으로 방을 꾸며주세요.

• 이전에 사용하던 놀잇감, 교구, 혹은 주변에서 받은 것 중 아직 필요하지 않은 것은 커다란 리빙박스에 넣어 따로 보관하다가 가끔 꺼내주면 좋습니다. 이때 아이가 좋아한다면 그 놀잇감은 리빙박스에 보관하지 않고 장난감 정리함으로 옮깁니다. 대신 지금 장난감 정리함에 있는 것 중 리빙박스로 옮겨 정리할 것을 아이와 함께 정합니다. 즉 하나를 가져오면 하나를 빼는 연습도 필요합니다.

아침 식사, 아침 반찬 뭘 해주면 좋을까요?

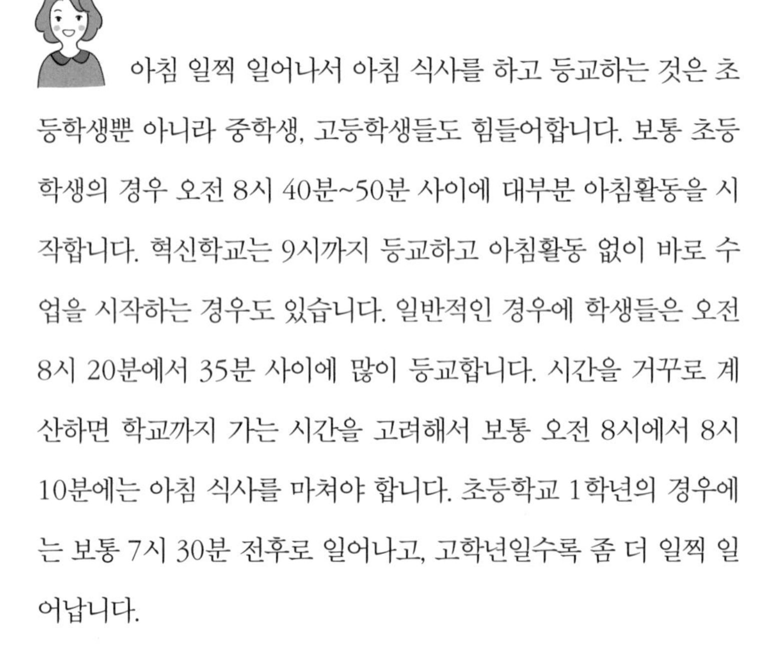

아침 일찍 일어나서 아침 식사를 하고 등교하는 것은 초등학생뿐 아니라 중학생, 고등학생들도 힘들어합니다. 보통 초등학생의 경우 오전 8시 40분~50분 사이에 대부분 아침활동을 시작합니다. 혁신학교는 9시까지 등교하고 아침활동 없이 바로 수업을 시작하는 경우도 있습니다. 일반적인 경우에 학생들은 오전 8시 20분에서 35분 사이에 많이 등교합니다. 시간을 거꾸로 계산하면 학교까지 가는 시간을 고려해서 보통 오전 8시에서 8시 10분에는 아침 식사를 마쳐야 합니다. 초등학교 1학년의 경우에는 보통 7시 30분 전후로 일어나고, 고학년일수록 좀 더 일찍 일어납니다.

아이가 저학년일 때 부모는 학교에서 배고프지 않게 아침밥을 꼭 먹여서 보내야 한다는 의무감을 가지고 있습니다. 하지만 점점 학년이 올라가면서 잠이 부족한 아이를 위해 아침을 간단히 먹더라도 조금 더 자도록 하는 부모가 많습니다. 특히 중고등학생의 경우에는 등교하면서 먹도록 간단히 챙겨주거나 학교 근처 편의점에서 먹도록 체크카드를 충전해주는 경우도 많습니다.

아이들은 아침에 집에서 나와 우유 급식을 하고 점심 급식 이후에 하교합니다. 그 사이에는 학습이나 생활태도에 보상으로 주어지는 간식을 시행하지 않는 학급이 많습니다. 그렇다 보니 아침 식사가 부실하면 아이가 허기질 수 있습니다. 아이의 균형 있는 성장을 위해서는 아침 식사를 든든히 챙겨주는 것이 좋습니다. 그러나 아침에는 시간적인 여유가 없고, 일하는 부모라면 특히 더 아침 식사 준비가 부담일 수 있습니다. 여기에 몇 가지 간편식을 소개합니다.

한 그릇 음식

카레밥, 짜장밥, 잡채밥, 볶음밥 등은 만들기 편하고 육류와 채소가 골고루 들어가 있어 영양적인 면으로도 훌륭합니다. 카레, 짜장, 볶은 불고기는 국처럼 미리 해놓고 소분하여 보관하기 좋으며, 적당히 데워 따뜻한 밥 위에 올려주면 아이가 쉽게 먹을 수 있습니다. 매운 것을 잘 먹지 못한다면 씻은 김치와 기름을 뺀 참치를 볶아 밥 위에 올려주면 좋습니다.

맑은 국물류

미역국, 된장국, 소고기뭇국, 만둣국 등 국물이 있는 음식도 좋습니다. 아침 식사이기 때문에 너무 맵고 짠 찌개보다는 맑은국이 좋습니다. 국에 밥을 말아 먹는 경우 나트륨 과다 섭취가 걱정된다면 간을 심심하게 한 국을 준비합니다. 국을 미리 끓여 한 끼 분량씩 소분하여 냉동, 냉장시켜 두었다가 아침에 꺼내서 뜨겁게 데워 찬밥에 말아주면 아이가 먹기 좋습니다.

미역국, 육개장, 사골국, 소고기뭇국, 시래기된장국 등은 냉동실에서 꺼내서 데워도 맛의 변화가 없지만 두부는 해동시키면 식감이 변하므로 넣지 않는 것이 좋습니다. 호박죽, 닭죽 등도 미리 끓여 냉동해둘 수 있으며, 일주일 안에 먹을 양이라면 냉장실에 두어도 됩니다. 누룽지, 소고기 죽, 채소죽 등도 좋습니다.

누룽지

시중에 파는 딱딱한 누룽지는 간식으로 먹을 수도 있고, 물을 붓고 끓여 누룽지죽으로 만들 수 있습니다. 따뜻한 누룽지는 포만감을 주며 밥보다 위에 부담이 적습니다. 볶은 현미를 물과 함께 끓여서 물은 음용수로 마시고 물에 불은 현미는 누룽지로 먹을 수 있습니다.

만들기도, 먹기도 편한 음식

유부초밥, 주먹밥, 삼각김밥은 만들기도, 먹기도 편한 음식입니다. 시중에서 포장해서 파는 세트를 이용하면 더 편하게 만들 수 있습니다. 이 경우에는 잘게 다진 고기를 볶아서 넣거나, 멸치 볶음, 참치캔, 김가루 등을 추가하면 부족한 단백질을 채울 수 있습니다. 김밥에 들어가는 여러 가지 재료가 아니더라도 아이가 평소에 잘 먹는 반찬을 김밥으로 싸서 잘라주면 별미가 되기도 합니다.

김밥에 들어가는 재료를 다져 넣고 비빈 다음 틀에 넣어 삼각김밥이나 유부초밥으로 만들어줄 수 있습니다. 김과 함께 각종 고기나 해물, 채소를 섞어서 만든 가루(후리카케)와 잔멸치나 다진 소고기 볶음을 넣어 주먹밥을 동그랗게 말아주거나 쿠키틀에 넣어 모양을 내주면 먹기에 편합니다. 밥에 참기름과 후리카케만 넣어 동그랗게 말아 샌드위치 햄이나 베이컨에 말아줄 수도 있습니다.

아침마다 10~15분이면 한 그릇 음식으로 준비할 수 있으나 그마저도 없을 때는 시중에 있는 냉동볶음밥을 이용합니다. 냉동볶음밥은 채소부터 육류, 해물까지 다양하게 나와 있으나 아이 입에는 짜고 매운맛이 많으므로 집에 있는 밥을 더 넣어 같이 볶아주면 좋습니다.

간식을 이용한 아침 식사

떡을 좋아하는 아이라면 가래떡 구이, 인절미 구이 등도 좋은 아침대용식입니다. 개별 포장되어 있는 떡을 냉동해두었다가 전날 미리 꺼내두면 아침에 먹기 편할 정도로 말랑해져 있습니다. 소가 들어 있는 종류보다 절편, 찰떡, 설기 종류가 좋으며 약밥도 간편합니다. 떡은 받아서 그날 바로 냉동하는 것이 좋으며, 이미 냉동하기 전에 굳어버렸다면 해동해도 부드러워지지 않습니다. 전자렌지에 해동하면 떡이 흐물흐물하게 되어 먹기 불편하므로 피하는 것이 좋습니다. 불린 떡국떡과 냉동만두를 사골국에 넣으면 즉석 떡만둣국이 됩니다.

우유나 두유를 좋아하는 아이의 경우 시리얼도 간단히 먹기 좋습니다. 단맛이 많이 나는 한 종류의 시리얼보다는 견과류가 있으며 당도가 낮은 시리얼을 선택합니다. 귀리를 압착시켜 구워낸 오트밀에 뜨거운 물을 부어 불리면 죽처럼 걸쭉해집니다. 귀리는 곡류이면서도 단백질, 필수아미노산, 수용성 섬유질이 풍부해 좋습니다. 미숫가루, 찐 단호박이나 고구마 등을 갈아 넣은 쉐이크류도 든든한 한 끼가 됩니다.

아침에 먹는 사과는 '금'이라는 말이 있습니다. 아침밥 먹는 것을 힘들어하는 아이라면 사과 몇 쪽, 토마토 한두 개, 방울토마토 몇 개도 좋습니다. 단맛이 너무 강한 과일보다는 적당히 단맛이 있는 과일이 좋습니다. 팩으로 포장되어 있는 과일주스(예를 들어 사과즙, 배즙 등)에 제철과일 등을 갈아서 만든 주스도 아침에 먹기 좋습니다.

빵의 경우에는 단맛이 강한 것보다는 식빵이나 모닝빵, 베이글 등이 좋습니다. 식빵 사이에 샌드위치햄, 계란, 치즈, 양상추, 아이가 좋아하는 과일잼, 땅콩잼 등을 넣어 만든 샌드위치도 좋습니다. 우유나 두유를 함께 준비해서 영양도 고려할 수 있습니다. 식빵이나 모닝빵을 먹는 경우 버터나 잼은 큰 병보다는 호텔 조식처럼 작게 포장되어 있는 것을 준비해서 아이가 선택하게 하는 것이 좋습니다. 식빵은 우유에 계란, 설탕, 소금을 넣어 구워주면 프렌치토스트가 되며, 빵을 먹을 때는 견과류나 과일을 함께 먹도록 해주세요. 수프를 함께 준비하고 싶다면 물만 넣어 바로 먹을 수 있는 것도 있고, 냄비에 부어 물과 끓이기만 하면 되는 것도 있습니다.

간단한 반찬 만들기 TIP

1. 거의 모든 아이가 좋아하는 반찬인 계란후라이, 조미김은 늘 있으면 편합니다. 그 이외에 아이가 좋아하는 반찬, 그러나 너무 자극적이지 않은 반찬을 준비해두면 편리합니다. 계란후라이보다는 채소와 치즈 등을 넣은 계란말이가 영양을 고려하면 더 좋습니다. 이때 당근, 양파, 버섯, 감자 등을 다져서 얼려 놓으면 여러 음식에 활용하기 좋습니다. 지퍼백에 넣어 얇게 펴서 얼려두면 세우거나 쌓아두기 쉽고 필요한 만큼 잘라 쓰기에 좋으니 깍둑썰기, 다지기 두 종류로 만들어두세요.

2. 소시지 볶음, 어묵 볶음 등의 볶음류도 아이들이 좋아합니다. 아침 식사 반찬이므로 평상시보다 기름을 적게 사용하고, 케첩이나 양념을 넣지 않는 것이 먹기 편합니다.

3. 소고기 다짐육에 다진 채소를 넣어 함박스테이크 반죽을 만들어 냉동실에 넣어두면 필요할 때마다 꺼내 데워주기 좋습니다. 아이와 함께 반죽을 만들면 촉감 놀이까지 됩니다. 또, 소고

기 다짐육에 밑간해서 간장과 함께 볶으면 소보루 식감이 나는 소고기 볶음이 됩니다. 소고기 볶음을 삶은 콩나물과 양념간장과 비벼주면 콩나물비빔밥이 되고, 김밥에 넣어주면 소고기김밥, 삶은 소면과 육수 위에 올려주면 잔치국수, 으깬 두부와 같이 볶아 밥 위에 얹어주면 두부소고기 덮밥이 됩니다.

4. 차돌박이나 등심 등을 구워서 간단하게 장에 찍어 먹으면 속이 든든합니다. 삼겹살이나 목살을 구워서 잘게 썰어서 씻은 김치와 주먹밥으로 만들어주는 것도 편합니다. 고등어나 굴비, 갈치 등 생선을 저녁식사할 때 미리 구워두고 한 마리씩 데우거나 간장조림 양념으로 얹어 생선조림을 해줄 수 있습니다.

5. 달걀이나 메추리알을 넣은 소고기 장조림을 넉넉하게 해두면 밥과 같이 비벼서 먹이기 좋습니다. 달걀로 오믈렛을 해주거나 압력밥솥으로 구운 달걀을 해두면 그냥 삶은 달걀보다 질리지 않게 먹을 수 있고 상온에서도 오래갑니다.

6. 가끔은 전날 먹고 남은 조각 케이크, 매운 주꾸미 볶음이나 오징어 볶음으로 만든 볶음밥 등을 아침에 먹이는 것도 나쁘지 않습니다. 아이가 먹기 싫은 음식을 먹느라 부모와 아이 모두 맘 상하고 고생하는 것보다는 말입니다.

기질이 정반대인 두 아이, 어떻게 키워야 할까요?

이 세상 사람들은 모두 다릅니다. 일란성 쌍둥이라 할지라도 똑같지 않습니다. 하물며 나이도 다르고, 성별도 다른 형제자매가 같을 수 있을까요? 나이, 성별에 따라서 기질이 다를 수도 있고, 성별이 같아도 기질이 다를 수 있습니다. 두 아이가 기질이 정반대이든 아니든 아이 한 명 한 명을 하나의 독립된 인격체로 바라봐주어야 육아가 수월해집니다.

부모의 마음가짐

기질이 정반대인 두 아이를 키우는 부모라면 아이 한 명 한 명을 있는 그대로 인정해주는 마음가짐이 필요합니다. 조용한 아이와 활동적인 아이, 말이 빠른 아이와 느린 아이, 표현을 잘하는 아이와 어려워하는 아이, 호기심이 많은 아이와 적은 아이, 조심성이 많은 아이와 적은 아이, 공부를 잘하는 아이와 싫어하는 아이 등등 두 아이가 같은 면이 있을 수도 있지만 모두 다를 수 있습니다. 어느 아이가 맞는 걸까요? 어느 아이가 더 소중한 아이일까요? 어떤 기준으로도 아이에게 사랑의 순서를 매길 수 없을 것입니다. 부모에게는 모든 자녀가 다 소중하고 사랑스러운 존재입니다. 다만 부모의 기준에 맞추어 아이를 바라보기 때문에 부족해 보이고, 부정적으로 생각되어 힘들어지는 것입니다.

예를 들어, 호기심 많은 아이를 바라볼 때 긍정적으로 본다면 '세상에 관심이 많고 적극적이다'고 볼 수 있습니다. 하지만 부정적으로 생각한다면 산만하고 이른바 나대는 것처럼 보일 수 있습니다. 활동적이고 적극적인 성격의 부모라면 호기심 많은 아이를 좋게 생각하는가 하면, 조용한 성격의 부모라면 호기심 많은 아이를 힘들다고 느낄 수 있습니다. 그저 호기심이 많을 뿐인데 이런저런 잣대로 아이를 판단하기 시작하면 육아가 한없이 힘들게 느껴집니다. 아이의 호기심은 인정해주되, 호기심 때문에 위험해지는 상황이나 다른 사람에게 피해를 주는 면이 있다면 그런 점만 부모가 올바르게 지도해주면 됩니다.

다른 면들도 마찬가지입니다. 부모가 어떤 기준을 가지고 아이를 바라보느냐에 따라서 양육의 질이 달라집니다. 자신만의 잣대로 아이를 판단하기보다는 아이의 모습 그대로를 인정해주는 것이 중요합니다.

다름 인정하기

부모가 먼저 기질이 다른 두 아이를 이해하고 인정해주었다면, 아이들도 서로 다르다는 것을 인정할 수 있도록 지도해주어야 합니다. 어릴 때부터 시작하는 것이 좋습니다. 우선, 아이들에게 선택권을 주고 각자 선택한 것을 지지해줍니다. 예를 들어, 첫째는 분홍색을 좋아하고 둘째는 노란색을 좋아하는데 둘째가 분홍색을 안 예쁜 색이라고 말한다면 누구나 좋아하는 색깔이 다를 수 있음을 설명해줍니다. 자신의 선택이 다른 사람과 연관되어 있는 것이라면 서로 의논해서 결정해야 한다고 알려줍니다. 가족이 주말에 나들이를 가려고 하는데 첫째는 박물관, 미술관, 고궁 등 조용한 곳을 좋아하는 반면에 둘째는 놀이동산, 물놀이장, 운동하는 곳을 좋아한다면 가족회의를 열어서 순서를 정해 번갈아 갈 수 있도록 합니다. 만약 부모도 가고 싶은 곳이 있다면 부모가 가고 싶은 곳도 넣어서 순서를 정하도록 합니다.

할머니 생신이나 가까운 친척분의 결혼식 등 꼭 참석해야 하는 행사는 기준을 정해 반드시 가족이 함께 참석하는 것으로 합니다. 아이 한 명이 너무 내성적이어서 집에 있는 것을 좋아하고 부끄러움을 많이 타서 행사에 참석하는 것을 힘들어한다면 부모가 옆에서 아이 마음이 덜 힘들게 격려해줍니다.

기질이 다르면 학습적인 부분에서도 차이가 날 수 있습니다. 이때도 공부를 스스로 잘하는 아이와 공부를 시켜야만 하고 힘들어하는 아이의 다름을 부모가 먼저 인정해주는 것이 중요합니다. 공부를 잘해야만 부모에게 사랑받는 것이 아니라 공부를 못해도 부모가 자신을 사랑하고 지지해준다고 느끼면 아이는 위축되지 않고 다른 것은 잘할 수 있다고 자신감을 가집니다.

도움이 되는 도서

아이 기질(성격, 행동양식), 다중지능 등을 이해하고 훈육하는 데 도움이 되는 도서와 검사에 대해서 안내해드립니다.

우선, MBTI(Myers-Briggs Type Indicator)가 있습니다. MBTI는 마이어스(Myers)와 브릭스(Briggs)가 정신분석학자인 카를 융(Carl Jung)의 심리유형론을 바탕으로 만들어낸 성격유형검사 도구입니다. 에너지의 방향에 따라 외향-내향(E-I) 지표, 어떻게 인식하느냐에 따라 감각-직관(S-N) 지표, 수집한 정보를 바탕으로 어떻게 결정하느냐에 따라 사고-감정(T-F) 지표, 인식과 결정에 따라 보이는 생활양식이 무엇이냐에 따라 판단-인식(J-P) 지표로 나뉩니다. MBTI는 이 4가지 선호 지표가 조합된 양식을 통해 16가지 성격 유형을 설명하여, 성격적 특성과 행동의 관계를 이해하도록 돕는 도구입니다. MBTI를 기본으로 쓰인 도서《성격유형과 자녀 양육태도》,《열 여섯 빛깔 아이들》을 추천합니다.

다음으로 에니어그램이 있습니다. 에니어그램은 사람의 타고난 기질을 크게 3가지(머리형, 가슴형, 장형)로 나누고, 머리형-가슴형-장형을 다시 각각 3가지로 나누어 9가지 유형으로 나누는 성격유형 이론입니다. 도서《에니어그램으로 보는 우리 아이 속마음》에는 아이의 기질을 검사할 수 있는 유형별 문항이 있고, 기질에 따른 일반적인 문제들 즉, 학습태도, 등교하기, 잠자리 습관, 식습관, 친구 사귀기 등에 대해 설명하고 있어서 기질이 다른 두 자녀를 양육하는 데 도움을 받을 수 있습니다. 또한, 도서《에니어그램의 지혜》를 통해 부모 자신의 기질도 파악할 수 있습니다. 부모와 아이의 기질적인 차이를 알게 됨으로써 나와 다른 기질의 자녀를 이해하는 데 도움을 받을 수 있습니다.

세 번째로 다중지능입니다. 하버드 대학의 교육심리학과 교수이자 보스턴 의과대학 신경학과 교수인 하워드 가드너가 창시한

다중지능이론(Multiple Intelligence)이 있습니다. 아이들은 다양한 지능을 가지고 태어나는데, 그중에서도 그 아이가 특별히 발휘할 수 있는 지능이 강점지능입니다. 부모는 아이의 강점지능을 찾아서 인정, 격려해줌으로써 발전시키고 약점지능을 보완할 수 있도록 도와주어야 합니다.

도서《내 아이의 강점지능》은 내 아이가 가장 좋아하고 잘하는 분야의 잠재능력과 가능성을 보이는 것을 뜻하는 '강점지능'을 부모가 직접 발견할 수 있도록 도와줍니다. 도서《아이의 다중지능》은 다중지능에서 이야기하는 8가지 지능을 소개하고, 다중지능의 강점지능과 약점지능을 미리 발견하는 것이 왜 중요한지, 아이가 진로를 정할 때까지 여덟 가지 기능을 골고루 계발해야 하는 이유는 무엇인지, 이 지능을 계발하기 위해 어떤 방법이 필요한지 등에 대해 안내합니다. 초등 저학년 아이를 키우는 가정에서 활용해볼 만한 방법들을 담고 있으니 참고하세요.

부 록

초등맘을 위한 알짜 정보

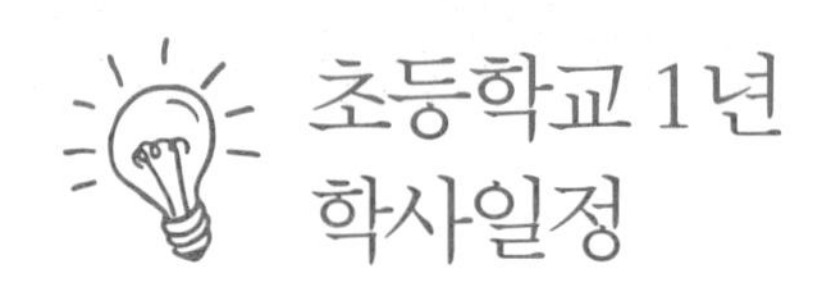

초등학교 1년 학사일정

입학과 개학을 앞두고 학교의 1년 학사일정을 미리 파악해두면 1년의 계획을 짜기에 수월합니다. 학교마다 특색 있는 학사 일정이 운영되고 있지만 공통되는 흐름은 다음과 같습니다.

〈초등학교 1년 학사일정〉

1학기		2학기	
3월	시업식 및 입학식 방과후 학교 신청 진단검사 1학기 임원선거(학급, 전교) 학교설명회 및 학부모 총회 1학기 학부모 상담주간	8월	2학기 임원선거
		9월	학부모 상담주간
4월	과학교육 주간 학년별 현장체험학습 학부모 공개수업	10월	인성교육 실천주간 학년별 현장체험학습
5월	어린이날 기념행사(체육대회 등) 수학여행(고학년) 생존수영 체험	11월	교육과정 발표회
6월	방과후 학교 공개수업	12월	겨울방학식
7월	여름방학식	1, 2월	졸업식, 종업식

3월 입학식, 개학식

초등학교의 입학식은 3월 2일 10시 이후에 진행되는 경우가 많습니다. 재학생의 개학식과 같은 날이기 때문에 다른 학년의 아이들이 학교에 있는 상태에서 입학생만 강당에서 진행합니다. 재학생은 등교시간에 맞춰 지난 학기에 배정받은 학년반에 가서 새로운 담임선생님과 학교 방송으로 개학식에 참여합니다. 이날 자리 배정이나 사물함 선정, 학급 규칙 등을 정합니다.

3월 중반 학부모 총회

3월의 첫날 개학식 후에 아이들은 새로운 학년 반에 적응하는 시간을 가집니다. 교육부의 교육 방향에 따라 학교 교육과정이 운영되며, 이에 따라 학급 교육과정이 수립됩니다. 학급마다 특색 있는 교육과정이 운영되기 때문에 선생님에게도, 학생에게도 적응 기간은 중요합니다. 이 기간에 학교를 빠지고 가정체험학습을 하거나 방학 중에 시작한 영어캠프가 아직 종료되지 못했다면 이후 교우관계나 학급생활에 어려움이 있을 수 있으므로 가능하면 3월에는 가정체험학습을 하지 않는 것이 좋습니다.

셋째주 정도에 학교마다 학부모 총회를 합니다. 교장선생님께

한 해 학교 운영 방침을 들을 수 있고, 학급 담임선생님의 학급 운영 특색을 알 수 있는 시간입니다. 담임선생님도 이 시간이 아니면 학부모들에게 학급에 대해 자세히 설명할 시간이 없으므로 학부모 총회에 참석하여 설명을 듣고 참고하는 것이 좋습니다. 학교 운영에 학부모의 도움이 필요한 녹색봉사활동, 학부모도우미, 도서봉사활동, 급식모니터링 선정 등도 이날 이루어집니다. 3월 학교설명회와 학부모 총회는 전반적인 학교 교육활동 정보를 얻을 수 있고 새로운 담임선생님의 학급 경영방법과 교육철학을 알 수 있는 절호의 찬스입니다.

학부모 상담주간(1학기 3, 4월)

담임선생님이 아직 학생에 대한 면밀한 파악이 힘들 수 있으니 부모가 자녀교육관이나 학교적응 모습, 교우관계, 방과 후 일정, 건강상태 등에 대해 알려주면 좋습니다. 학교마다 전화상담이나 야간 방문상담일 등도 운영하고 있으니 활용해보세요.

현장체험학습(1학기 4~6월, 2학기 10~11월)

학기마다 1회씩 현장체험학습이 계획되어 있습니다. 꽃피는 봄에 한 번, 단풍이 아름다운 가을에 한 번입니다. 3월에는 입학 관련 행사, 4월은 과학 행사, 학교폭력실태조사 등이 있습니다. 봄이 지난 6월 말이나 7월은 비가 오는 날이 잦고, 9월은 운동회, 가을이 끝난 11월 이후에는 기온이 낮아져 체험학습 장소 선정에 어려움이 많아 보통 1학기 현장체험학습은 4~6월 중순, 2학기 현장체험학습은 10~11월 중순에 갑니다.

각 지역에 다양한 체험학습 업체가 있어서 계절마다 할 수 있는 특색활동을 중심으로 체험학습 프로그램이 짜여 있고, 실내외 활동을 할 수 있습니다. 저중학년은 직업체험업체를 이용하기도 하고 모둠 자율활동이 가능한 고학년은 놀이동산이나 워터파크에 가기도 합니다. 업체 이용료와 버스 대절 이용요금을 사람 수로 나눠서 현장체험학습 금액이 정해지며, 식당을 이용할 경우 점심식사 비용도 추가될 수 있습니다. 4, 5학년은 수련활동을 1박 2일이나 2박 3일로 가기도 하고, 6학년은 이제는 명칭이 '소규모 테마여행'으로 바뀐 수학여행을 갑니다.

학부모 공개수업(4, 5월경)

교사의 수업 전문성을 신장하고 학생들의 평소 수업 모습을 공개하여 학부모의 공교육에 대한 만족도를 재고하기 위한 목적으로 학교마다 학부모를 대상으로 하는 수업 공개가 이루어집니다. 3월 학부모 총회가 있는 날이나 아이들이 새학기에 어느 정도 적응한 4~5월 사이에 보통 공개수업이 열립니다. 학부모 총회일에 함께 하는 수업 공개는 전 학년이 함께 이루어지며, 이후 수업 공개는 학년별로 날짜가 다르게 정해집니다. 공개수업은 2학기에 이루어지는 교원능력개발평가에 활용됩니다. 학부모는 정해진 시간에 교실에 방문하여 40분간 수업을 지켜볼 수 있으며, 학생 중심의 수업 평가지를 작성합니다. 2학기에는 학교에 따라 한차례 수업 공개가 더 있기도 하고, 학예발표회나 운동회 등으로 대체되기도 합니다.

운동회, 학예회

학교마다 사정이 다르지만 한 해에 운동회와 학예회를 동시에 진행하지 않고 격년으로 시행하는 학교가 많습니다. 운동회는 5월 1일이나 어린이날을 기념하여 열리기도 하고, 10월에 가을 운동회를 하기도 합니다. 학예회는 2학기 중반 이후에 하는 경우가 많으며 12월에 가장 많이 합니다. 운동회는 과거 운동회에서 볼 수 있었던 단체무용은 거의 하지 않는 추세이며, 학년별 혹은 3개의 학년이 함께 체육대회 형식으로 운영되는 경우가 많습니다. 단체

경기와 달리기가 주 종목이고, 운동회 행사업체에 대행하여 진행하는 경우에는 학부모까지 참여한 다양한 경기를 하기도 합니다.

전 학년이 모일 수 있는 강당이 있는 학교가 거의 없으므로, 학예회는 학년별로 강당에서 진행하거나 학급에서 학급학예회로 합니다. 무대에 올라가지 않는 학생들의 대기 시간이 무대의 공연을 보고 배울 수 있는 교육적 효과보다 만족도가 낮다는 이유입니다. 따라서 학급학예회로 진행하는 경우 학급의 모든 아이가 동등한 기회를 받으며 대기 시간이 짧아 여러 무대에 참여할 수 있고, 경우에 따라서 학부모에게 공개되기도 합니다. 학급에서 이루어지므로 의상을 대여하거나 장기간 연습을 요하는 무대는 거의 없습니다.

여름방학(7~8월)

방학기간에는 학급 관련 행사는 중단되며, 학교에서 진행되는 방과후 학교 방학특강과 돌봄교실은 운영되지만 오전 시간으로 조정되기도 합니다. 방학기간 학교 운영에 필요한 필수 인력이 교무실에 상주하고 있으므로 전학 등의 급한 업무 처리는 가능합니다.

학교폭력실태조사, 교원능력개발평가 만족도 조사

4학년부터 참여하는 학교폭력실태조사는 지난해 2학기부터 현재까지 있었던 해결되지 않은 학교폭력 사태에 대해 객관식, 서술형 문항에 답하는 형식으로 이뤄집니다. 조사 기간에 밝혀진 학교폭력 사안은 학교 담당경찰관에게 자동으로 보고되어 사안의 진실 여부에 따라 학교폭력자치위원회가 열립니다.

교원능력개발평가의 만족도 조사는 3학년까지는 학부모만 참여하고, 4학년부터는 학생도 만족도 조사에 참여합니다. 대상은 해당 학급의 담임선생님과 교과선생님, 교감선생님, 교장선생님 등입니다. 학부모 만족도 조사는 객관식과 서술형 문항이 있고, 학생 만족도 조사는 서술형 문항만 있습니다.

두 조사 모두 무기명으로 학생 고유의 인증번호를 발급받아 진행되며, 교원능력개발평가는 담임선생님에 대한 평가가 있는 만큼 담임선생님을 거치지 않고 교원능력개발평가 컨설팅위원의 관리하에 평가에 임하게 됩니다.

진단평가, 수행평가, 단원평가

현재 공교육은 과정중심평가를 지향하고 있습니다. 정해진 학습목표의 성취도를 평가하는 결과 평가가 아닌, 학생이 학습 과정에 보인 여러 가지 변화를 교육과정에 근거하여 평가하는 움직임입니다. 학습하지 않은 과정은 평가하지 않는다는 취지인데, 이는 결과적으로 학습 목표의 성취 정도를 평가하는 단원평가보다는 아이가 목표를 성취해나가는 수업 중간에 이루어지므로 교과의 단원이 끝나는 시기에 맞춰 평가를 준비하지 않아도 됩니다.

또한, 아이들만의 힘으로 수행하기 어려운 과제는 과정중심평가의 취지에 적합하지 않아 가정에서 학부모의 도움을 받아 하는 과제도 없어지고 있습니다. 진단평가는 학기 초에 이루어지며 평가의 의미보다는 학력 및 수준 파악이 목적이므로 이에 따라 개별 학생 지도 계획이 세워집니다.

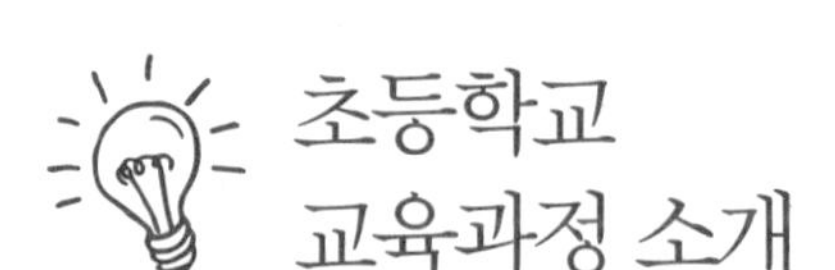

초등학교 교육과정 소개

교육과정이란 초 · 중고교에서 '무엇을, 어떻게 가르칠 것인가'에 대해 국가가 기준을 정해놓은 틀을 말합니다. 2007 개정 교육과정부터는 차순으로 전면 개정으로 이루어진 개정체제가 2~4년에 한 번씩 수시로 바뀌어 현재의 2015 개정 교육과정에 이르렀습니다.

추구하는 인간상 및 교육과정의 지향점

인간상 미래사회가 요구하는 핵심역량을 갖춘 '창의융합형 인재상'을 제시.

창의융합형인재 인문학적 상상력, 과학기술 창조력을 갖추고 바른 인성을 겸비하여 새로운 지식을 창조하고 다양한 지식을 융합하여 새로운 가치를 창출할 수 있는 사람.

〈지향점–배움을 즐기는 행복 교육〉

현 교육과정의 문제점		개선방향
– 과다한 학습량으로 진도 맞추기 수업 – 높은 학업 성취도에 비해 학습 흥미도 저하 – 지식 암기식 수업으로 추격형 모방경제에 적합한 인간	⇨	– 핵심 개념 중심의 학습내용 구성 – 진도에 급급하지 않고 학생참여중심 수업을 통한 학습흥미도 재고 – 학습의 과정을 중시하는 평가 강조 – 창의적 사고 과정을 통해 미래사회가 요구하는 창의 융합형 인재 양성

〈교육과정 신구 비교〉

구분			주요내용	
			2009 개정	2015 개정
교육과정 개정 방향			• 창의적인 인재 양성 • 전인적 성장을 위한 창의적 체험활동 강화 • 국민공통교육과정 조정 및 학교교육과정 편성 운영의 자율성 강화	• 창의융합형 인재 양성 • 모든 학생이 인문사회과학기술에 대한 기초 소양 함양 • 학습량 적정화, 교수 학습 및 평가 방법 개선을 통한 핵심역량 함양 교육 • 교육과정과 수능 대입제도 연계, 교원연수 등 교육 전반 개선
총론	공통사항	핵심역량 반영	〈신설〉	• 총론 '추구하는 인간상'에 6개 핵심역량 제시 • 교과별 교과 역량을 제시하고 역량 함양을 위한 성취기준 개발
총론	공통사항	인문학적 소양 함양	• 예술고 심화 선택 과목에 '연극' 개설	• 독서교육 강화 –초3학년부터 고등학교까지 매학기 수업시간에 책 한 권 읽기 • 연극교육 활성화 –(초중)국어 교과목에 체험중심의 연극 단원 신설 –(고)일반 선택과목에 '연극' 개설 • 교과별 교육내용에 인문학적 요소 반영

구분			주요내용	
			2009 개정	2015개정
총론	공통사항	소프트웨어 (SW) 교육 강화	• (초)실과에 ICT활용 교육 단원 포함 • (중)선택교과 '정보' • (고)심화선택 '정보'	• (초)실과 내용을 소프트웨어(SW) 기초 소양교육으로 개편 • (중)'정보' 과목 필수화 • (고)'정보' 과목을 심화 선택에서 일반 선택으로 전환, SW 중심 개편
총론	공통사항	안전교육 강화	• 교과 및 창의적 체험활동에 안전 내용 포함	• 안전교육 내실화 -(초1~2)'안전한 생활' 신설(64시간) -(초3~고3)관련 교과 단원 신설
총론	공통사항	범교과학습 주제 개선	• 39개의 범교과 학습 주제 제시	• 10개 범교과 학습 주제로 통합 조정
총론	공통사항	NCS 직업교육과정 연계	〈신설〉	• 총론의 '교육과정 구성의 중점' 등에 반영
총론	초등	초1-2 안전한 생활 신설	〈신설〉	• 주당 1시간 증배, '안전한 생활' 신설 -창의적 체험활동에서 체험중심 교육으로 실시
교과 교육과정 개정 방향			〈개선〉	• 총론과 교과 교육과정의 유기적 연계 강화 • 교과 교육과정 개정 기본 방향 제시 -핵심 개념 및 원리 중심으로 학습량 적정화 -학생참여중심 교수 학습방법 개선 과정 중심 평가 확대

※출처: 경기도 교육청

교과와 창의적 체험활동

교육과정 시간은 크게 교과와 창의적 체험활동 시간으로 나뉩니다. 학년별로 정해진 기준 시수에 따라 교과와 창의적 체험활동 시간을 효과적으로 구성하여 교육과정을 운영하게 됩니다. 창의적 체험활동에서 자율활동 시간이 97시간이라면 1학년 학생들은 그중 60시간을 3월 입학 초기 적응활동에 배정하여 활용할 수 있고, 장애인식 개선, 한자, 소프트웨어, 보건, 학교폭력 예방, 진로교육 등 다양한 영역에서 창의적 체험활동(창체 시간)이나 교과시간 등에 배정하여 운영할 수 있습니다.

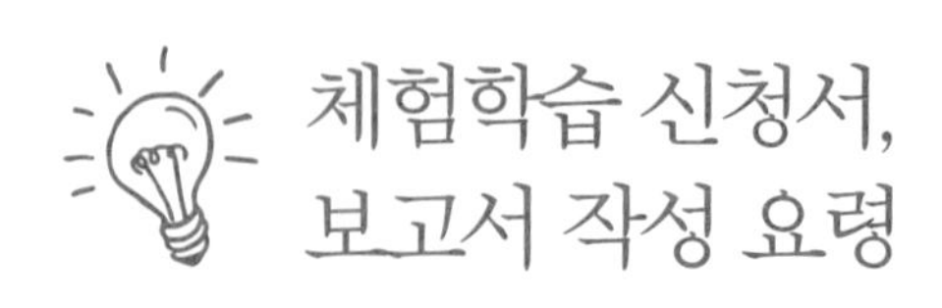

체험학습 신청서, 보고서 작성 요령

체험학습은 학부모와 함께하는 '가족동반 체험학습', 특정 학교에서 이루어지는 교육활동에 참여하기를 희망하여 이루어지는 '개별위탁 체험학습', 학교 간의 상호 협의에 의해 이루어지는 '집단교류 체험학습'으로 나뉩니다. 현장체험학습 신청 방법과 필요한 양식은 각 학교 홈페이지의 공지사항이나 서식에서 확인할 수 있습니다. 체험학습의 진행과정은 비슷하게 이루어지나, 학교별 규정에 따라 연간 체험학습 허용 일수, 신청서 및 보고서 양식, 신청 기간 및 보고서 제출일 등은 다를 수 있습니다. 사전에 학교 홈페이지를 살펴보거나 담임선생님께 연락하여 확인해야 합니다.

현장체험학습 종류

1. 가족동반 체험학습

학생과 보호자가 활동 장소와 일정을 정하여 가족이 동반하여 현장체험학습을 실시하는 경우입니다. 연간 21일 이내, 1회 7일 이내(휴일 및 휴업일을 포함하지 않음)에서 사용할 수 있습니다. 체험학습 실시 전에 신청 · 승인 절차를 마친 후 실시하고, 체험학습 결과(보고서)를 제출해야 합니다. 체험학습으로 인한 결석은 출석으로 기록 인정됩니다.

절차: ㉮ 학부모의 시기, 장소 선정 → ㉯ 학부모의 현장체험학습 신청서 제출(○일 전까지 학교장에게 제출) → ㉰ 현장체험학습 대장 결재 → ㉱ 학교장 승인 → ㉲ 체험학습지 수령 → ㉳ 체험학습 실시 → ㉴ 보고서 작성 제출

2. 개별위탁 체험학습

학생 개인이 친인척 집이나 잘 아는 집에서 머물면서 현지의 학교에 위탁하여 교육하고, 당해 지역에서 학습을 실시하는 경우입니다. 연간 1회에 1개월 이내에서 사용할 수 있습니다.

절차: ㉮ 학부모의 시기, 장소, 위탁 학교 선정 → ㉯ 학부모의 현장체험학습 신청서 제출(○일 전까지 학교장에게 제출) → ㉰ 현장체험학습 대장 기록 결재 → ㉱ 학교장 승인 → ㉲ 개별위탁교육

의뢰서 발송(교무) → ㉥ 위탁교육 → ㉦ 필요한 경우 보고서 작성 제출

3. 집단교류 체험학습

학생들이 집단으로 체험학습을 하는 것으로, 학년별 현장학습이나 수학여행 같은 체험학습을 말합니다. 이것은 학년의 부장이 시기와 장소를 계획하여 안내장(희망서) 등을 발송하여 세부계획을 수립한 후 수납 등의 절차를 거쳐 자체 계획에 따라 시행하게 됩니다.

체험학습 신청서 작성하기

현장체험학습 신청서에 인적 사항 및 학습형태, 체험목표를 작성합니다. 체험의 성격에 따라 목표는 문화 및 예술 체험, 가족 간의 친목 도모, 지역의 생활상 및 자연환경 견학 등으로 기록할 수 있습니다. 활동 기간을 적을 때 주의할 점은 공휴일은 체험기간에 포함되지 않는다는 것입니다. 체험기간이 연속되어 공휴일이 포함되었다 하더라도 순수하게 학교에 출석하지 않은 기간만 적으면 됩니다. 활동 계획 및 내용은 일정별로 간단한 활동 내용을 적어주면 됩니다.

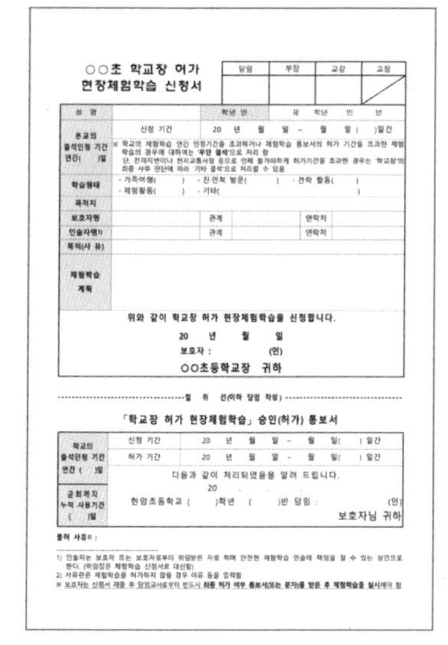

○○초 학교장 허가 현장체험학습 신청서		담임	부장	교감	교장

성 명		학년 반	제 학년 반 번		
본교의 출석인정 기간 연간( )일	신청 기간	20 년 월 일 ~ 월 일 ( )일간			
	※ 학교의 체험학습 연간 인정기간을 초과하거나 체험학습 통보서의 허가 기간을 초과한 체험학습의 경우에 대하여는 '무단 결석'으로 처리 함 단, 천재지변이나 현지교통사정 등으로 인해 불가피하게 허가기간을 초과한 경우는 '학교장'의 최종 사유 판단에 따라 '기타 결석'으로 처리할 수 있음				
학습형태	- 가족여행( ) - 친·인척 방문( ) - 견학 활동( ) - 체험활동( ) - 기타( )				
목적지					
보호자명		관계		연락처	
인솔자명1)		관계		연락처	
목적(사 유)					
체험학습 계획					

위와 같이 학교장 허가 현장체험학습을 신청합니다.

20 년 월 일

보호자 : (인)

○○초등학교장 귀하

------------------절 취 선(이하 담임 작성)------------------

「학교장 허가 현장체험학습」 승인(허가) 통보서

학교의 출석인정 기간 연간 ( )일	신청 기간	20 년 월 일 ~ 월 일( ) 일간
	허가 기간	20 년 월 일 ~ 월 일( ) 일간
	다음과 같이 처리되었음을 알려 드립니다.	
금회까지 누적 사용기간 ( )일	20 . . . 현암초등학교 ( )학년 ( )반 담임 : (인) 보호자님 귀하	

불허 사유2) :

1) 인솔자는 보호자 또는 보호자로부터 위임받은 자로 하며 안전한 체험학습 인솔에 책임을 질 수 있는 성인으로 한다. (위임장은 체험학습 신청서로 대신함)
2) 사유란은 체험학습을 허가하지 않을 경우 이유 등을 입력함
※ 보호자는 신청서 제출 후 담임교사로부터 반드시 최종 허가 여부 통보서(또는 문자)를 받은 후 체험학습을 실시해야 함

체험학습 신청서

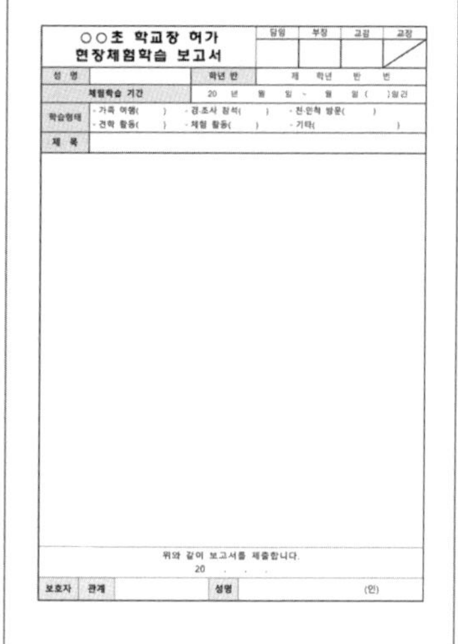

○○초 학교장 허가 현장체험학습 보고서		담임	부장	교감	교장

성 명		학년 반	제 학년 반 번
체험학습 기간		20 년 월 일 ~ 월 일 ( )일간	
학습형태	- 가족 여행( ) - 경·조사 참석( ) - 친·인척 방문( ) - 견학 활동( ) - 체험 활동( ) - 기타( )		
제 목			

위와 같이 보고서를 제출합니다.

20 . . .

보호자	관계		성명	(인)

체험학습 보고서

결과보고서 작성하기

체험학습 결과보고서는 체험 중 자신이 경험한 내용, 보고 듣고 느낀 점, 새롭게 알게 된 사실 등을 다양한 방법으로 정리하는 것입니다. 자기주도적 학습능력을 향상시키고, 기록하는 습관 및 글쓰기 능력 등을 기르는 데 도움이 됩니다. 따라서 학생이 직접 작성하게 하는 게 효과적입니다. 그러나 학교에서 보고서를 작성하는 방법을 배우지 않은 아이에게만 모두 맡겨두면 어떻게 써야

할지 몰라 힘들어할 것입니다. 부모가 순서나 목차 같은 큰 틀은 정해주고, 내용은 아이가 직접 작성하도록 해보세요.

어떻게 보면 결과보고서 작성은 여행을 다녀온 후 자기 생각이나 소감을 적는 기행문과 비슷하다고 볼 수 있습니다. 기행문은 생활문, 일기, 편지, 감상문, 안내문 등과 같이 다양한 형식으로 쓸 수 있습니다. 어떤 형식으로 쓸지 큰 틀을 결정했다면, 여행 일정을 되돌아보면서 인상 깊었던 것, 가장 즐거웠던 사건, 새롭거나 특별했던 경험 등을 떠올려봅니다. 보고서 내용은 일정에 따라 했던 모든 일을 적기보다는 기억에 남는 일이나 인상 깊은 일을 중심으로 필요한 것만 간단히 넣는 것이 좋습니다.

처음 부분에는 왜 체험학습을 가게 되었는지 계기나 동기, 기대하는 마음 등을 간단하게 적고, 가운데 부분에는 체험활동 장소에서 했던 구체적인 활동이나 본 것, 들은 것 등을 기록합니다. 마지막 부분에는 여행을 통해 느낀 점, 새롭게 알게 된 사실, 인상 깊었던 점을 작성하며 마무리합니다.

활동 내용을 적을 때에는 체험한 과정을 시간이나 날짜 순으로 여정에 따라 정리하는 방법, 여행하면서 새롭게 보고 듣고 경험한 내용을 중심으로 정리하는 방법, 가장 인상 깊었던 한 가지 사건을 집중적으로 정리하는 방법 등이 있습니다.

저학년의 경우 각 장소에서 체험한 느낌, 기분, 생각 등을 부모와 함께 이야기 나누면서 묻고 답하는 대화식으로 작성할 수 있으며, 긴 글쓰기를 힘들어하는 경우 그림으로 표현하고, 자신의 감상을 한두 줄의 짧은 문장으로 덧붙이는 식으로 작성해도 됩니다. 이때 사진이나 입장티켓, 안내책자, 브로셔, 홍보 리플렛 등의 시각자료를 첨부하면 훨씬 수월합니다.

알아두면 좋은 Tip

1. 가족 동반 체험학습 목표는 '○○여행'이라고 쓰는 것보다는 '○○여행을 통한 가족 화합 도모 및 ○○역사문화 탐구활동 및 지역 생태탐방' 등 교육적 목적이 드러나게 적습니다. 가족 동반 체험학습으로 인한 학습진도 결손 및 학교행사 불참 등은 따로 보충이 없으니 가정에서 신경 써야 합니다. 중학교 이상에서는 체험학습 신청이 불가한 기간도 있으니 주의하세요.(성적 확인기간 등)

2. 방학기간과 체험학습(가족 또는 위탁)의 일자를 최대한 활용하고, 이후 기간은 유급이 되지 않는 범위 내에서 미인정(무단) 결석처리를 감수해야 합니다.

3. 해외 체류는 주재원, 안식년, 이민 등 부모가 같이 갈 경우는 출석이 인정되나, 그 외의 경우 미인정(무단) 결석으로 처리합니다.

※유급은 수업일수 부족(수업일수 3분의 2 이상 출석하지 못함)으로 해당 학년 교육과정을 미수료하여 상급학년으로 진학하지 못하는 것으로, 이 경우 다음 학년도 1학기 시작일부터 다시 학업을 수행해야 합니다.

예) 수업일수가 191일인 학교에서 191의 3분의 2는 127.33… 으로 계산되나 소수점 이하를 올림하여 128일 이상 출석하지 못한 경우 학년 말에 유급대상자로 선정함.

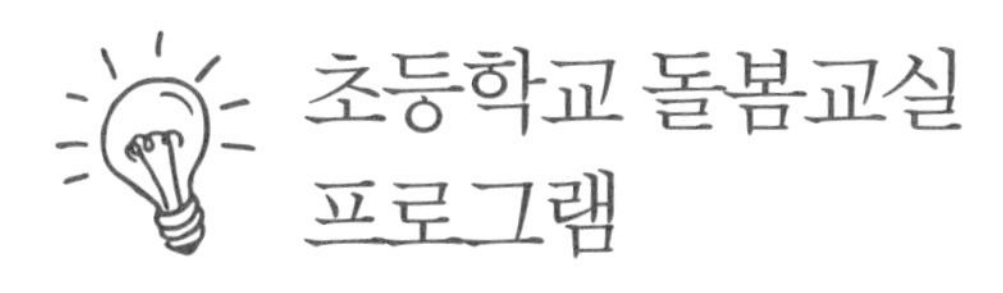

초등학교 돌봄교실 프로그램

돌봄교실은 현재 대부분의 학교에서 1, 2학년을 대상으로 하교 후 지낼 수 있는 특별교실을 마련해 5시 전후까지 운영하고 있습니다. 정원보다 원하는 학생이 많으면 학교별로 정한 우선순위에 의해 결정됩니다. 맞벌이와 저소득층이 우선 입실 대상입니다.

1학년 신입생은 학교 예비소집일에 학교에서 안내하므로 확인하여 지원하면 됩니다. 돌봄교실은 교실별로 돌봄 전담사 선생님이 근무하고, 대부분의 소통은 전담사 선생님과 합니다.

돌봄교실의 하루

학교 수업 후에 학생들은 돌봄교실로 이동해서 출석체크를 합니다. 학교 방과후 수업과 별도로 돌봄교실 자체의 프로그램이 준비되어 있는 경우 돌봄 친구들과 함께 프로그램 수업을 하게 됩니다. 악기나 체육, 기본 교과 내용을 배울 수 있고 학교 선생님이나 외부 강사가 진행하기도 합니다. 돌봄 선생님과 자유놀이를 하거나 간식을 먹으며 시간을 보내게 되고, 각자 정해진 시간에 하교할 수 있습니다. 돌봄 주간학습 안내를 참조하면 프로그램과 간식을 확인할 수 있습니다.

이 시간에 학교에서 운영하는 특기적성 방과후 학교 수업을 신청했다면 해당 교실로 이동해서 수업을 듣고 다시 돌봄교실로 돌아올 수 있습니다. 대부분 안전상의 문제로 외부 학원 이용 시 다시 돌봄교실 입실은 제한하고 있습니다.

돌봄교실 비용

돌봄교실은 교육청에서 예산이 지원되므로 돌봄교실 프로그램을 포함하여 보호자가 부담하는 교육비 항목은 없습니다. 다만 돌봄교실 간식은 수익자 부담으로 하루에 2천 원 내외의 실비를 부담하게 됩니다. 간식비는 한 달 또는 몇 개월 단위로 학교 스쿨뱅킹계좌로 출금 처리되며, 식품안전의 문제가 없는 업체를 지정해서 구매합니다.

방학기간 중 돌봄교실

학교는 방학기간을 이용해 교실이나 화장실 리모델링이나 건물 증축 등의 공사를 하는 경우가 있습니다. 이 경우 학생의 안전상의 문제로 돌봄교실, 도서관, 방과후 학교가 운영되지 않을 수 있습니다. 그런 특별한 사정이 없다면 대부분 학교에서는 방학기간 중에도 돌봄교실을 운영하고 있습니다. 학교별로 학교장 재량 휴업일에도 수요조사를 통해 운영하기도 합니다.

방학 중에 돌봄교실을 이용할지 여부는 방학 전 가정통신문을 이용해 조사합니다. 그때 이용 여부와 더불어 점심식사에 관한 조사도 함께 이루어집니다. 방학 중에는 학교 급식실이 운영되지 않으므로 도시락을 준비해야 합니다. 방학 때는 오전에 바로 돌봄교실로 가서 생활하게 되므로 마치는 시간이 평소보다는 빠릅니다. 그리고 보통 일주일 정도의 돌봄교실 방학기간이 있는데, 시기는 학부모들이 선호하는 기간을 조사해서 반영하기도 합니다.

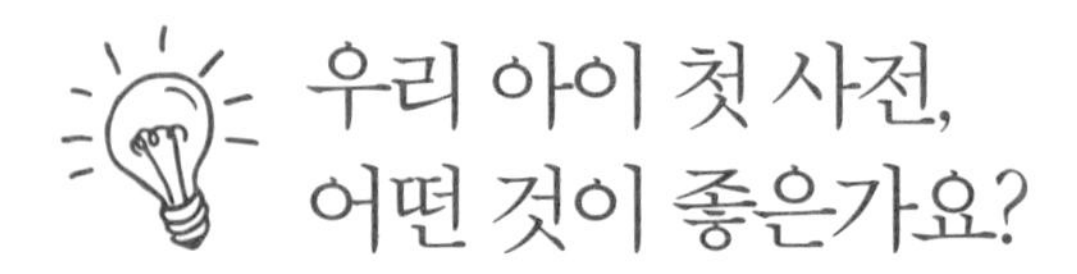

우리 아이 첫 사전, 어떤 것이 좋은가요?

1. 국어사전

초등학교 국어 수업시간에 국어사전을 활용한 수업이 있습니다. 1, 2학년까지는 주변의 것을 읽어내는 것이 주목적인 '읽기 학습'의 단계이고, 3학년부터는 읽음으로써 학습하는 '학습 읽기'의 단계입니다. 구체적인 단어 위주였던 기존의 읽을거리들과 달리 추상적인 단어의 비중이 늘어나는 단계이며, 어휘의 양 자체도 크게 늘어나는 시기입니다.

또한, 2학년까지의 통합교과가 3학년부터 사회, 과학, 체육, 음악, 미술 등으로 나뉘면서 자연스럽게 학습의 양도 늘어나고 교과별 구체적인 용어들이 등장합니다. 어휘력이 부족한 아이들이 학교 공부에 스트레스를 받기 시작하는 시기이기도 합니다. 그래서 2015 개정 교육과정에서 학생들의 어휘력과 독해력을 증진시키고자 기존보다 국어사전을 활용한 수업의 차시가 늘어났습니다.

사전이 필요한 순간은 책을 볼 때입니다. 수업시간이라면 교과서나 부교재가 되겠고, 집이라면 다양한 종류의 책이 되겠죠. 아이들이 보는 책들은 어려운 어휘를 함부로 사용하지 않습니다. 어쩔 수 없이 사용하는 어휘는 대부분 설명을 달아주는 편이죠. 문학에서 어려운 어휘라면 보편적으로 사용하는 편이지만 주로 어른들이 사용하거나 고유어 · 한자어인 경우가 많습니다. 비문학의 경우에는 가장 핵심이 되는 전문적인 개념은 책 자체에 설명이 나옵니다. 이때 그 개념을 설명하기 위한 일반적인 사회 · 과학적 어휘 등이 많이 등장합니다.

사전이 필요한 장소는 주로 학교나 집일 것이고 당연히 책상 위일 것입니다. 사실 집에서는 큰 문제가 되지 않지만, 학교의 책상은 조금 고민해봐야 합니다. 아이의 책상에 국어책이 펴져 있고, 그 위에 국어사전을 펴고, 필통을 꺼내고 필기도구를 들고 있는 모습을 상상해볼까요? 야무진 아이라면 국어사전이 조금 커도 잘 관리할 수 있겠지만 그렇지 않다면 고민해볼 필요가 있습니다. 어떤 경우에는 국어사전을 모시고 공부하는 아이들이 있거든요. 그렇다고 너무 가볍고 작은 국어사전은 전문적이거나 특수한 어휘들이 다 빠져 있어서 국어사전의 가치를 제대로 발휘하지 못한답니다.

최근의 대세는《동아 연세 초등국어사전》과《보리 국어사전》입니다. 2017년 1월에 출판한 두 사전의 객관적인 지표 몇 가지를 간단히 비교하면 다음과 같습니다.

〈국어사전 비교〉

	동아 연세 초등국어사전	보리 국어사전
총 페이지	1,472쪽	1,560쪽
무게	1,914g	1,842g
정가	33,000원	60,000원

무게는《동아 연세 초등국어사전》이 72그램 정도 무겁습니다. 가격은 절반에 가까운 수준이고요. 페이지는《보리 국어사전》이 88쪽 정도 많습니다. 무작위로 20개 정도의 낱말을 찾아보았는데 두 곳 모두에 실려 있었습니다. 페이지의 차이는 있지만《보리 국어사전》의 편집형태는 가운데를 넓게 비워놓고 중간중간 삽화가 많이 들어가 있어 실질적인 어휘의 차이는 크지 않은 것 같습니다. 다만《보리 국어사전》이 좀 더 순우리말로 설명하고자 노력하고 있고, 아이들이 이해하기 쉽게 설명되어 있다는 인상입니다. 가끔 국어사전을 책처럼 읽는 아이들이 있는데 그런 아이들에게는《보리 국어사전》이 적합하겠다는 생각이 듭니다. 하지만 이미

어휘력이 제법 풍부한 아이라면 《동아 연세 초등국어사전》이 '일반적이고 자연스럽게' 느껴질 수 있습니다.

수업시간에 사용하기에는 《동아 연세 초등국어사전》이 좀 더 적절해 보입니다. 사실 매일 들고 다니는 것이 아니라면 처음에 가져갔다가 다 끝나고 가져오니 무게 차이는 큰 문제는 아니죠. 다만 중학년 아이가 한 손으로 잡기 편하고 교실 책상에 올렸을 때 부담스럽지 않으려면 너무 큰 사전은 조금 버거워 보입니다. 또, 《보리 국어사전》은 품사 구분이 표기되어 있지 않습니다. 가끔 고학년 수업을 하다 보면 명사, 형용사, 동사 등을 구분할 때가 있는데, 이럴 땐 다소 불편할 수 있을 것 같습니다.

집에서 볼 것이라면 아이와 함께 고르기를 권합니다. 추천한 두 권 모두 괜찮습니다. 《보리 국어사전》은 두껍고 품사 구분이 없지만, 삽화가 많고 좀 더 여유 있는 편집형태라 눈의 피로감이 덜합니다. 특히 세밀화 등에 끌리는 아이들은 그림 때문에 국어사전과 친해지는 경우도 종종 있어 아이의 선택에 맡겨보는 것이 좋습니다.

2. 영어사전

아이들은 영어 공부를 시작하면서 모르는 단어가 나오면 엄마에게 바로 물어봅니다. 아는 단어를 물어보면 다행이지만, 모르는 단어를 물어볼 때도 많고 설사 아는 단어라 하더라도 발음이 확실하지 않아 자신 있게 가르쳐줄 수 없을 때가 있지요. 책으로 된 영어사전은 잘 사용하지 않을 것 같고, 단어를 찾을 때마다 스마트폰을 건네줄 수 없는 노릇이고, 영어사전 하나 정하는 것도 고민이 많습니다. 초등학생 영어 공부에 적합한 영어사전과 사용 방법을 알려드리겠습니다.

영어를 처음 접하는 초등학교 저학년부터 고학년까지는 추상적인 개념보다는 구체적인 실제를 더 잘 이해하고 기억하는 시기입니다. 모르는 단어를 설명할 때도 그 뜻을 설명해주기보다는 실제 그림이나 사물을 보여주거나 예시를 구체적으로 들어주어야 이해를 합니다. 그러므로 단어의 의미만 설명해놓은 사전은 크게 도움이 되지 않습니다. 또한, 언어라는 게 꼭 그 의미를 정확하게 번역할 수 없는 경우도 있기 때문에 그 단어가 어떤 상황에 쓰이는지 알아두는 것이 더 중요하지요. 예를 들어, 우리가 흔히 알고 있는 작고 줄무늬가 있는 귀여운 다람쥐는 'Squirrel'이 아니라 'Chipmunk'입니다. 'Squirrel'은 오히려 다람쥐를 괴롭히는 '청설모'에 가깝게 생긴 것이죠. 이런 단어의 의미 차이는 오직 사진으로만 이해될 수 있습니다. 따라서 그림으로 된 영영사전이 가장 적합합니다. 영영사전이라고 어렵지 않을까 걱정할 필요는 없어요. 그림이 있고 설명도 간결하게 되어 있어 첫 영어사전으로 추천합니다.

그러면 어떤 그림사전을 사야 할까요? 그림사전도 종류가 아주 많이 있습니다. 인터넷에서 'My First Picture Dictionary'를 찾아보면 출판사는 물론 주제별로 다양하게 있습니다. 그림사전이라고 해서 너무 쉽거나 어린아이들만을 위한 것이 아닙니다. 얇은 것부터 두꺼운 것, 단어 수가 적은 것부터 많은 것, 유아용부터 중학생까지 사용할 수 있는 것도 있습니다. 그러므로 막연히 인터넷 후기만 보고 구입하는 것보다는 서점에 가서 아이가 직접 고르게 하는 것이 좋습니다. 아이가 무엇을 고를지 모른다면 부모가 몇 권을 고르고 그중 아이가 고르게 하는 것도 방법입니다.

그림 영영사전이 너무 부담스럽다면, 한국어로 된 '그림 영어사전'도 있습니다. 영영사전보다는 종류가 적지만 초등 필수 어휘를 모은 것들이 많아 영어 공부에 도움이 됩니다. 개인적으로는 한국어로 된 그림 영어사전을 구입하더라도 그림 영영사전도 구비하기를 추천합니다.

영어사전은 단어의 의미를 알려주는 것 이외에도 그 단어의 문법적 기능과 발음까지 알려주는 '영어단어백과사전'이라고 할 수 있습니다. 영어 공부를 할 때 꼭 필요한 참고서이지요. 영어 단어는 알파벳순으로 배열되어 있습니다. 처음 단어를 찾게 할 때는 아이가 이미 알고 있는 단어로 연습을 시켜보세요. 'cat'라는 단어를 찾을 때 'c'가 있는 곳을 먼저 찾고, 'a', 't' 순으로 찾게 합니다. 5분 안에 3개 단어 찾기, 하루에 5단어 찾아보기 등 게임을 하며 사전에 익숙해지도록 합니다. 또한, 꼭 단어를 찾지 않더라도 그림책 보듯이 넘겨볼 수 있도록 도와주면 좋아요.

스마트폰이나 패드로 사전을 이용하고 싶다면, 꼭 사전 어플을 설치하세요. 검색창에 단어를 검색하는 방법도 있지만, 일단 검색창을 보는 순간부터 다른 것을 보고 싶은 유혹에 빠지니까요. 사전 어플 역시 'Picture Dictionary', '그림사전'으로 검색하면 다양하게 나옵니다. 사전 어플의 가장 큰 장점은 발음입니다. 책으로 된 영어사전은 발음기호가 나와 있기는 하지만 정확한 발음을 듣거나 구사할 수 없지요. 어플에서는 원어민 발음을 듣고, 자신의 발음을 체크하는 기능도 있으니 목적에 맞게 잘 활용해보세요.

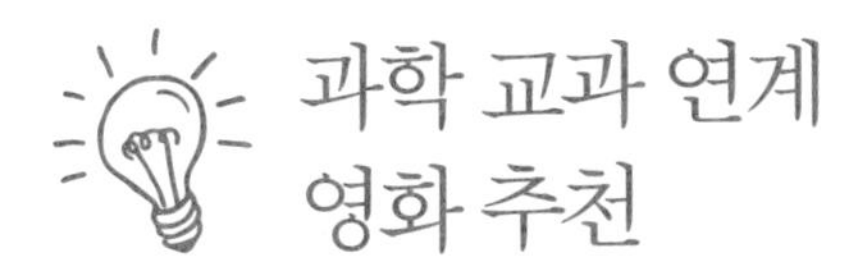

과학 교과 연계 영화 추천

과학에 흥미를 가질 수 있는 영화 몇 가지를 소개하고자 합니다. 영화를 보고 나서 과학적 사실과 영화 속 사건이 어떻게 다른지 탐구하는 시간을 가진다면 과학적 배경지식이 활성화되는 데 큰 도움이 될 것입니다. (비슷한 맥락으로 우리나라 역사와 관련된 영화를 보고 나서 실제 역사와 다른 점을 찾아내고 익힌다면 역사 공부에 큰 도움이 될 것입니다.) 또한, 아무리 좋은 영화라도 꼭 엄마가 미리 보고 괜찮다고 여겨질 때만 보여주는 것을 권합니다. (관람등급은 웬만하면 꼭 지켜주세요.)

① 마션(The Martian, 2015)

NASA 아레스3탐사대는 화성을 탐사하던 중 모래폭풍을 만나고 팀원 마크 와트니가 사망했다고 판단, 그를 남기고 떠난다. 극적으로 생존한 마크 와트니는 남은 식량과 기발한 재치로 화성에서 살아남을 방법을 찾으며 자신이 살아 있음을 알리려 노력한다.

…› 아무리 화성이 지구와 비슷한 환경을 가지고 있고 가장 비슷한 크기라고는 하지만 극저온에 진공에 가까운 상태로 사람이 살기에는 거의 불가능한 환경입니다. 화성과 지구의 환경을 비교해 보는 재미와 역경 속에서 살아남는 주인공의 모습에서 감동을 느낄 수 있습니다.

② 인터스텔라(Interstellar, 2014)

세계 각국의 정부와 경제가 완전히 붕괴된 미래가 다가온다. 지난 20세기에 범한 잘못이 전 세계적인 식량 부족을 불러왔고, NASA도 해체되었다. 이때 시공간에 불가사의한 틈이 열리고, 남은 자들에게는 이곳을 탐험해 인류를 구해야 하는 임무가 지워진다. 사랑하는 가족들을 뒤로한 채 인류라는 더 큰 가족을 위해, 그들은 이제 희망을 찾아 우주로 간다.

…› 이 영화는 시간과 공간을 이야기하는 상대론을 비롯하여 블랙홀, 웜홀 등의 다양한 우주론을 다루고 있습니다. 다소 어려운 내용을 다루고 있긴 하지만 우주에서 겪는 일들이 상세하고 실감나게 표현된 영화임에는 틀림없습니다. 우주에 관심이 많은 아이라면 다소 러닝타임은 길지만 2, 3학년 아이도 충분히 볼 수 있

으리라 생각합니다. 그 외에 우주와 관련된 과학영화는 〈그래비티(Gravity, 2013)〉, 〈퍼스트맨(First Man, 2018)〉, 〈더 문(Moon, 2009)〉 등이 있습니다.

③ 투모로우(The Day After Tomorrow, 2004)

기후학자인 잭 홀박사는 남극에서 빙하 코어를 탐사하던 중 지구에 이상변화가 일어날 것을 감지하고 얼마 후 국제회의에서 지구의 기온 하락에 관한 연구발표를 한다. 급격한 지구온난화로 인해 남극, 북극의 빙하가 녹고 바닷물이 차가워지면서 해류의 흐름이 바뀌게 되어 결국 지구 전체가 빙하로 뒤덮이는 거대한 재앙이 올 거라는 그의 주장은 비웃음만 사고 상사와의 갈등을 일으키게 된다. 얼마 후 아들이 탄 비행기가 이상난기류를 겪게 되고 일본에서는 우박으로 인한 피해가 TV를 통해 보도되는 등 지구 곳곳에 이상기후 증세가 나타나게 된다. 잭은 자신이 예견했던 빙하시대가 곧 닥칠 것임을 알면서도 아들을 구하기 위해 위험 속으로 뛰어든다. 인류를 구조할 방법을 제시한 채 아들을 구하기 위해 역진하는 잭의 운명은 어떻게 될 것인가? 또, 인류는 지구의 대재앙을 극복할 수 있을 것인가?

⋯› 하루가 다르게 지구온난화가 심각해지는 요즘, 지구온난화 때문에 극단적으로 빙하기가 도래할 수 있다는 설정의 영화입니다. 기상학자 잭 홀 박사는 지구온난화로 북극의 얼음이 녹으면서 열대지방의 따뜻한 해류를 북대서양으로 이동시키는 '대서양 자오선 역전순환류(AMOC)' 과정에 이상이 생겨 기온이 급격하게 떨어지고 빙하기가 찾아온다고 주장합니다. 빙하가 급속도로 녹고 있고 겨울철 기온이 급격히 떨어지고 있는 현재 상황과 매우

관련 있다고 생각되죠? 영화처럼 언젠가 빙하기가 도래할 수도 있으므로 지구온난화를 경계해야 한다는 목소리가 높습니다. 영화는 다행히 눈보라가 그치면서 해피엔딩으로 끝나지만 실제로는 이렇게 단기간에 빙하기가 멈추고 모든 것이 제자리로 돌아가는 일은 어렵다고 합니다. 그 외에 기상 관련 영화로는 단층과 지진을 다룬 영화 〈샌 안드레아스(San Andreas, 2015)〉, 세계 곳곳에서 일어나는 기상이변을 다룬 영화 〈지오스톰(Geostorm, 2017)〉, 토네이도를 다룬 영화 〈인투 더 스톰(Into the storm, 2014)〉 등이 있습니다.

④ 판도라(Pandora, 2016)

역대 최대 규모의 강진에 이어 원자력 폭발 사고까지 예고 없이 찾아온 초유의 재난 앞에 한반도는 일대 혼란에 휩싸이고, 믿고 있던 컨트롤 타워마저 사정없이 흔들린다. 방사능 유출의 공포는 점차 극에 달하고 최악의 사태를 유발할 2차 폭발의 위험을 막기 위해 발전소 직원인 '재혁'과 그의 동료들은 목숨 건 사투를 시작한다.

⋯› 요즘 아이들은 학교에서 지진대피 훈련 및 소방 훈련이 필수로 자리 잡으면서 안전교육에 익숙합니다. 실제로 포항 지진과 경주 지진을 겪으며 더 이상 대한민국이 지진 안전지대가 아니라는 사실을 어느 정도는 알고 있을 거라 생각합니다. 이 영화는 지진으로 원자력 발전소가 폭발하고 그에 따른 방사능 유출을 어떻게 극복해나가는지를 보여줍니다. 방사능에 대해서 알고는 있지만

정확히 어떻게 이용되고 있고 왜 위험한지는 잘 모르는 경우가 많습니다. 인구밀도에 비해 지나치게 원자력 발전소 의존도가 높은 우리나라의 상황과 원자력 발전소가 세워진 목적은 결국 전력을 많이 소비하는 대도시를 위한 것임을 아이와 이야기해보세요. 그리고 전기를 함부로 쓰지 말아야 하는 이유를 생각해보게 하면 좋습니다.

| 원고 집필 교사 명단 |

이름	근무처	경력
강현주	인천 동부초	17년
고유미	전남 사창초	10년
김나형	안산 시곡중 (영어)	13년
김민정	서울 광남고 사서교사	9년
김성경	서울 동자초	12년
김소희	용인 초당초	18년
김수린	부산 반안중 (영어)	15년
김연미	속초 속초고 (국어)	17년
남유리	수원 다솔초	18년
노정미	대구 대청초	18년
문효신	오산 청목초	16년
박미경	인천 동암초	19년
박정은	남원 월람초	13년
배진희	서울 석촌초	19년
서윤희	속초 청봉초	16년
설영은	서울 보라매초	15년
송유리	인천 당하초	10년
송현진	전북 부안초	9년
신유정	대전 두리초	16년
양지은	서울 문현초	10년
윤미현	용인 백현초	14년
이미선	인천 산곡북초	19년
이미영	서울 가인초	18년
이은주	구리 구리초	18년
임수미	대전 산성초	12년
장서연	충북 이원초	13년
전자옥	부천 고강초	18년
정지현	수원 율현초	15년
정현진	평택 갈곶초	16년
최옥순	광명 가림초	15년
최윤경	인천 마전초	15년
최지욱	안양 호성중 (영어)	15년
한송이	서울 대방초	16년
황희진	서울 잠실고 보건교사	13년

※실명 공개를 허락한 선생님들만 게재하였습니다.

| 참고자료 |

2018 김포 초등 수영교육 기본계획

2018 학교폭력 사안처리 매뉴얼 | 인천시교육청

2017 초등학교 신입생 학부모를 위한 통통교육정보 | 경기도교육청

2017 초등돌봄교실 운영길라잡이 | 한국교육개발원

2017 초등돌봄교실 운영계획서 | 서울, 경기, 강원 일대 초등학교

2015 개정 교육과정 총론 해설(초등학교) | 교육부

2015 실과(기술가정) 정보과 교육과정 | 교육부

2011 성조숙증 진료지침 | 대한소아내분비학회

《하루 15분 책 읽어주기의 힘》 짐 트렐리즈 | 눈사람 역 | 북라인

《성격유형과 자녀 양육태도》 Janet Penley | 심혜숙 역 | 한국심리검사연구소

《열 여섯 빛깔 아이들》 정경연, 박정묘 외 2명 | 어세스타

《에니어그램으로 보는 우리 아이 속마음》 엘리자베스 와겔리 | 김현정 외 1명 역 | 연경문화사

《에니어그램의 지혜》 돈 리처드 리소, 러스 허드슨 | 주혜명 역 | 한문화

《내 아이의 강점지능》 곽윤정, 강민수 외 2명 | 21세기북스

《아이의 다중지능》 윤옥인(교육기관단체인) | 지식너머

《비폭력대화 마셜B》 로젠버그 | 한국 nvc센터

《EBS 두근두근 학교에 가면: 초등 1학년 학교생활 완벽 스타트》 EBS

《자기주도학습을 위한 코칭 가이드》 이지은 | 국가평생교육진흥원

《체험으로 정리한 요즘 아이들 학년별 특징》 초등 우리교육 | 2005년 5월호

《내 생애 한번은 피아노 연주하기》 제임스 로즈 | 인간희극

《초등 국어과 교과서 1-6학년》 교육부 | (주)미래엔

《관계를 읽는 시간》 문요한 | 더퀘스트

《소아정신과 의사 서천석의 우리아이 괜찮아요》 서천석 | 예담(위즈덤하우스)

《스토리텔링 초등한국사 교과서》 초등역사교사모임 | 북멘토

《신의진의 초등학생 심리백과》 신의진 | 갤리온

《신의진의 아이심리백과(1-3학년 부모가 꼭 알아야 할 아이 성장에 관한 모든 것, 초등 저학년 편)》 신의진 | 걷는나무

《하루 10분, 내 아이를 생각하다》 | 서천석 | 비비북스
《사춘기 뇌가 위험하다》 | 김영화 | 해피스토리
《청소년을 위한 뇌과학》 | 니콜라우스 뉘첼, 위르겐 안드리히 | 비룡소
《엄마도 학부모는 처음이야》 | 최재정 | 길벗
《자녀를 통해 나를 만나는 부모심리이야기》 | 박노해, 차상숙 | 이너북스
《십대들의 뇌에서는 무슨 일이 벌어지고 있나》 | 바버라 스트리치 | 해나무
《엄마는 절대 모르는 10대 속마음》 | 김현지, 이우경 | 지식너머
《아들에게 소리치는 엄마, 딸에게 쩔쩔매는 아빠》 | 정윤경 | 덴스토리
《초등사춘기, 엄마를 이기는 아이가 세상을 이긴다》 | 김선호 | 길벗
《재미있는 사춘기와 성 이야기》 | 이명화, 양윤경 | 가나출판사
《가족심리백과》 | 송형석, 강성민, 강화연 | 시공사
《부모가 시작하는 내 아이 성교육》 | 백경임 | 샘터
《10대들을 위한 성교육》 | 수잔 메르더스 | 세용
《100세의 구강관리 0세부터》 | 김여갑, 이종호, 이상호, 정사준 공저 | 군자출판사
《엄마도 상처 받는다》 | 이영민 | 웅진지식하우스
《성장기 어린이의 치아 및 치열 관리 주치의》 | Sugai Akihiro, 이상호 역 | 대한나래출판사
《구강보건교육학》 | 김희경, 이춘선, 장종화 | 대한나래출판사
《Adolescence》 | John W. Santrock/ Mcgrow hill intetnational edtion
〈'귀하신 몸' 만화책, 감정가 천만원 '훌쩍'〉 | 남은주 | 한겨레신문
〈초등학생 현장 학습 보고서의 모든 것〉 | 허진 | KTV 국민방송

질병관리본부 | cdc.go.kr
질병관리본부 국가건강정보포털 | health.cdc.go.kr
서울대학교 병원-건강정보 | snuh.org
서울아산병원-건강정보 | amc.seoul.kr

SCHOOL